KB273723

지리산의 종교와 문화

지리산권문화연구단 연구총서 05

지리산의 종교와 문화

2013년 5월 31일 초판 1쇄 펴냄

지은이 김기주·김봉곤·김아네스·김지영
　　　　문동규·서정호·우정미·최원석
펴낸이 김흥국
펴낸곳 도서출판 보고사

책임편집 황효은
표지디자인 윤인희

등록 1990년 12월 13일 제6-0429호
주소 서울특별시 성북구 보문동7가 11번지 2층
전화 922-5120~1(편집), 922-2246(영업)
팩스 922-6990
메일 kanapub3@naver.com
http://www.bogosabooks.co.kr

ISBN 979-11-5516-015-2 93300
ⓒ 김기주·김봉곤·김아네스·김지영·문동규·서정호·우정미·최원석, 2013

정가 16,000원
사전 동의 없는 무단 전재 및 복제를 금합니다.
잘못 만들어진 책은 바꾸어 드립니다.

이 도서의 국립중앙도서관 출판시도서목록(CIP)은 서지정보유통지원시스템 홈페이지
(http://seoji.nl.go.kr)와 국가자료공동목록시스템(http://www.nl.go.kr/kolisnet)에서
이용하실 수 있습니다.(CIP제어번호: CIP2013006018)

지리산권문화연구단 연구총서 05

지리산의 종교와 문화

김기주·김봉곤·김아네스·김지영
문동규·서정호·우정미·최원석

보고사

서문

지리산권 문화에 대해 본격적인 연구를 시작한지도 벌써 만 6년이 가까워 간다. 2007년 순천대학교 지리산권문화연구원과 경상대학교 경남문화연구원이 공동으로 지리산권문화연구단을 구성한 것에서 연구가 시작되었던 셈이다. 한국연구재단에서 지원하는 인문한국지원사업으로 진행된 지리산권 문화에 대한 연구는 그동안 불모지와 같았던 이 분야에 연구 성과물을 보태가며 연구의 역량을 축적해 왔고, 동시에 연구의 방향 역시 자리 잡아갈 수 있었다. 연구가 진행될수록 더욱 매력적으로 다가온 것이 지리산과 그 품에서 생성된 문화였다면, 이 책이 새로운 모습의 지리산을 소개하고 만나 볼 수 있게 하는 소중한 계기가 되길 희망해 본다.

잘 알려져 있듯, 지리산은 한반도의 남단 경상남도와 전라남북도의 3개도에 걸쳐 있는 방대한 넓이의 산악군을 형성하고, 아득한 과거로부터 인간의 삶과 밀접하게 관련 맺어 온 산이다. 동물과 달리 인간은 시간과 공간 속에 그 삶의 흔적을 남겼고, 그렇게 인간의 삶이 만들어 온 흔적, 곧 무늬[文]가 다름 아닌 문화이기도 하다. 그런 뜻에서 지리산권 문화란 곧 인간이 지리산과의 만남을 통해 만들어 낸 무늬의 다름이 아닐 것이다.

일반적으로 산을 통해서 논하거나 논할 수 있는 것은 자연이지 문화가 아니다. 그것은 인간과의 만남을 통해 일정한 무늬를 만들어 낸 산들이 그 만큼 흔치 않다는 뜻이다. 보통의 산들은 그저 보여지는 높이에서부터 이미 인간의 접근을 가로막는 하나의 장벽으로 작용한다. 지역과 지역을 가르거나 구분하는 경계선이 되고, 사람과 사람을 단절시키는 장벽으로서의 산이다. 여기에 더해서 대부분의 높은 산은 사람의 접근을 거부하듯 위압적으로 거대하게 서 있기도 한다. 이러한 산에서 인간과의 관계를 논하기란 어렵다. 문화를 논하기란 더더욱 힘이 든다. 반면에 지리산은 사람의 접근을 거부하는 위압적인 모습을 보이지도 않는다. 지리산이 하나의 장벽으로 보일 때조차도 단절을 위한 것이라기보다는 외부로부터의 위험을 막아 주는 모습이다. 그래서 지리산에는 돌아가야 할 공간이자 잃어버린 낙원인 청학동이 있다고 사람들에게 알려졌는지도 모르겠다.

　이렇듯 지리산은 인간과 관계 맺으며, 그 품에서는 아득한 옛날부터 다양한 종교와 문화적 요소들이 함께 공생하며 공진화를 거듭해 왔다. 지리산의 높이는 단순히 토양만이 쌓여져 이루어진 것이 아니라, 그 안에는 그 높이만큼의 문화가 퇴적되어 있었던 것이다. 지리산의 넓은 품에서 문화가 잉태되어왔고, 또 그 품으로 다양한 사유와 지향을 품어왔다. 이 책 역시 이러한 지리산을 닮아 다양한 사유를 담으려 노력하였지만, 지리산이 가진 다채로운 모습이나 지리산권 문화의 다양한 측면들 모두를 정리하고 있지는 못하다. 그래도 이 책이 지리산과 지리산권 문화의 참 모습에 접근하기 위한 노력의 결과임은 분명하다. 그래서 한편으로 부끄럽지만 또 한편으로는 자부하는 마음으로 이 책을 세상에 내놓는다.

2013년 5월 8일
국립순천대학교 지리산권문화연구원장 최현주
국립경상대학교 경남문화연구원장 장원철

목차

산천제(山川祭)의 역사와 지리산

◉

김아네스

1. 산천과 국가제사

산천제(山川祭)는 산천의 신기(神祇)에게 특정한 목적을 이루기 위하여 일정한 의식을 갖추어 비는 것을 뜻한다. 예로부터 사람들은 산천을 신령이 깃든 성소(聖所)로 생각하였다. 산천에 산신(山神)이나 수신(水神), 신룡(神龍)이 있다고 믿어서 제사하였다. 여기에서 치제의 대상이 된 산신과 수신은 산악과 하천의 신기로 제한되지 않았다. 악(嶽)·독(瀆)·해(海)·명산(名山)·대천(大川)·성(城)·암(巖)·봉(峯)·강(江)·진(津)·두(渡)·연[淵]·명소(溟所)·분소(噴所)·정(井)·곶(串)과 섬[島]의 신 등 다양한 대상을 포괄하고 있었다. 사람들은 지면보다 높이 솟아오른 산악 지형에 산신이 있으며, 물이 모이거나 흐르는 강수, 바다 등에 수신 또는 용신이 깃든 것으로 믿었다. 이러한 다양한 산악, 강수, 바다 등의 신을 숭배하여 치제하던 것을 아울러 산천제라고 하였다.

역사상 나라에서는 산천의 신을 사전(祀典)에 실어서 치제하였다. 사전은 국가에서 공식적으로 행하는 각종 제사의 종류와 의례에 관한 법식을 가리킨다. 국가의 제사체계 안에 산천제가 포함되었다. 신라에서는 삼산(三山)과 오악(五嶽)을 비롯하여 명산대천을 대사(大祀)·중사(中祀)·소사(小祀)로 나누어 편제하였다. 고려 때에는 명산대천을 나라의 사전에 등재하여서 제사를 받들었다. 조선시대에는 악해독(嶽海瀆)을 중사로 하였고 여러 산천을 소사로 삼았다. 이러한 나라의 삼산, 오악, 악해독, 여러 산천에 대한 제사가 왕조를 넘어서 국가제사로 계속되었다.[1]

그런데 나라에서 치제한 산천의 대상과 범위는 시대에 따라서 서로 다르게 나타났다. 신라에서는 경주 인근의 삼산(三山) 즉 나력(奈歷)·골화(骨火)·혈례(穴禮)를 대사로 삼았다. 고려 때에는 개경의 송악(松嶽)을 수위로 산천제를 구성하였다. 조선은 한양의 삼각산(三角山)을 중심으로 악해독의 제사를 편제하였다. 왕조와 시대의 변화에 따라서 나라의 사전에 등재한 산천의 구성에는 변동이 있었다. 산천의 신은 그것이 소재하는 지역의 수호신으로 믿어졌다. 대체로 각 왕조에서는 수도에 위치한 산천을 가장 중요하게 여겼다. 수도의 진산(鎭山)은 왕실의 안녕을 보장하는 호국신이라는 관념이 있었던 것이다.

나라의 산천제는 원칙적으로 국왕이 주제하였다. 『예기(禮記)』에서는 나라제사의 기본 원리를 밝히었다. "천자(天子)는 천지(天地)에 제사하고 사방(四方)에 제사하고 오사(五祀)에 제사하고 해마다 두루 제사를 지낸다. 제후(諸侯)는 자기 방향에 해당하는 곳에 제사하고 산천에 제사하고 오사에 제사하며 해마다 두루 제사한다. 대부(大夫)는 오사에 제사

---

1) 신라와 고려시대 祀典에 실린 산천의 공식적 명칭은 名山大川이었다. 나라의 산천제를 명산대천 제사라 할 수 있다. 그런데 국가제사와 연관이 있는 '명산대천'과 '산천'의 용례를 살피면 분명한 차이를 찾기 어렵다. 따라서 나라의 명산대천 제사를 간략하게 산천제라고 부를 수 있다.

하고 두루 제사하며 사(士)는 자신의 조상에게 제사한다. …… 그가 제
사지낼 신이 아닌데 제사하는 것을 음사(陰祀)라고 한다.”2) 특정한 지
역 안의 산천에 대한 제사는 그 영토의 제후만이 주관할 수 있었다.
국왕은 산천제의 주제자로서 통치영역 안의 산천 신을 섬기었다. 나라
의 산천제는 왕실과 나라의 안녕을 기원하는 상징적 통치 행위였다.
이 점에서 산천제는 정치성과 종교성을 아울러 가졌다.

국왕이 주제하는 산천제는 몇 가지 유형으로 나눌 수 있다. 첫째 국
가에서 주요 산천을 선별하여 왕도와 지방의 개별 산천에 일정한 형식
을 갖추어 제사하는 경우가 있었다. 둘째 왕도의 북교(北郊)와 같은 특
정 공간에 주요 산천의 신위를 모셔서 치제하는 일이 있었다. 셋째 전
국의 산천 신을 아울러 국왕이 보편적 산천 신에 제사하기도 하였다.
이 가운데 첫째 유형처럼 사전에 개별 산천을 등재하여 치제하는 것이
일반적이었다. 예컨대 지리산에 국왕을 대신한 제관을 파견하여 나라
제사를 올리는 것이 첫 번째의 경우에 해당한다. 이 글의 지리산 제사
도 역시 첫 번째 유형의 하나이다.

이 글에서는 산천제의 역사적 전개 속에서 지리산 산신제의 설행과
그 의미에 관하여 살피고자 한다.3) 지리산은 한반도 남부지방에 자리

---

2) 『禮記』 曲禮 下.

3) 지리산 신앙과 제의에 관한 대표적인 연구는 다음과 같다. 김수영, 「智異山 聖母祠에
就하야」, 『진단학보』 11, 1939 ; 이해준, 「구례 南岳祠의 유래와 변천」, 『南岳祠址地表
調査報告』(목포대학교 박물관·전라남도 구례군), 1992 ; 손정희, 「지리산 산신에 관
하여」, 『문창어문논집』 37, 2000 ; 조용호, 「지리산 산신제에 관한 연구」, 『동양예학』
4, 2000 ; 김갑동, 「고려시대의 남원과 지리산 성모천왕」, 『역사민속학』 16, 2003
; 송화섭, 「지리산의 노고단과 성모천왕」, 『도교문화연구』 27, 2007 ; 김아네스, 「고
려시대 산신 숭배와 지리산」, 『역사학연구』 33, 2008 ; 김아네스, 「조선시대 산신
숭배와 지리산의 신사」, 『역사학연구』 39, 2010 ; 김준형, 「조선시대 지리산에 대한

한 가장 크고 높은 산이다.

> A. 지리산(智異山)은 나라의 극남(極南)에 있으며 매우 높고 큰 데 백두산(白頭山)의 영숙(靈淑)한 기운이 여기에 흘러와 모였다. 따라서 또한 두류산(頭流山)이라고도 한다(신경준, 「산수고(山水考)」 1, 『여암전서』 권10).

신경준(申景濬, 1712~1781)은 남쪽의 지리산을 북쪽의 백두산과 대비하여 말하였다. 지리산은 남쪽 경계를 상징하는 대표적인 산이었다. 역사적으로 볼 때 지리산은 백제, 신라의 남악이었으며 고려를 거쳐서 조선과 대한제국에 이르기까지 사전에 올라 있었다. 왕조를 넘어서 나라의 산천제가 계속되었다. 이 점에서 지리산은 산천제의 역사에서 중요한 위치를 차지한다. 고대부터 고려시대와 조선시대에 이르기까지 계속하여 나라제사를 봉행한 산천은 그다지 많지 않다. 왕조를 넘어서 나라제사를 이어간 산천은 지리산을 비롯하여 삼각산, 계룡산, 감악산 등에 지나지 않았다. 따라서 이러한 지리산의 제사에 관한 검토는 명산대천 제사의 역사와 그 의미를 이해하는 데 기여할 것이다.

다양한 인식과 그 이용」, 『남명학연구』 29, 2010 ; 김아네스, 「지리산 산신제의 역사와 지리산남악제」, 『남도문화연구』 20, 2011 ; 표인주, 「지리산 산신의 종교문화사적인 위상과 의미」, 같은 책, 2011 ; 송화섭·김형준, 「지리산의 산신, 성모에서 노고까지」, 같은 책, 2011. 필자는 「지리산 산신제의 역사와 지리산남악제」에서 신라, 고려, 조선의 지리산 제사를 개괄하였다. 이는 오늘날 지역축제의 하나인 지리산남악제의 역사적 배경을 살피기 위해서였다. 이 글에서는 각 시대별 산천제의 편제와 특징의 변화에 관한 내용을 크게 수정, 보완하였다. 시대별 명산대천 제사를 정치적 종교적 의미 변화라는 맥락에서 파악하면서 그 구체적인 양상을 지리산에 대한 나라제사의 역사를 통하여 검토하고자 한다.

2. 백제와 신라의 오악(五嶽) 제사 성립과 지리산

예로부터 산천(山川)은 숭배의 대상이었다. 고대의 고구려, 백제, 신라에서는 산천제를 지내었다. 고구려에서는 해마다 3월 3일에 하늘과 산천에 치제하였다.[4] 이 날은 왕의 사냥일이기도 하였다. 왕이 사냥을 하여 산돼지와 사슴을 잡아서 희생으로 사용하였다. 산상왕(山上王) 7년(203)에 왕은 아들이 없자 산천에 기도하였다. 그러자 이 달 보름에 천(天)이 왕의 꿈에 나타났다. "내가 너의 소후(小后)에게 아들을 낳게 할 것이니 근심하지 말라."[5] 왕이 산천 신에게 후사를 얻기를 기원하였다. 그러자 천신이 응답하였다. 산천 신은 천신과 연결되어 있는 신격으로 믿어졌다. 백제를 보면 고이왕(古爾王) 10년(243)에 큰 제단을 설치하여 천지와 산천을 아울러 치제하였다.[6] 아신왕(阿莘王) 11년(402) 여름에 가뭄이 크게 들자 왕이 친히 횡악(橫岳)에 제사하였다. 『삼국유사』 남부여전 백제 조에 따르면 부여에 일산(日山), 오산(吳山), 부산(浮山)의 삼산(三山)이 있었다.[7] 일산은 부여의 금성산이라 하며, 오산은 부여 염창리의 오석산으로 보이고, 부산은 백마강 맞은편의 부산으로 비정되었다.[8] 도읍 인근의 세 산에 나라제사를 올렸다. 이는 신라의 대사(大祀)에 경주 주변의 삼산(三山)을 등재한 것과 같다. 신라는 일찍이 『신당서』 신라 전에 보이듯이 산신에게 즐겨 제사지냈다. 신라의

---

4) 『삼국사기』 권32 제사지 고구려.

5) 『삼국사기』 권16 고구려본기4, 산상왕 7년(203).

6) 『삼국사기』 권24 백제본기2, 고이왕 10년(243) 정월.

7) 『삼국유사』 권1 기이2, 남부여전 백제.

8) 이도학, 「사비시대 백제의 사방계산과 호국사찰의 성립」, 『백제연구』 20, 충남대 백제연구소, 1989, 124쪽.

산천제에 관하여는 일성이사금(逸聖尼師今)과 기림이사금(基臨尼斯今) 때에 태백산에 치제한 기록이 전한다.[9] 나라의 주요 산악에 대한 제사가 이루어졌던 것이다.

그러면 지리산은 언제부터 나라제사의 대상이 되었을까. 오늘날 지리산은 전라남도·전라북도와 경상남도에 걸쳐 있다. 고대의 지리산은 백제와 가야, 신라의 영토에 속하였다. 통일기 신라의 중사(中祀)에 남악(南嶽) 지리산의 제사가 있었다. 그 이전 시기에도 지리산은 나라제사의 대상이었다. 이와 관련하여 백제의 산악에 관한 다음의 기록이 주목된다.

> B. 괄지지(括地志)에 이르기를 오산(烏山)은 나라의 북계(北界)에 있는 대산(大山)인데 초목(草木)과 조수(鳥獸)가 중하(中夏)와 같다. 또한 나라의 동쪽에는 계람산(鷄藍山)이 있으며 산의 남쪽에는 조조산(祖粗山)이 있다. 나라의 남계(南界)에는 무오산(霧五山)이 있는데 이 산의 초목은 여름이나 겨울이나 우거졌다. 그리고 단나산(旦那山)이 나라의 서계(西界)에 있으며 산단산(山旦山)·예모산(禮母山)이 아울러 국남(國南)에 있다(『한원(翰苑)』 백제).

위의 기록에 있듯이 백제의 산으로 북계에는 오산(烏山)이 있으며 동계에는 계람산(鷄藍山)이 있고 그 산의 남쪽에 조조산(祖粗山)이 있었다. 남계에는 무오산(霧五山)이 있으며 서계에는 단나산(旦那山)이 있고 그 밖에 산단산(山旦山), 예모산(禮母山) 등이 있었다. 이러한 『괄지지』의 기록은 백제 사비시기의 사정을 반영하는 것으로 알려졌다.[10] 이들 산

---

9) 『삼국사기』 권1 신라본기, 일성이사금 5년 10월 ; 『삼국사기』 권2 신라본기, 기림이사금 3년 3월.

은 나라의 동서남북을 대표하는 산으로 오악과 연관이 있는 것으로 보인다. 북계(北界)의 오산은 북악(北岳)으로 불리기도 하였다.『삼국사기』백제본기를 보면 의자왕 15년(655) 5월에 붉은 색 말이 '북악 오합사(烏合寺)'에 들어가 죽었다는 기록이 있다. 여기에서 북악은 부여의 북쪽에 있는 북계 오산과 같으며 오서악(烏西岳)으로 추정되었다.[11] 북계를 북악으로 풀이할 때 동계, 남계, 서계는 동악, 남악, 서악으로 볼 수 있다. 백제에서는 동서남북과 중앙을 대표하는 산악을 오악으로 편성하였을 가능성이 높다.

이 가운데 남계 무오산은 남악으로 볼 수 있다. 이 무오산이 곧 지리산이었다. 그 위치의 추정과 관련하여 주목되는 내용이『한원』백제조에서 인용한『괄지지』에 있다. 여기에서 기문하(基文河)의 발원지가 국남산(國南山)이라 하였다. 국남산은 나라의 남쪽에 있는 산으로 앞서 본 나라의 남쪽 경계[國南界]의 산과 같은 뜻으로 볼 수 있다. 즉 국남산은 남계의 무오산이라 풀이할 수 있다. 무오산에서 발원하는 하천이 기문하였다. 기문하는 곧 섬진강(蟾津江)이었다.[12] 섬진강의 발원지는 지리산이다. 따라서 무오산은 곧 지리산이라 할 수 있다.[13]

백제기 무오산 즉 지리산을 남악으로 편제한 것은 언제였을까. 무령왕 때 이후일 것이다. 백제는 무령왕 때에 이르러 지리산 방면으로 본격적으로 진출하였다.[14] 백제가 섬진강 유역의 4현을 차지하였다. 이

---

10) 채미하, 「백제의 산천제사와 그 정비」, 『동국사학』 48, 2010, 36~37쪽.

11) 이도학, 앞의 논문, 1989, 122쪽 ; 노중국, 「사비도읍기 백제의 산천제의와 백제금동대향로」, 『계명사학』 14, 2003, 10~11쪽.

12) 김태식, 『가야연맹사』, 일조각, 1993, 121쪽.

13) 무오산을 지리산을 비정한 연구로는 이도학, 「사비시대 백제의 사방계산 호국사찰의 성립」, 『백제연구』 20, 1989, 122~123쪽 및 노중국, 앞의 논문, 2003, 14쪽.

때 기문(己汶) 즉 남원과 대사(帶沙) 즉 하동 지역을 백제의 강역으로 삼았다. 그 뒤 이 지역에 지방관을 설치하여 지방 지배를 실시하였다. 지리산이 백제의 영역이 된 뒤부터 지리산권은 남쪽 변방으로 중요성이 더해졌을 것이다. 이때부터 백제는 지리산을 남계의 산, 남악으로 편제하지 않았을까 한다. 이처럼 지리산은 백제의 남악으로 나라제사를 올렸을 것이다.

또한 지리산은 가야의 변경이기도 하였다. 『삼국유사』 가락국기에 따르면 가야의 영토는 '동쪽으로 황산강(黃山江)이며 서남쪽은 창해(滄海)이고 서북쪽은 지리산(地理山)이며 동북쪽은 가야산(伽倻山)'이라 하였다. 지리산은 가야의 서북쪽 영역의 한계에 해당하는 산이었다. 나라 경계의 방호를 위하여 황산강, 지리산, 가야산에 치제하였을 것으로 보인다. 가야산의 산신은 정견모주(正見母主)라고 하여 숭배의 대상이었다. 최치원이 쓴 석이정전(釋利貞傳)에 따르면 정견모주가 천신에게 감응하여 대가야(大伽倻)의 왕과 금관국(金官國) 왕을 낳았다고 한다.[15] 가야산신은 가야국의 국모로 알려졌다. 또한 세상에서 전하기를 대가야국의 정견왕후가 죽어서 가야산의 산신이 되었다고도 한다.[16] 가야에서는 왕실의 국모 또는 왕후가 죽어서 가야산의 산신 정견천왕(正見天王)이 되었다고 믿었다. 가야에서는 가야산을 성산으로 여기어 치제하였을 것이다. 그 서북쪽 경계에 자리한 지리산에 대한 제사도 이루어졌을 가능성이 높다. 하지만 관련 기록이 남아있지 않아서 자세한 내용은 살필 수 없다.

---

14) 노중국, 앞의 논문, 2003, 12쪽.
15) 『신증동국이상국집』 권28, 경상도 고령현 건치연혁.
16) 『신증동국이상국집』 권30, 경상도 합천군 사묘 정견천왕사.

통일기 신라는 나라제사에 오악을 편제하였다. 신라의 제사체계에 관하여는『삼국사기』제사지 신라 조에서 살필 수 있다. 삼산과 오악 이하의 명산대천을 나누어서 대사·중사·소사로 나누었다. 대사에는 나력, 골화, 혈례의 삼산이 있었다. 중사에는 오악과 사진(四鎭)·사해(四海)·사독(四瀆), 그 밖의 산천 6곳이 있었다. 소사에는 지방 각지의 산악 24곳이 실려 있다. 모두 50곳의 명산대천을 사전에 실어서 치제하였다.[17] 지리산은 오악의 하나였다. 오악 제사의 구체적인 대상과 그 소재지에 관하여는 다음을 참조할 수 있다.

    C. 삼산(三山)·오악(五岳) 이하 명산(名山)·대천(大川)을 나누어서 대사(大祀)·중사(中祀)·소사(小祀)로 삼았다. …… 중사 오악(五岳) 동

---

17)『삼국사기』권32, 제사지 조에 나타난 명산대천 제사와 제장은 다음과 같다.

변사		명산대천(소재 군현)	
대사	三山	奈歷(習比部) 骨化(切也火郡) 穴禮(大城郡)	3
중사	五嶽	동 吐含山(大城郡) 남 地理山(菁州) 서 鷄龍山(熊川州) 북 太白山(奈已郡) 중 父岳(押督郡)	5
	四鎭	동 溫沫懃(牙谷停) 남 海耻也里(推火郡) 서 加耶岬岳(馬尸山郡) 북 熊谷岳(比烈忽郡)	4
	四海	동 阿等邊(退火郡) 남 兄邊(居柒山郡) 서 未陵邊(屎山郡) 북 非禮山(悉直郡)	4
	四瀆	동 吐只河(退火郡) 남 黃山河(歃良州) 서 熊川河(熊川州) 북 漢山河(漢山州)	4
	기타	俗離岳(三年山郡) 推心(大加耶郡) 上助音居西(西林郡) 烏西岳(結巳郡) 北兄山城(大城郡) 淸海鎭(助音島)	6
소사		霜岳(高城郡) 雪岳(岦城郡) 花岳(斤平郡) 鉗岳(七重城) 負兒岳(北漢山州) 月奈岳(月奈郡) 武珍岳(武珍州) 西多山(伯海郡 難知可縣) 月兄山(奈吐郡 沙熱伊縣) 道西城(萬弩郡) 冬老岳(進禮郡 丹川縣) 竹旨(及伐山郡) 熊只(屈自郡 熊只縣) 岳髮(于珍也郡) 于火(生西良郡 于火縣) 三岐(大城郡) 卉黃(牟梁) 高墟(沙梁) 嘉阿岳(三年山郡) 波只谷原岳(阿支縣) 非藥岳(退火郡) 加林城(加林縣) 加良岳(菁州) 西述(牟梁)	24

(東)은 토함산(吐含山)〈대성군(大城郡): 주〉이며, 남(南)은 지리산(地理山)〈청주(菁州): 주〉이다. 서(西)는 계룡산(鷄龍山)〈웅천주(熊川州): 주〉이고 북(北)은 태백산(太白山)〈내이군(奈巳郡): 주〉이며 중(中)은 부악(父岳)〈공산(公山)이라고도 한다. 압독군(押督郡): 주〉이다(『삼국사기』 권32, 제사지).

신라의 오악을 보면 동악은 토함산(吐含山)이며 남악은 지리산(地理山)이었다. 서악은 계룡산(鷄龍山)이고 북악은 태백산(太白山)이며 중악은 부악(父岳) 즉 공산(公山)이었다. 오악은 신라의 동서남북과 중앙에 위치하였다. 여기에서 동서남북은 통일기 신라의 그것이었다. 세주에 보이는 소재지를 보면 웅천주의 계룡산은 통일 이후에 신라의 영토가 되었기 때문이다. 신라는 통일 이전에 경주평야를 둘러싼 산악들로 북악·서악·남악·중악·동악을 삼았다. 그러다가 신라의 영토가 확대되고 통일을 이룬 뒤에 국토의 사변에 있는 산악으로 새로이 오악을 정하였다.[18]

오악 가운데 지리산은 남악이었다. 세주를 보면 지리산의 제사는 청주(菁州)에서 올렸다. 청주는 신문왕 때 쓰던 지명이었고, 경덕왕 때에는 강주(康州)라고 불렀다.[19] 이곳은 지금의 진주를 가리킨다. 진주 지역에 지리산의 신을 모시고 중사를 올리는 제장이 있었다. 진주의 지리산에서 제사하였다면 천왕봉에 그 제장을 설치하였을 가능성이 높다.[20] 지리산

---

18) 이기백, 「신라 五岳의 성립과 그 의의」, 『진단학보』 33, 1972:『신라정치사회사연구』, 일조각, 1974, 206~207쪽.

19) 『삼국사기』 권34 지리지1, 康州.

20) 고려시대까지 여러 산의 神祠가 산 정상에 있었던 점이 주목된다. 신라와 고려에서 치제한 紺嶽, 吐含山 등의 신사를 보면 산마루에 위치하였다. 이러한 경향을 볼 때 지리산의 신사도 천왕봉에 있었을 가능성이 높다.

의 천왕봉은 진주와 함양의 경계였다. 아마도 천왕봉에 신사를 설치하여 제사하였거나, 그 아래에서 천왕봉을 향하여 제사하였을 것이다.

신라가 오악을 비롯한 명산대천 제사를 편제한 시기는 언제였을까. 명산대천 제사에 나오는 소재 군현의 명칭을 보면 경덕왕 16년(757)에 군현 명칭을 개칭하기 이전의 것이 대부분이다. 이보다 앞선 시기에 산천의 사전체계가 성립한 것으로 볼 수 있다. 신라의 주·군·현은 신문왕 5년(685)에 새로이 정비되었다. 제사지 신라 조의 제사 대상이 사전에 편제된 것은 신문왕 때의 군현체제의 정비와 연관이 있었다.[21] 명산대천의 소재지에 9주의 명칭이 나타나는 것을 보면 신문왕 때 9주를 창설한 뒤에 산천제에 대한 편제가 이루어졌다. 그리고 산천제의 소재 군현을 보면 성덕왕 34년(735)에 당나라에서 영유를 인정받고 경덕왕 때 군현을 새로 설치한 북쪽 지역은 포함되지 않았다. 그렇기 때문에 통일기 신라의 명산대천 제사는 신문왕 5년(685)부터 성덕왕 34년(735) 이전의 어느 때에 정비한 것으로 볼 수 있다.[22] 통일을 이룬 뒤 신라는 동서남북의 사변과 중앙을 상징하는 산악을 오악으로 삼았다.

오악은 대사의 삼산이나 소사의 여러 산과 더불어 신라의 국가적 제사의 대상이었다. 나라에서는 자연의 산악 그 자체가 아니라 산악의 주재자로 믿었던 산신에게 제사하였다. 오악에는 각각 산신이 있었다. 예컨대 동악 토함산의 신은 석탈해로 믿어졌다. 남악인 지리산의 산신은 성모(聖母), 천왕(天王) 또는 성모천왕(聖母天王)으로 알려졌다.

---

21) 浜田耕策은 신라의 대사·중사·소사의 편제가 군현제와 연관이 있었을 것으로 보았다(「新羅の祀典と名山大川の祭祀」, 『咆沫集』 4, 1984, 155쪽).

22) 채미하, 『신라 국가제사와 왕권』의 제6장 명산대천제사와 청해진, 혜안, 2008, 309쪽과 주6 참조.

D-1. 용왕(龍王)이 다시 나와 사례하며 깊은 궁궐 속으로 인도하여 들어와서 맏딸을 아내로 삼게 하거늘, 금털이 난 돼지와 칠보를 겸하여 주기를 비니, 이에 서강(西江) 물가로 실어 보내었다. 돌아와 송악(松岳)에서 살았는데 여기에서 성지(聖智)를 낳았다. 성모(聖母)〈지리산대왕(智異山天王)이다: 주〉가 도선(道詵) 선사에게 명하여, 이를 가리켜 명당(明堂)이라 말하게 하였다(이승휴, 『제왕운기』 권하, 「본조군왕세계연대(本朝君王世系年代)」).

D-2. 무외(無畏) 국통(國統)이 하산한 곳인 용암사(龍巖寺)는 진양(晉陽)의 속현(屬縣)인 반성(班城)의 동쪽 모퉁이 영봉산(靈鳳山)에 있다. 옛날에 개국조사(開國祖師) 도선(道詵)은, 지리산주(智異山主)인 성모천왕(聖母天王)이 비밀스럽게 부탁하여서 "만약 삼암사(三巖寺)를 세운다면 삼한(三韓)이 합하여 한 나라가 되어서 전쟁이 저절로 끝날 것이다."라고 하였기 때문에 이에 세 곳의 절을 세웠다. 즉 지금의 선암사(仙巖寺)·운암사(雲巖寺)와 이 절[용암사]이 그것이다. 그리하여 이 절이 국가에 큰 비보가 되었으니, 예나 지금이나 사람들이 모두 알고 있다(『동문선』 권68, 박전지, 「영봉산 용암사 중창기(靈鳳山龍岩寺重創記)」).

D는 신라 말 성모(聖母) 즉 지리산천왕(智異山天王)이 도선(道詵)을 통하여 고려 왕실을 돕는 내용이다. D-1의 『제왕운기』에서는 왕건의 할아버지 작제건(作帝建)이 용녀와 혼인하여 송악에 살 때 성모 곧 지리산천왕이 도선을 통하여 송악이 명당임을 알리게 하였다. 지리산의 신은 성모이며 천왕이라 불리었다. D-2에서는 지리산의 주(主)인 성모천왕이 도선에게 은밀히 삼한을 통합할 수 있는 비법을 말하였다. 삼암사를 세우도록 밀촉한 것이다. 두 기록은 고려 때의 것이다. 그렇지만 갑자기 고려에 와서 지리산 신을 성모, 천왕, 성모천왕이라 불렀던 것으로 볼 수 없다. 이미 신라 때부터 지리산 성모천왕이 널리 알려져 있었기

때문에 신라 말 고려 초의 사정을 전하는 기록에서 지리산 신이 등장하였을 것이다. 남악에 대한 제사는 지리산 성모천왕을 받드는 것으로 볼 수 있다.

지리산 성모상

오악의 산신에 대한 제사는 어떠한 의미를 지니고 있었을까. 오악은 공통적인 특징이 있었다. 하나는 신라 영토의 사방과 중앙을 상징한다는 것이다. 남악 지리산은 신라의 남쪽 경계를 대표하는 산이었다. 이 점은 백제에서 국남산 또는 남계로 무오산 즉 지리산을 설정한 뜻과 다르지 않다. 다른 하나는 오악이 신라에 새로이 편입한 지역의 어떤 세력을 상징한다는 점이다.23) 지리산의 제장이 진주에 설치된 것을 볼 때 남악은 가야세력을 상징하는 산이라 볼 수 있다. 신라가 주위의 여러 나라들을 흡수하고 정복해 나가는 과정의 산물로 오악이 성립한 것이다.

신라의 오악은 국가의 진호(鎭護)와 연관이 깊었다. 남악은 나라의 남쪽 방면을 대표하는 산이었다. 또한 신라가 영토를 확장하는 과정에서 새로이 편입한 가야세력을 상징하는 산이었다. 나라에서는 오악의 제사를 매개로 하여 각 지방의 세력을 신라에 편입하고 의례의 주관자

---

23) 이기백, 「신라 五岳의 성립과 그 의의」, 『진단학보』 33, 1972; 『신라정치사회사연구』, 일조각, 1974, 195~205쪽. 예컨대 동악인 토함산은 석탈해가 산신으로 모셔진 석씨세력의 상징적 산이었다. 중악은 압독국이 있던 지역으로 신라가 낙동강 유역으로 진출하는 길목에 있는 산이었다. 남악인 지리산은 가야세력을 상징하며, 서악인 계룡산은 백제세력을, 북악인 태백산은 고구려 세력을 염두에 두고 오악으로 정해졌다.

인 국왕의 권위를 내세울 수 있었다. 오악에 대한 제사는 기본적으로 나라의 평안과 발전을 비는 것이었다. 국가를 수호하기 위한 호국신앙의 반영으로 산신에게 치제하였다. 좀 더 구체적으로 보면 전국 각 방면의 지역 세력을 진압한다는 목적에서 산천제를 지냈다. 이를 통하여 나라의 평안과 사회의 안정을 바랐다. 이러한 의미에서 남악의 지리산신은 나라의 수호신이었다고 할 수 있다.

요컨대 고대의 지리산은 백제와 신라의 남악으로 치제 대상이었다. 사비도읍기 백제에는 동서남북의 각 방면을 대표하는 산이 있었다. 남계를 대표하는 무오산은 지리산으로 여겨진다. 이를 남계의 산 또는 남악으로 삼아서 중요하게 여겼다. 통일기 신라에서는 오악을 중사에 등재하였다. 지리산은 오악의 하나인 남악이었다. 나라에서는 남악의 제장을 청주 즉 진주에 두었다. 천왕봉에 신사를 마련하였던 것으로 보인다. 남악은 신라의 남쪽 방면과 옛 가야세력을 상징하는 산악이었다. 나라제사의 대상이었던 지리산의 산신은 성모, 천왕, 성모천왕으로 불리는 인격적 여성 신이었다. 나라에서는 남악 지리산에 대한 제사를 통하여 국가의 남쪽 방면을 진호하고자 하였다.

3. 고려시대 명산대천(名山大川) 제사의 편제와 지리산

고려는 건국 초부터 명산대천에 대한 제사를 거행하였다. 태조는 민심을 수습하고 국정을 운영하는 데 산천 숭배를 중요하게 여겼다. 후삼국 전쟁기에 산천 신의 영험에 기대어 백성의 마음을 안정시키며 나라를 운영하고자 하였다. 그는 훈요(訓要)에서 자신이 "삼한산천(三韓山川)

의 음우(陰佑)로 대업을 이루었다"라고 하였다.[24] 또한 자신이 지극히 원하는 바는 연등(燃燈)과 팔관(八關)에 있다고 하면서 "팔관은 천령(天靈)과 오악(五嶽), 명산(名山), 대천(大川), 용신(龍神)을 섬기는 것이다"라고 하였다.[25] 태조는 팔관회를 통하여 오악과 명산대천의 신기를 받들었다. 이러한 산천 신의 도움으로 건국과 통일의 위업을 이루었던 것으로 믿었다.

고려시대 산천제의 정비는 성종 때에 국가제사 체계를 개편하면서 본격적으로 이루어졌다. 성종 원년(982)에 최승로(崔承老, 927~989)는 상서에서 "산악(山嶽)에 대한 제사와 성수(星宿)에 대한 초례가 번독하다"라고 비판하였다.[26] 고려 초 여러 산악에 빈번하게 치제한 것을 정비할 필요가 있었다. 성종은 그 치세 9년(990) 9월에 산천의 제사를 취사하여 정하고자 하였다.[27] 성종은 치세 동안에 나라에서 치제할 대상을 정하고 제장 및 제사의례를 마련하여 사전 체계의 기틀을 마련하였다. 이때에 산천제를 국가제사의 하나로 편성하고 산천 제장을 정비하였다.[28]

고려의 산천제는 송악(松嶽)과 서강(西江)을 비롯한 개경의 제장을 중심으로 편제되었다. 도읍인 개경과 주변 군현의 여러 명산대천을 국가제장으로 등록히였다. 그리고 개경을 기준으로 사방의 제장을 정하였다. 예컨대 동해신사(東海神祠)는 개경의 정동쪽 바닷가인 동계 익령현

---

24) 『고려사』 권2 세가, 태조 26년(943) 4월의 훈요 제5조.
25) 『고려사』 권2 세가, 태조 26년(943) 4월의 훈요 제6조.
26) 『고려사』 권93, 崔承老 傳, 성종 원년(982) 6월의 상서.
27) 『고려사』 권3 세가, 성종 9년(990) 9월 기묘.
28) 고려시대 명산대천 제사의 편제에 관하여는 아직 체계적인 정리가 이루어지지 않았다. 다음은 지금까지 필자가 사전에 등재한 것으로 파악한 명산대천과 그 소재군현을 정리한 것이다.

(翼嶺縣)에 설치하였고 남해신사는 개경의 남쪽 전라도 정안현(定安縣, 장흥)에 있었다. 서해신사는 개경의 서쪽 바닷가 서해도 풍주(豊州)에 설치하였다. 개경을 중심으로 산천제를 편제하고 국가 제장을 구성하였다. 지리산도 역시 국가 제장의 하나로 사전에 올랐다.

E. 지리산(智異山): 지리산(地理山)이라 부르기도 하고, 두류산(頭流山) 또는 방장산(方丈山)이라고도 부른다. 신라(新羅)에서는 남악(南嶽)으로 삼아서 중사(中祀)에 올랐으며 고려(高麗)에서 그대로 따랐다(『고려사』 권57 지리지2, 전라도 남원부).

지리산의 제사에 관하여는 『고려사』 지리지의 남원부(南原府) 조에 실려 있다. 지리산은 신라의 남악으로 중사(中祀)에 올랐으며, 고려에서 이를 따랐다고 하였다. 문맥상 지리산이 고려에서도 중사에 올랐던 것으로 볼 수 있다. 하지만 『고려사』 예지(禮誌) 길례(吉禮) 편의 중사(中

지역	명산대천 (소재 군현)
개경일대	松嶽 龍岫山 進奉山 西江(이상 開京) 大井(開城縣) 永安城(開城縣) 九龍山(牛峰郡) 朴淵(우봉군) 因達巖(우봉군) 白馬山(貞州) 德積山(德水縣) 五冠山(松林顯) 臨津(臨津縣) 紺嶽(積城縣)
양광도	鷄龍山(公州) 伽倻山(伊山縣) 楊津과 沙平津(楊州) 熊津溟所(西林郡) 三角山(楊州) 月嶽(淸風縣), 胎靈山(鎭州) 熊津(燕岐縣) 竹嶺山(丹山縣) 楊津溟所(忠州) 道高山(新昌縣) 摩利山(江華縣)
경상도	吐含山(慶州) 公山(解顔縣) 伽倻津(梁州) 北兄山(安康縣) 于弗山(蔚州) 仙桃山(慶州) 主屹山(聞慶郡) 樺木山(加恩縣) 伽倻津淵所(梁州)
전라도	南海(定安縣) 智異山(南原府) 無等山(光州) 錦城山(羅州) 月生山(靈岩郡)
교주도	義館嶺(交州) 德津溟所(交州) 花岳山(嘉平郡) 德津溟所(伊川縣)
서해도	阿斯津省草串(安岳郡) 阿斯津桃串(安岳郡) 九月山(儒州) 長山串(長淵縣) 阿斯津松串(黃州) 西海(豊州) 牛耳山(海州) 釜淵(洞州)
동계	鼻白山(定州) 沸流水(靜邊鎭) 東海(翼嶺縣) 太白山(三陟縣)
북계	大同江(西京) 大城山(西京) 淸川江(寧州) 鴨綠江(義州)

祀) 조에서는 산천제에 관하여 언급하지 않았다. 예지의 길례 잡사(雜
祀) 조에서 몇몇 산천의 제사에 관한 연대기적 기록을 실었을 따름이
다. 고려에서는 산천제를 중사·소사로 나누지 않았다. 따라서 E의 기
록은 신라 때처럼 고려에서도 지리산을 국가제사의 대상으로 삼았던
것으로 풀이할 수 있다.

그런데 신라 때와 달리 고려에서는 지리산을 남원부의 산으로 적었
다. 산신을 모시고 국가 제사를 올리는 제장에 변화가 있었던 것으로
여겨진다.[29) 제장을 옮긴 까닭은 개경을 중심으로 산천제를 편성하였
기 때문이 아닐까 한다. 지리산은 진주, 함양, 남원 등 여러 군현에 걸
쳐 있었다. 이 산은 남방에서 가장 크고 높은 산이었다. 개경을 기준으
로 볼 때 그 남쪽 방면은 전라도였다. 이에 따라서 경상도 진주에 있던
지리산 제장을 전라도 남원으로 옮겼을 것이다. 이와 더불어 제장을
옮긴 배경에는 고려 왕실의 지리산 성모천왕에 대한 인식이 작용하지
않았을까 한다.[30) 앞서 본 D에 있듯이 지리산 성모천왕은 도선(道詵)을
통하여 고려 왕조의 개창과 후삼국 통일에 음조하였다. 이때 성모와
고려 왕실을 연결하는 인물로 도선이 등장하였다. 도선은 지리산 구령
(甌嶺)의 암자에 있으면서 이인(異人)을 만나서 산천(山川) 순역(順逆)의
형세를 배웠다. 그 땅은 구례현계(求禮縣界)로 사도촌(沙圖村)이라 하였
다.[31) 도선은 전라도 방면 지리산 자락에서 풍수설을 익혔다. 고려 왕

---

29) 허흥식은 고려에서 지리산의 단묘를 다른 곳으로 옮겼을 것이라고 간략히 언급하였
   다(허흥식, 「고려사 지리지의 명소와 산천단묘와의 관계」, 『한국사연구』 117, 2002:
   『한국 신령의 고향을 찾아서』, 집문당, 2006, 138쪽의 주22).
30) 고려왕실과 지리산의 연관성에 관하여는 김아네스, 「고려시대 산신 숭배와 지리산」,
   『역사학연구』 33, 2008, 25~33쪽 참조.
31) 『동문선』 권117, 崔惟淸, 「白鷄山玉龍山 贈諡先覺國師碑銘」.

실은 도선의 풍수설을 정치이념으로 삼아서 송악 명당설을 내세웠다. 이 때문에 고려에서는 도선이 머물렀던 전라도 방면의 지리산을 중요하게 여겼던 것이 아닐까 한다. 도선과 지리산을 연관시켜 인식하여 전라도의 지리산을 사전에 올렸던 것이다.

지리산의 신을 모시고 나라제사를 올렸던 곳은 남원의 지리산신사(智異山神祠)이었다. 그 소재와 관련하여 노고단(老姑壇)에 신사가 있었던 것으로 보는 견해가 있다. 신라의 천왕봉에 있었던 제장을 고려에서 노고단 또는 노고단 근처로 옮겼던 것으로 보았다.[32] 남원 방면의 높은 봉우리였던 노고단에 지리산신사를 설치하였을 가능성이 없지는 않다. 그 명칭을 볼 때 노고단은 지리산 신인 노고(老姑)를 받드는 제단이었다. 그 지리적 위치를 보면 남원부에 속하였을 것이다. 그런데 노고단은 신의 사묘(祠廟)가 아니라 신단(神壇)이었다. 단은 하늘을 향하여 개방된 구조였다.[33] 뒤이어 살피듯이 고려시대 지리산신사에는 신상

---

32) 고려시대 지리산의 신사를 천왕봉에서 노고단으로 이전한 것으로 본 견해가 있었다 (이해준, 「구례 남악사의 유래와 변천」, 『남악사지지표조사보고』, 목포대학교 박물관·전라남도 구례군, 1992, 14·18쪽 ; 김갑동, 「고려시대의 남원과 지리산 성모천왕」, 『역사민속학』 16, 2003, 231~232쪽). 그 근거로 제시한 『화엄사 사적』의 기록은 다음과 같다. "노고단이라는 곳은 우리 태조가 일찍이 여기에서 기도하여 지리산신의 감몽을 받았으므로 南嶽祠를 南原 所義坊〈지금 求禮 땅이다〉 堂村으로 옮겨 세웠다." 노고단에서 태조가 기도하여 감몽하였기 때문에 남악사를 남원 소의방에 옮겼다고 하였다. 기왕의 연구에서는 기록에서 보이는 '태조'를 왕건으로 파악하여 고려시대 노고단 부근 남원 소의방에 남악사를 세웠다고 하였다. 하지만 기록에 나타난 태조는 왕건이 아니라 이성계였다고 생각한다. 이성계는 고려 말 전라도 지리산 운봉을 넘어 황산(荒山)에서 왜구를 무찔렀다. 이성계가 지리산신의 감몽을 받았다는 구절은 황산대첩에서 승리한 일과 연관이 있었던 것으로 볼 수 있다. 더욱이 소의방은 남원 소아리로 조선시대 신사가 있었던 곳이었다. 위의 기록은 조선의 지리산신사에 관한 후대의 전승을 반영한 것이다. 이를 근거로 고려 때 노고단에 신사가 있었다고 보기 힘들다.

33) 허흥식, 「조선 초 산천단묘의 제정과 위상」, 『단군학연구』 4, 2001:『한국 신령의 고향을 찾아서』, 집문당, 2006, 229~232쪽.

을 모시었다. 그 소재와 형태를 알 수 없지만 일반적으로 신상을 봉안
하기에 단은 적합한 시설이 아니었다. 인격적 형상의 신상을 봉안하기
에는 사묘가 적합하였을 것이다. 이 점에서 노고단에 국가제사를 위한
신사가 있었던 것으로 생각하기 어렵다. 이 점에 관하여는 앞으로 좀
더 검토가 이루어져야 하겠다.

앞서 본 D에 있듯이 지리산의 산신은 성모천왕이라고 불리었다. 고
려에서는 산신의 형상을 신상으로 만들었다. 지리산신사에는 지리산
신상을 조성하여 안치하였다.

F-1. 지리산 신상(神像)의 머리가 갑자기 없어졌다. 왕이 중사(中使)
를 보내 찾게 하였더니 여러 달 만에 찾았다(『고려사』 권55 오행지3 토,
명종 17년 4월 계유).

F-2. 물체에 나타난 괴이함으로는 신상(神像)의 머리가 사라진 것이
하나이고, 궁문의 치미(鴟尾)가 무너진 것이 다른 하나이다. 신(神)이란
민(民)의 주(主)이다. 하물며 지리산은 남기(南紀)의 거진(巨鎭)이니 그
신은 더욱 영이(靈異)하다. 그런데 이제 그 우상의 머리가 없어졌으니
이것은 서울이나 지방의 인민(人民)이 모두 상(上)을 무시하는 뜻을 품
고 있기 때문에 이러한 일로써 암시하여 자기를 반성하고 마음을 고치
게 하려는 것이 아닌가(『고려사』 권101, 권경중(權敬中)전).

F-1에 있듯이 명종 17년(1187)에 지리산 신상의 머리가 없어지는 사
건이 발생하였다. 지리산 신상은 성모천왕을 인격적 형상으로 만든 것
이다. 신상은 지리산 산신의 상징이었다. 이를 통하여 고려시대 신사
에 지리산 신상을 안치하였던 것을 확인할 수 있다. 신종 때 이규보가
지리산 대왕에게 올린 제문에서는 지리산 신에게 옷 한 벌을 바쳐 작은

성의를 표한다는 내용이 있다.[34] 이때의 옷은 신상에게 입힐 수 있는 신복이었을 것이다.

신상의 머리가 사라진 것은 신이 자취를 감춘 것과 같았다. 왕은 이를 중대한 사안으로 받아들이고 중사를 보내어 신상의 머리를 찾도록 하였다. 이 사건에 관하여는 당시『명종실록』을 편찬하는 데 참여한 권경중(權敬中)의 해석이 전한다. F-2를 보면 이 사건은 재이(災異)의 징조로 풀이되었다.[35] 신은 백성의 주인이었다. 지리산 신상의 머리가 사라진 것은 인민이 상(上)을 무시하는 생각을 가졌기 때문이라 하였다. 이러한 징조를 보임으로써 임금이 스스로 반성하고 마음을 고치게 하려는 것으로 풀이하였다. 명종 17년은 이의민(李義旼, ?~1196)이 집권하던 시기였다. 하극상의 풍조가 널리 퍼졌고 정치 사회적 난맥으로 정국이 혼란하였다. 지리산 신은 머리를 감추어 왕실과 나라의 혼란을 경고하였던 것이다. F-2에 있듯이 지리산은 남방을 진호하는 큰 산악으로 그 신이 영험하였기 때문에 이러한 이적을 보인 것이다.

이제 지리산에 대한 나라제사의 내용과 목적에 관하여 알아보자. 사전에 등재한 명산대천에는 봄과 가을에 정기적으로 외산제고사(外山祭告使)를 파견하였다. 제고사는 봉명사신으로 향과 축을 받들어 명산대천을 찾아서 제사하였다. 문종 18년(1064)에는 양계(兩界)와 패서도(浿西道)의 경우 감창사(監倉使)와 안찰사(按察使)가 제고사의 임무를 겸하도록 하였다.[36] 그 밖의 산남(山南) 지방에는 계속하여 제고사를 임명하였

---

34)『동국이상국전집』권38,「智異山大王前願文」副使已下行.

35) 지리산 신상의 머리가 없어진 사례는『후한서』오행지의 木沴金에 속하는 咎徵이라고 한다(이희덕,「〈고려사〉 권경중전의 검토」,『한국사연구』99, 1997:「왕도와 천재지변」,『고려시대 천문사상과 오행설 연구』, 일조각, 2000, 159~160쪽).

36)『고려사』권8 세가, 문종 18년(1064) 2월 癸酉의 制.

다. 고려 후기에 이르면 남부 지방의 모든 도(道) 안찰사도 제고사를 겸하였다. 국왕의 책무는 신을 섬기며 백성을 다스리는 일이었다. 왕을 대신하여 안찰사가 제고사의 임무를 겸하여 신을 받들고 지방을 다스렸다.[37) 이에 따라서 지리산에 대한 봄과 가을의 정기제는 전라도 안찰사가 제고사를 겸하여 받들었을 것이다. 나라에서는 명산대천에 치제하여 산천 신이 나라를 호위하고 재난을 없애 복리를 얻기를 빌었다.

정기적인 제례 이외에도 나라에 재앙이나 재난이 생기면 수시로 명산대천에 제사하였다. 산천 신의 영험으로 나라의 어려움을 해결하고자 하였다. 태백산제고사(太白山祭告使)가 있었던 것을 보면[38) 때로는 지리산제고사(智異山祭告使)가 파견되기도 하였을 것이다.

  G. 왕이 병이 들자 이죄(二罪) 이하를 석방하였고 섬에 귀양 보낸 자는 가까운 곳으로 옮기거나 서울로 올라오게 하였다. 홍자번(洪子蕃)에게 지리산에 제사를 올리도록 명하였다(『고려사』 권28 세가, 충렬왕 원년 6월 기사).

이 기록에서 홍자번(1237~1306)은 지리산제고사로 활동한 것으로 보인다. 충렬왕이 병이 들자 죄인을 석방하고 섬에 유배간 자를 방면하였다. 죄인에게 은혜를 베풀어 병을 고치려 하였다. 이와 더불어 왕은 지리산에 제사하도록 명하였다. 홍자번을 지리산에 보내었다. 명산대천의 제사는 제고사의 임무였다. 이를 전라도 안찰사에게 명하지 않고 홍자번을 보내었다. 그는 지리산제고사로서 특별히 왕의 치병을 빌었

---

37) 『동문선』 권87, 이색, 「送慶尙道按廉李持平詩序」.
38) 『고려사』 권104, 金方慶傳을 보면 충렬왕대 金恂을 太白山祭告使로 파견하였다.

던 것이다.

무인집권기인 신종 때 경주에서 민란이 일어나자 정부군은 반민을 진압하면서 여러 신(神)에게 33차례 제사하였다.[39] 산신에 대한 제사를 경주의 동악(東岳) 즉 토함산과 서악(西岳) 즉 선도산, 경주 인근 안강현의 북형산(北兄山), 해안현의 공산(公山) 등에 올렸다. 더불어 지리산에도 치제하였다. 신종 5년(1202) 윤 12월에 지리산 대왕에게 제사하였다. 이규보가 쓴 「지리산대왕 앞에 바치는 기원문」을 보면 통군(統軍) 상서(尚書) 김척후(金陟侯)[40]의 병이 낫기를 지리산 신에게 기도하였다.[41] 지리산 신의 영험으로 병이 낫는다면 신령의 위력이 더욱 드러날 것이라고 하였다. 지리산은 반군의 근거지인 경주나 정부군이 머무르던 선주(善州)에서 가까운 산이 아니었다. 그럼에도 지리산까지 사신을 보내어 제사하였다. 그 까닭은 지리산이 전라도와 경상도를 아울러 남쪽 지역을 진호하는 산으로 영험이 높다고 믿었기 때문이었다.

고려 말 외적이 침입하였을 때 지리산신사에 기도한 일이 있었다. 외적의 침입은 나라의 불행이며 신의 수치로 생각하였다. 지리산 신의 신통력을 통하여 나라의 안녕을 바랐다.

 H. 정지(鄭地)가 전함(戰艦) 47척을 거느리고 나주(羅州) 목포(木浦)에 진주하였을 때 적이 큰 배 120척으로써 나타났다. 경상도 연해(沿海)의 주군(州郡)이 크게 진동하였으며, 합포원수(合浦元帥) 유만수(柳曼

---

39) 이정신, 『고려 무신정권기 농민·천민 항쟁연구』(고려대학교 민족문화연구소, 1991), 221~222쪽의 표1.

40) 김척후는 경주 민란을 제압하기 위하여 招討處置兵馬中道使에 임명되었다(『고려사절요』 권14, 신종 5년 12월).

41) 『동국이상국전집』 권38, 「智異山大王前願文」 副使已下行.

殊)로부터 급보가 왔다. 정지는 밤낮으로 달려가면서 스스로 노를 젓기도 하였으므로 노 젓는 병졸들이 더욱 힘썼다. 섬진(蟾津)에 이르러 합포(合浦)의 사병들을 소집할 무렵 적은 이미 남해(南海)의 관음포(觀音浦)에 이르러 정찰한 다음 아군이 겁을 먹고 있다고 생각하였다. 때마침 비가 내렸으므로 정지는 사람을 보내어 지리산신사(智異山神祠)에 기도하였다. "나라의 존망이 이 일거에 달렸으니 바라건대 나를 도와서 신의 수치를 만들지 마십시오"라고 하니, 과연 비가 멈췄다. 적의 기치(旗幟)가 하늘을 덮고 창검이 바다를 번뜩이면서 사방을 에워싸며 다가왔다. 이때 정지가 머리를 조아려 하늘에 절하니 문득 바람이 유리하게 되어 중류에 나가 돛을 달고 나는 듯이 박두양(朴頭洋)에 이르렀다. 그때 적은 큰 배 20척으로 선봉을 삼고 배마다 강병 140명 씩 실었다. 정지가 공격하여 우선 이것을 격파하니 시체가 바다를 덮었다(『고려사』 권113, 정지(鄭地)전, 우왕 9년).

우왕 때 정지(鄭地, 1347~1391)가 왜구와 싸우면서 지리산신사에 기도한 내용이다. 정지가 전함을 이끌고 섬진에 이르렀을 때 고려군은 겁을 먹고 있었고 비까지 내렸다. 그는 사람을 보내서 지리산신사에 기도하였다. 나라의 존망이 이 싸움에 달렸으니, 고려군을 도와서 신의 수치를 만들지 말라고 하였다. 그러자 지리산 신은 영험을 보였다. 비가 그쳤고, 고려의 군사는 전투에서 승리하였다. 적의 공격이 시작되었을 때 정지가 하늘에 머리를 조아리자 바람이 유리하게 불어서 적을 격파하였다. 바람이 유리하게 분 것도 지리산 신과 연관되었던 것으로 믿어졌다. 사람들은 산신이 비와 바람을 조절하여 나라를 위기에서 구한 것이라 생각하였다.[42) 지리산 신의 위령(威靈)에 의지하여 나라와 백성

---

42) 산신이 국가를 보호하는 수호의 기능과 강우 조절 기능을 가졌다는 점은 여러 연구에

을 지킬 수 있었다.

요컨대 고려의 지리산은 성종 때 나라의 사전(祀典)에 올라서 국가제사의 대상이었다. 고려시대에는 지리산의 남원 지역에 신사를 설치하였다. 지리산신사에는 지리산 신의 신상을 받들어 모시었다. 산신 성모천왕을 인격적 형상으로 만들어 섬겼다. 국왕은 해마다 봄과 가을에 지리산에 향축을 내려서 나라의 곡식으로 제향을 올렸다. 왕을 대신하여 지리산제고사를 파견하여 치제하였다. 나라제사를 통하여 산신이 나라를 호위하고 재난을 없애서 복리를 얻기를 바랐다. 특히 지리산은 남쪽 지역을 진호하는 큰 산으로 산신이 영험하다고 알려졌다. 나라가 어려움에 빠졌을 때 치제하여 나라와 백성의 안녕을 구하였다. 지리산 산신의 영험으로 정치와 사회의 혼란을 막고 나라와 왕실의 안녕을 지키고자 하였다.

4. 조선시대 악(嶽) 제사의 정비와 지리산

조선 초 태조는 산천 신에게 봉작하였다. 태조 2년(1393) 정월과 그 4년(1395) 12월에 나라의 대표적인 명산대천과 성황·해도의 신에 대한 봉작이 이루어졌다.

> I. 吏曹(이조)에서 경내(境內)의 명산(名山)·대천(大川)·성황(城隍)·

서 널리 설명되었다(김갑동, 「고려시대의 산악신앙」, 16~20쪽; 박호원, 「고려의 산신신앙」, 194~199쪽; 김철웅, 「고려시대의 산천제」, 『한국중세사연구』 11, 2001:『한국중세의 길례와 잡사』, 경인문화사, 2007, 86~100쪽).

해도(海島)의 신(神)을 봉(封)하기를 청하였다. 송악성황(松岳城隍)은 진국공(鎭國公)이라 하고, 화령(和寧)·안변(安邊)·완산(完山)의 성황(城隍)은 계국백(啓國伯)이라 하고, 지리산(智異山)·무등산(無等山)·금성산(錦城山)·계룡산(鷄龍山)·감악(紺嶽)·삼각산(三角山)·백악(白嶽)의 여러 산과 진주성황(晉州城隍)은 호국백(護國伯)이라 하고, 그 나머지는 호국(護國)의 신(神)이라 하였으니, 대개 대사성(大司成) 유경(劉敬)이 진술한 말에 따라서 예조(禮曹)에 명하여 상정한 것이었다(『태조실록』 권3, 태조 2년 1월 정묘).

태조는 지리산을 호국백(護國伯)으로 봉하였다. 송악성황을 진국공에 봉하였고 화령·안변·안산의 성황을 계국백이라 하였다. 태조 2년(1393)은 한양으로 도읍을 정하기 이전으로 송악의 성황을 중요하게 여겼다. 왕실과 연관이 깊은 지역의 성황에 봉호한 것이다. 지방의 명산으로는 지리산, 무등산, 금성산, 계룡산, 감악, 삼각산, 백악 등을 호국백으로 삼았다. 그 밖의 명산대천 신에게는 호국지신(護國之神)이라는 봉호를 내렸다. 한양으로 도읍을 정한 뒤 태조 4년(1395)에 한양의 산을 새로이 봉하였다. 백악산(白岳山)을 진국백(鎭國伯)에 봉하고 남산(南山)을 목멱대왕(木覓大王)으로 삼았다.[43] 산천 신에게 대왕, 공, 백 등의 작위를 수여하였다. 이러한 산천 신에 대한 봉작제도는 고려시대부터 내려오던 것이었다. 이는 신을 의인화하여 작위를 봉하는 것으로 신사에 신상을 봉안한 것과 맥락을 같이 한다.

그런데 오래지 않아서 나라에서 산천의 봉작제도를 폐지하였다. 앞선 고려 말 공민왕 19년(1390)에 명나라 황제가 사신을 통하여 조서를

---

43) 『태조실록』 권8, 태조 4년(1395) 12월 戊午.

보내어 산천의 봉호를 폐지하도록 하였다. 이 조서에 따르면 산천은 상제의 명을 받는 것일 뿐 나라가 봉호를 더할 수 없는 존재라고 하였다. 산천 신에 대한 봉호를 제거하고 신의 칭호로 다만 산수(山水)의 본래 이름을 쓰게 하였다.[44] 하지만 고려 때에는 이를 시행하지 못하였다. 산천의 신을 인격화하여 인식하는 전통이 강하였기 때문이었다. 조선 태종대에 이르러서 비로소 산천에 대한 봉호가 폐지되었다. 산천 신은 이전의 봉호 대신에 산수의 본래 이름으로 불리게 되었다.[45] 조선 초 산천제의 편제와 시행은 커다란 변화를 맞았다.

조선은 유교적 이념에 따라서 사전(祀典) 체계를 수립하면서 산천제의 등급을 나누었다. 국왕은 나라 안 산천에 대한 제사권을 가졌다. 유교적 명분 이념에 따르면 경·대부·사·서인이 산천의 신에게 제사할 수 없었다.[46] 고려시대까지 이러한 명분론은 사회적 의미를 가지지 못하였다. 조선시대에 이르면 유교적 제사체계의 편성이 이루어졌으며 산천제에도 변화가 나타났다. 조선 초 국왕을 중심으로 한 산천제의 정비는 태종대, 세종대, 성종대를 거치면서 이루어졌다. 이 과정에서 지리산을 비롯한 산악에 대한 국가제사를 정하였다. 산천 신에 대한 제사의 체계화가 이루어졌다.[47]

태종 14년(1414) 8월에 예조에서는 산천의 등제를 나누도록 하였다. 악·해·독(嶽·海·瀆)은 중사(中祀)로 하였고, 여러 산천(山川)은 소사(小祀)로 정하였다.

---

44) 『고려사』 권42 세가, 공민왕 19년(1390) 7월.
45) 『태종실록』 권25, 태종 13년(1413) 6월 乙卯.
46) 『태종실록』 권24, 태종 12년(1412) 10월 庚申 사간원의 상소.
47) 조선시대 악해독과 산천 제사의 체계는 다음과 같다(『세종실록오례의』 길례 변사).

J. 예조에서 산천(山川)의 사전(祀典) 제도를 올렸다. "…… 본조(本朝)에서는 전조(前朝)의 제도를 이어받아 산천의 제사는 등제(等第)를 나누지 않았는데, 경내(境內)의 명산대천(名山大川)과 여러 산천(山川)을 고제(古制)에 의하여 등제(等第)를 나누소서." 임금이 그대로 따라서 악·해·독(嶽海瀆)을 중사(中祀)로 삼고 여러 산천(山川)을 소사(小祀)로 삼았다. …… 경성(京城) 삼각산(三角山)의 신과 한강(漢江)의 신, 경기의 송악산(松嶽山)과 덕진(德津), 충청도의 웅진(熊津), 경상도의 가야진(伽耶津), 전라도의 지리산(智異山)과 남해(南海), 강원도의 동해(東海), 풍해도의 서해(西海), 영길도(永吉道)의 비백산(鼻白山), 평안도의 압록강(鴨綠江)과 평양강(平壤江)은 모두 중사였다(『태종실록』 권 28, 태종 14년 8월 신유).

전라도의 지리산은 경성의 삼각산(三角山), 경기의 송악산(松嶽山), 영길도의 비백산(鼻白山)과 더불어 악으로 중사가 되었다. 해신의 제사로는 동해, 남해, 서해의 제사가 있었으며 독의 제사는 한강, 덕진, 웅진, 가야진, 압록강, 평양강 등으로 정하였다. 조선의 중사와 소사는 대체로 고려 때에 나라제사를 지내던 곳이었다. 고려의 산천제를 계승하여 조선 초 국행제를 올리는 중사·소사와 고을의 수령이 치제하는 소재관

변사		악해독과 산천(소재 군현)	
중사	악	智異山(南原) 三角山(漢城府) 松嶽山(開城府) 鼻白山(定平)	4
	해	東海(襄州) 南海(羅州) 西海(豐川)	3
	독	熊津(燕岐) 伽倻津(梁山) 漢江(한성부) 德津(臨津) 平壤江(平壤府) 鴨綠江(義州) 豆滿江(慶源)	7
소사	산	雉嶽山(原州) 鷄龍山(公州) 竹嶺山(丹陽) 于弗山(蔚山) 主屹山(聞慶) 錦城山(羅州) 木覓山(한성부) 五冠山(松林) 牛耳山(海州) 紺嶽山(積城) 義館嶺(淮陽)	11
	천	楊津溟所(忠州) 楊津(楊州) 長山串(長淵) 阿斯津松串(安岳) 淸川江(安州) 九津溺水(평양부) 德津溟所(淮陽) 沸流水(永興府)	8

제사로 나뉘었다. 악의 제사에 보이는 삼각산, 송악산, 비백산, 지리산은 고려시대 나라의 산천 제장이었다. 앞선 신라 때에는 5악을 두었는데 조선은 4악을 설정하는 데 그쳤다. 아마도 유교적 명분이념에 따라서 5악은 천자국 체제에 합당한 제사이기 때문에 제후국인 조선에서는 4악만을 정한 것으로 보인다.

지리산은 중사인 4악의 제사 가운데 하나로 편제되었다. 지리산은 이성계의 조선 건국과 연관하여 정치적 의미가 깊은 명산이었다. 고려 말 이성계는 지리산 운봉을 넘어 황산(荒山) 서남쪽에서 왜구를 격퇴하였다. 이를 계기로 그는 명망을 높이고 신왕조의 개창을 준비하였다. 또한 그가 왕위에 오르기에 앞서서 이씨 왕조의 개창을 예언하는 이서(異書)를 지리산 바위에서 얻었다.[48] 지리산은 예언서를 간직한 신성한 장소로 여겨졌다.[49] 더불어 악의 방위를 살피면 중앙에 삼각산, 남쪽에 지리산, 서쪽에 송악산, 북쪽에 비백산이 있었다. 신라 때에 뒤이어 지리산은 다시 남악으로 중사에 올랐다.

이어서 태종 14년(1414) 9월에는 예조에서 산천에 관한 제사의주(祭祀儀註)를 올렸다.[50] 다음해 4월에는 춘추의 중월(仲月)에 전국에서 산천제를 설행하게 하였다.[51] 태종 16년(1416) 9월 예조는 악해독과 산천에 제사하는 관원을 정하도록 하였다.[52] 중사인 지리산에는 전라도의 감

---

48) 『태조실록』 권1, 태조 1년(1392) 7월 병신.

49) 지리산이 이성계에게 건국과 관련하여 중요한 신성의 땅이자 정치적 목적을 정당화하기 위한 장소였다는 해석이 참조된다(박용국, 「조선 초·중기 명산문화로서 지리산의 정체성」, 『남명학연구』 26, 2008, 193~195쪽).

50) 『태종실록』 권28, 태종 14년(1414) 9월 戊寅.

51) 『태종실록』 권29, 태종 15년(1415) 4월 戊寅.

52) 『태종실록』 권32, 태종 16년(1416) 9월 辛卯.

사가 섭사(攝祀)하게 되었다. 태종 16년(1416) 9월에 전라도 도관찰사(都觀察使) 권진(權軫)이 외산(外山)의 초제(初祭)에 향축을 받들고 갔다.[53] 관찰사는 국왕을 대신하여 지리산에 제사하였다. 국왕 중심의 산천제 정비로 조선의 지리산에 대한 국가제사가 이루어졌다.

세종 때에는 산천단묘순심별감(山川壇廟巡審別監)을 파견하여 전국의 산천 제장을 조사하였다.[54] 그 활동을 바탕으로 악해독과 산천의 제장과 신패를 상정하였다.

K-1. 예조에서 여러 도의 순심별감(巡審別監)의 계본(啓本)에 의거하여, 악해독(嶽海瀆)과 산천(山川)의 단묘(壇廟)와 신패(神牌)의 제도를 상정하였다. "······ 전라도. 나라에서 행하는 남원부(南原府)의 지리산은 중사이고, 묘의 위패는 지리산지신(智異山之神)이라고 쓸 것입니다(『세종실록』 권76, 세종 19년 3월 계묘).

K-2. 지리산신사(智異山神祠): 부의 남쪽 64리 되는 소아리(小兒里)에 있다(『신증동국여지승람』 권39, 전라도 남원도호부 사묘).

K-1에 있듯이 남원부(南原府)에 지리산 사묘를 정하고 신패에 '지리산지신(智異山之神)'이라고 썼다. 당시 전국 산천의 단묘 가운데 산 위에 묘를 세워서 그 산을 밟고서 산신에게 제사하는 것이 문제가 되었다.[55] 지리산의 신사는 K-2에 있듯이 남원부 남쪽 소아리(小兒里: 지금

---

53) 『태종실록』 권32, 태종 16년(1416) 9월 壬寅. 『세종실록』 지리지 전라도 名山 智異山 조에서는 "봄과 가을에 향축을 내리어 관찰사로 하여금 제사지내게 하였다"라고 하였다.

54) 세종 때 산천단묘순심별감의 활동에 관하여는 허흥식, 「세종시 산천단묘의 분포와 제의의 변화」, 『청계사학』 17·18합, 2002: 『한국 신령의 고향을 찾아서』, 집문당, 2006, 185~186쪽 참조.

지리산신사(智異山神祠, 남악사) 터, 전라남도 구례군 광의면 온당리 당동 소재

의 구례군 광의면)에 있었다. 그 이전부터 지리산신사가 소아리에 위치하였는지 아니면 다른 곳에 있다가 조선 초 소아리로 옮겼는지는 잘 알 수 없다.[56] 만약 다른 곳에 위치하였던 신사를 옮겼다면, 산 위쪽에 사묘가 있던 것을 뒤에 산 아래쪽 소아리로 옮겼을 가능성이 있다. 조선 초기의 지리산신사는 산 아래쪽에 있어서 이곳에서 지리산을 우러르며 나라제사를 설행하였다.

세종 때에는 단묘와 함께 신패 제도를 정하였다(K-1). 신패의 설치는 신상을 철거하는 일과 함께 이루어졌다. 고려 때까지 지리산신사에는 신상을 모시었다. 신상을 받드는 것은 신을 인격적 형상으로 신앙하는 일과 연관이 깊었다. 고려 말 조선 초 산천 신을 인격화하는 것에 대한 비판이 대두하였다.[57] 앞서 보았듯이 고려 말 공민왕대 명나라 태조는

---

55) 『세종실록』 권23, 세종 6년(1424) 2월 丁巳.

56) 고정한 편, 『續編求禮誌』(1922)에서는 남악사가 구례 內山面 堂洞에 있다가 所義面 쑛帽峰 아래로 옮겼다고 하였다(『속편구례지』 상, 사묘 남악사). 언제 소의면으로 옮겼는지는 알 수 없다고 하였다.

산천 신의 칭호는 산수의 원래 이름을 쓰도록 하였다. 명의 조서에서 악진해독은 영령(英靈)의 기(氣)가 모여서 신이 된 것이라고 하였다. 산에 서려있는 영령의 기를 산신으로 보았다. 산천 신을 인격화한 신이 아니라 지기(地祇)로 인식하였다. 산신의 인격화를 부정한 명나라 예제를 수용하고 산천 신에 대한 인식이 바뀌면서, 조선 초 국제 신사에서는 신상을 없애고 신패를 설치하였다. 지리산신사에는 신상 대신 '지리산지신'이라고 쓴 신패를 모시었다.

세종 20년(1438) 무렵에 이르면 국가 제례에 대한 정비가 일단락되었다. 산천제의 정비는 『세종실록』 오례의를 거쳐서 성종 때 『국조오례의(國朝五禮儀)』로 완결되었다. 여기에 악·해·독에 대한 제향(祭享) 의식과 절차를 규정하였다. 제향일과 재계, 진설, 희생의 준비를 비롯하여 행례 절차로 전폐, 작헌, 송신에 관한 규정을 마련하였다.[58] 지리산과 같은 악의 제사는 해마다 봄과 가을 중월의 상순으로 택일하여 올렸다.

또한 산천 신은 수재(水災), 한재(旱災), 여역(癘疫)의 재난이 있을 때 비는 것으로 여겨졌다.[59] 가뭄이 심해지면 악해독과 산천의 신을 대상으로 비를 빌었다. 산천 신이 비구름을 일으켜 곡식을 적시어 백성에게 은혜를 베푸는 것으로 믿었다. 중종 11년(1516) 4월 무진일에 가뭄으로 8도 악·해·독의 신에게 비를 빌도록 하였다.[60] 산천제는 민생의 안정

---

57) 명나라 태조의 조서에 관한 해석과 산천신·성황신에 대한 인식 변화 및 명나라의 예제 개편에 관하여는 이욱, 「조선전기의 산천제」, 『종교학연구』 17, 1998, 138~139쪽; 이욱, 『조선시대 재난과 국가의례』, 창비, 2009, 99~102쪽; 최종석, 「여말선초 명의 예제와 지방 성황제 재편」, 『역사와 현실』 72, 2009, 214~220쪽 참조.

58) 『국조오례의』에 실린 악해독·산천의 제향의식절차에 관하여는 한형주, 『조선초기 국가제례 연구』, 일조각, 2002, 239~240쪽에 실린 〈부표7〉에서 정리하였다.

59) 『성종실록』 권40, 성종 5년(1474) 3월 辛卯.

60) 『중종실록』 권24, 중종 11년(1516) 4월 戊辰.

에 기여하는 산천 신의 공덕에 보답하기 위한 것이었다. 악의 하나였던 지리산에도 기우제를 올렸을 것이다.

> L. 전라도 지리산(智異山)·금성산(錦城山)·남해당(南海堂)에 향과 축문을 보내어 여제(厲祭)를 설행하였다. 전라도에 지난 겨울부터 전염병이 크게 번져 사망자가 계속 발생하였으므로 온 도내에 청결한 곳이 없었다(『인조실록』 권46, 인조 23년 2월 을묘).

인조 23년(1645)에는 전라도에 전염병이 크게 번졌다. 나라에서는 전라도 지리산(智異山)·금성산(錦城山)·남해당(南海堂)에 향과 축을 보내어 여제(厲祭)를 지냈다. 지리산과 남해는 중사에 올랐고, 금성산은 소사의 하나였다. 여제를 통하여 전염병을 물리치고 백성의 생활이 안정되기를 바랐다. 나라의 재난이나 재앙을 물리치기 위하여 치제하여 산천신이 공덕과 은혜를 베풀기를 바랐다. 그 밖에도 성종의 병이 심하였을 때 종묘(宗廟)·사직(社稷)·소격서(昭格署) 등과 더불어 외방 산천에 기도하게 하였다. 지리산에는 좌랑(佐郎) 이희락(李希洛)을 보내어 제사하였다.[61]

조선 중기에 이르면 지리산에 대한 제사를 규정에 맞추어 올리지 않는 일이 나타났다. 현종 원년(1660) 7월에 이경석(李景奭)이 차자(箚子)를 올려서 지리산 제사의 헌관으로 교생(校生)이 나섰던 점을 비판하였다. 지리산에 올리는 제사에 지방관이 나아가지 않고 교생에게 대행하게 하였던 것이다.[62] 같은 현종 9년(1668) 9월에는 구례현감 이지행(李志

---

61) 『성종실록』 권297, 성종 25년(1494) 12월 戊寅.
62) 『승정원일기』 권163, 현종 원년(1660) 7월 丙辰.

行)이 남원 지리산 추례제(秋例祭)에 헌관으로 차출되었는데 참여하지 않아서 파출되었다.[63] 남원읍지인『용성지(龍城誌)』[64]를 보면 지리산 신사의 국행제에서 헌관은 당상관이 맡았으며, 대축(大祝)은 수령으로 삼았고, 집사(執事)는 생원·진사·교생 가운데 맡은 것으로 기록하였다. 이러한 규정을 제대로 지키지 않았던 것이다. 이것은 관료들이 국가제사를 중요하게 여기지 않아서 제관으로 차정되는 일을 꺼렸기 때문으로 보인다.[65]

숙종 때에 오면 남원의 지리산신사를 개수하였다. 숙종 3년(1677)에 남원부사 정동설(鄭東卨)이 전우를 수리하였다. 이전까지 신사에는 세 칸의 전우(殿宇)가 있었다. 남원부사는 신사를 수리하고 부속 건물을 신축하였다.[66] 이에 따라 지리산신사는 전우(殿宇)와 신문(神門), 성생청(省牲廳), 객사(客舍), 유생청(儒生廳), 지응청(支應廳), 마구, 대문 등을 갖추게 되었다. 이후 개수한 지리산신사에서 국행제를 봉행하였다.

---

63)『승정원일기』권210, 현종 9년(1668) 9월 丙辰.

64)『용성지』는 숙종 25년(1699)에 편찬한 것을 바탕으로 영조 28년(1752)에 보유를 붙여서 간행하였다.『신증동국여지승람』의 내용을 '구지'라 하고, 새로 추가한 부분을 '신증'이라 하였다.

65) 이욱,「조선후기 제관 차정의 갈등을 통해 본 국가 사전의 변화」,『종교연구』53, 2008 참조.

66) 지금까지 지리산신사(남악사)의 개축이 이루어진 시기는 영조 3년(1737)으로 알려졌다(이해준,「구례 남악사의 유래와 변천」,『남악사지지표조사보고』, 목포대학교박물관·전라남도구례군, 1992, 21~22쪽).『용성지』권4 祠廟의 祠에 따르면 지난 '丁巳'에 신사를 수리하였다고 한다. 여기에서 정사년은 숙종 3년(1677)으로 여겨진다. 같은 기록에서 남원부사 鄭東卨이 전우를 개수하게 하였다는 부분이 나온다. 정동설은 숙종 4년(1678) 전후에 남원부를 다스렸다. 그가 재직하던 시절 신사의 개수가 이루어졌다.

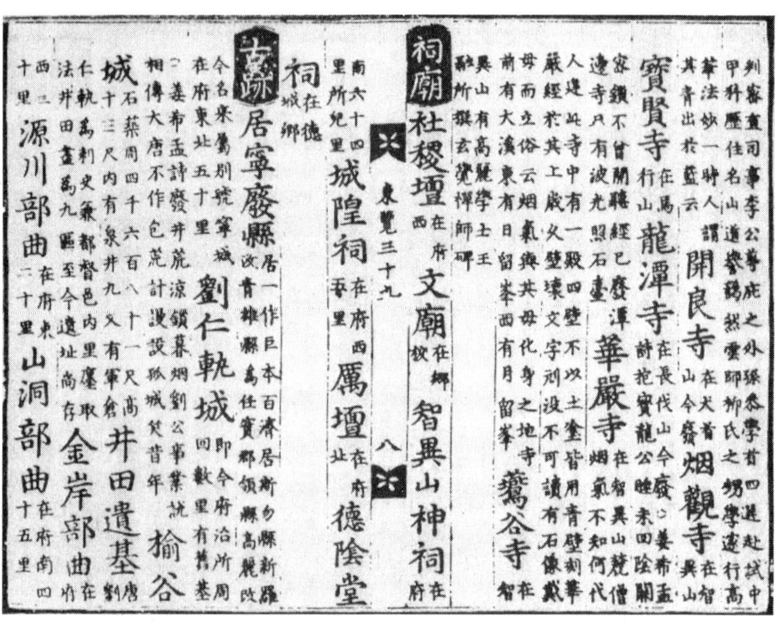

『신증동국여지승람(新增東國輿地勝覽)』의 지리산신사(智異山神祠) 기록

오늘날의 남악사(南岳祠), 전라남도 구례군 마산면 황전리 화엄사 소재

이상에서 보았듯이 조선에서는 지리산을 악(嶽)의 하나로 정하고 중사에 올렸다. 그리고 남원부 남쪽 소아리에 지리산신사를 정하였다. 신사 안에 '지리산지신'이라고 쓴 신패를 받들어 모셨다. 신사에 모신 산신은 산악에 서린 영령(英靈)의 기(氣)가 모여서 된 것이라고 인식하였다. 지리산신사에서는 봄과 가을 중월에 전라도 관찰사가 국왕을 대신하여 중사를 올렸다. 제사를 통하여 지리산의 신이 백성에게 은택을 베풀기를 바랐다. 그리고 신이 백성에게 베푼 은혜와 공덕에 보답하고자 치제하였다.

1897년에 대한제국(大韓帝國)이 성립하였다. 고종은 황제국 체제에 맞는 국가의례를 정비하고자 하였다. 1897년 10월 12일에 고종은 경운궁 앞에 환구단(圜丘壇)을 세워서 하늘에 제사하고 황제의 자리에 올랐다. 하늘에 제사를 지내는 것은 천자(天子)만이 할 수 있었다. 고종은 광무 5년(1901)에 오악과 오진(五鎭), 사해(四海)와 사독(四瀆)을 정하여 사전을 갖추려는 뜻을 밝혔다. 장례원(掌禮院)에서 널리 상고하여 산천의 제사를 지낼 곳을 정하게 하였다.[67]

고종 황제는 광무 7년(1903, 고종 40) 3월 23일에 장례원(掌禮院)의 주본에 의하여 오악, 오진, 사해, 사독으로 봉행할 산천을 정하였다.[68] 이로써 대한제국에서 새로이 오악을 제정하였다. 오악 가운데 중악은 삼각산(三角山)이고, 동악은 금강산(金剛山)이며, 남악은 지리산, 서악은 묘향산(妙香山), 북악은 백두산(白頭山)이었다. 조선에서 제사하던 악은

---

67) 『일성록』 고종 38년(1901, 광무 5) 11월 17일 ; 『고종실록』 권41, 고종 38년(1901, 광무 5) 12월 17일(양력).

68) 『고종실록』 권43, 고종 40년(1903, 광무 7) 3월 19일 ; 『승정원일기』 고종 40년(1903, 광무 7) 3월 23일 ; 『고종실록』 권43, 고종 40년(1903, 광무 7) 3월 23일.

삼각산, 송악산, 지리산, 비백산이었다. 이를 오악 체제로 바꾸었다. 삼각산과 지리산만이 계속하여 악 제사의 대상이 되었다. 지리산은 남악으로 다시 대한제국의 사전에 올랐다. 하지만 오래지 않아서 일제는 융희 2년(1908, 순종 2)에 국행제를 폐지하였다.[69] 이로써 남악 지리산에 대한 나라의 제사가 역사 속으로 사라졌다.

5. 지리산 산신제의 변화와 역사적 의미

지금까지 지리산에 대한 나라제사의 역사를 알아보았다. 지리산은 한반도의 남쪽 경계를 상징하는 대표적인 산이었다. 역사적으로 지리산은 백제의 남악이었으며 신라와 고려를 거쳐서 조선과 대한제국에 이르기까지 사전(祀典)에 등재되었다. 왕조를 넘어서 나라의 산천제가 계속하여 베풀어졌다.

고대의 지리산은 백제와 신라의 남악이었다. 사비도읍기 백제에는 동서남북의 각 방면을 대표하는 산이 있었다. 나라 남계의 무오산(霧五山)이 곧 지리산이었다. 통일기 신라에서는 지리산을 오악 가운데 남악으로 정하여 중사로 삼았다. 지리산 제장은 경상도 청주(菁州) 즉 진주에 설치하였다. 통일신라는 영토를 확장하고 통일을 이루는 과정에서 새로이 편입한 세력을 상징하는 산을 오악으로 삼았다. 남악 지리산은 통일신라의 남쪽 방면을 대표하면서 옛 가야세력을 상징하는 산악이었

---

69) 『순종실록』 권2, 순종 1년(1908, 융희 2) 7월 23일. 이때 제사제도를 개정한 칙령을 발표하였는데, 山川嶽瀆壇에 대한 제사를 폐지하였다. 『속편구례지』 상(고정한 편, 1922), 사묘 남악사 조에서는 융희 2년(1908) 11월 12일에 남악사의 제사를 폐지하였다고 하였다.

다. 오악의 제사를 통하여 각 방면을 진호하여 그것이 상징하는 지방 세력을 신라에 편입하고자 하였다.

고려시대에는 명산대천을 선별하여 사전에 실었다. 지리산은 전라도의 명산으로 나라제사의 대상이 되었다. 고려에서는 앞선 신라와 달리 명산대천의 등급을 나누어 변사하지 않았다. 개경의 송악, 서강을 비롯한 각 지방의 영험한 산천 신을 사전에 등재하였다. 지리산의 신을 모시는 신사는 전라도 남원부에 설치하였다. 그 신은 성모(聖母), 천왕(天王), 성모천왕이라 불리었는데 신상을 신사에 모시었다. 국왕은 해마다 봄과 가을에 지리산에 향축을 내리어 제향을 올리었다. 왕을 대신하여 제고사(祭告使)를 파견하여 치제하도록 하였다. 정기적으로 나라제사를 지낸 것은 산신이 나라를 호위하고 재난을 없애서 복리를 얻기를 바랐다. 비상시 나라에 변란이 일어나면 산신에게 영험을 빌었다. 지리산 신의 위령으로 정치와 사회의 혼란을 막아서 나라와 왕실의 안녕을 바랐다.

조선시대 지리산은 4악의 하나로 중사에 올랐다. 조선은 유교적 이념에 따라서 사전체계를 수립하였다. 산천의 등급을 나누어 중사와 소사 및 수령제로 편제하였고 국왕이 산천제를 독전하고자 하였으며 산천 신을 지기(地祇)로 파악하였다. 지리산은 중사의 4악 가운데 남악이었다. 지리산신사는 전라도 남원부 남쪽 소아리에 설치하였고 여기에 '지리산지신(智異山之神)'이라고 쓴 신패를 봉안하였다. 해마다 봄과 가을 중월로 택일하여 제일을 삼았고, 국왕을 대신하여 전라도 관찰사가 지리산에 치제하였다. 산천의 신은 비구름을 일으켜 오곡을 적셔서 백성에게 먹을 것을 풍족하게 해줄 수 있다고 믿었다. 이처럼 백성에게 공덕이 있었기 때문에 사전에 올려서 제사하였다. 수재와 한재, 전염병 등 재난이 있을 때에도 국행제를 올려서 민생의 안정을 빌었다. 지리산에 대한 나라제사는 백성에게 은택을 베푼 신의 공덕에 보답하는 의미가 있었다.

대한제국이 성립하면서 지리산은 오악 중 남악으로 다시 편성되었다. 황제국 체제의 성립으로 국가제사를 개편하면서 오악, 오진, 사해, 사독을 새로이 정하였다. 지리산은 제국의 남쪽 방면을 대표하는 악으로 자리매김하였다. 일제는 고종을 폐위시킨 뒤 오악의 제사를 비롯한 국행제를 폐지하였다. 1908년에 나라의 산천에 대한 제사가 사라졌고 국제신사의 기능도 정지되었다. 지리산신사에서 설행하던 지리산에 대한 나라제사의 역사가 막을 내렸다.

역사적 상황의 변화에 따라서 산천제의 구성에는 변동이 나타났다. 영토의 범위와 수도의 변화에 따라서 사전에 등재한 개별 명산대천이 달라졌다. 사비도읍기 백제는 부여 인근의 삼산을 중시하였다. 통일신라는 경주의 인근 삼산을 대사로 삼았다. 고려에서는 개경의 송악을 수위로 산천제를 구성하였다. 조선에서는 한양의 삼각산을 중요하게 여겼다. 이러한 변화에도 불구하고 지리산은 계속하여 나라제사의 대상이었다. 신라는 50곳의 명산대천에 제사하였다. 이 가운데 고려 왕조에서 계속하여 치제한 산천은 25곳 내외이었다. 이 가운데 다시 조선에서 국행제를 지낸 산악은 삼각산, 감악산, 계룡산과 지리산 등에 지나지 않았다. 이는 지리산이 한반도 남부지방을 상징하는 가장 크고 높은 산이었기 때문이다.

하지만 지리산의 신을 모시고 제사를 설행하는 제장에는 변화가 나타났다. 신라에서는 경상도 방면의 지리산을 나라의 남쪽으로 보았다. 경상도 진주에 제장을 설치하였다. 고려시대에는 개경을 기준으로 삼아서 전라도 남원부에서 지리산에 제사하였다. 이는 신라 때 경상도 동래의 바닷가에 있었던 남해 신의 제장을 고려 때에 전라도 정안현으로 옮긴 것과 같은 맥락에서 이해할 수 있다. 조선시대에 이르면 개경에서 한양으로 수도를 옮겼지만 그 남쪽을 전라도 방면으로 설정한 점은 다르지 않다. 지리산신사는 남원부의 남쪽 지금의 구례에 설치하였다.

지리산신사에 모신 신에 대한 관념도 시대에 따라 변하였다. 지리산신은 성모라 불리는 여성 신으로 믿어졌다. 혹은 천왕이나 성모천왕으로도 불리었다. 성모와 천왕 가운데 어떤 칭호가 더 오랜 역사를 가졌는지는 판단하기 어렵다. 천왕은 산신을 천신과 연결된 신격으로 믿었던 고대인의 생각을 반영하며 성모는 여성 산신의 존칭으로 쓰였다. 고려시대까지 사람들은 지리산의 신을 인격화하여 신앙하였다. 그리하여 신사에는 성모천왕의 인격적 형상을 신상으로 조성하여 안치하였다. 그러다가 조선시대에는 산천 신을 인격화하여 신앙하는 것을 금하였다. 유교적 이념에 근거하여 산천 신을 영령(英靈)의 기(氣)가 모인 지기(地祇)로 파악하였다. 지리산 신의 이름은 성모천왕이 아니라 '지리산의 신'이라고 하였다. 이에 따라 지리산신사에 '지리산지신(智異山之神)'이라 쓴 위패를 봉안하였다.

나라의 산천제가 가지는 기능에도 변화가 있었다. 신라에서는 제사를 매개로 지리산이 소재한 지방을 진호하여 나라의 안녕과 발전을 이루기를 바랐다. 고려시대에도 지리산의 영험을 믿어서 치제함으로써 산신이 나라를 호위하고 재난을 없애서 복리를 얻고자 하였다. 이때까지 산천 신은 지역을 수호하는 신으로 믿어졌다. 그 제사의 기능은 신의 위엄과 영험으로 나라의 평안을 도모하는 데 있었다. 조선시대에는 산천 신을 제사하여 신이 비구름을 일으키고 재난을 물리쳐서 민생의 안정을 돕는 기능을 가졌던 것으로 보았다. 이러한 신의 공덕에 보답하는 의미로 산천제를 설행하였다.

이제까지 지리산에 대한 나라제사의 역사와 시대별 변화를 더듬어 보았다. 지리산에 대한 나라제사는 산천 신에 대한 국가적 숭배의례의 지속적 봉행이라는 점에서 역사적 의미를 찾을 수 있다. 지리산 산신제는 산신의 영험과 공덕을 기리는 나라의 종교의례이었다. 국왕은 지리산을 비롯한 나라의 주요 명산대천에 제례를 올려서 국가와 왕실의 안녕을 바랐다. 또한 지리산에 대한 국행제는 국왕의 통치권이 미치는 남쪽지방의 영토를 확인하는 정치의례이었다. 악해독과 명산대천은 국왕이 통치하는 영역의 각 방면을 상징하였다. 여기에 국가제사를 지냄으로써 국왕은 자신의 영토를 확인하여 그 권력을 드러내고자 하였다. 이처럼 지리산 제사는 국가적 차원의 숭배의례로 정치성과 종교성을 아울러 가졌다. 산천에 대한 국가 숭배의례로서 지리산 제사는 20세기 초까지 이어졌다. 고대부터 고려, 조선, 대한제국에 이르기까지 왕조를 넘어서 지리산 국행제의 역사가 이어졌다. 숭배의례를 지속적으로 봉행하면서 지리산은 나라를 대표하는 영산(靈山)이라는 이름을 얻었다.

지리산은 나라뿐만 아니라 고을제사, 마을제사, 개인적 신앙의 대상이기도 하였다. 왕실에서부터 민간에까지 지리산 신의 영험을 바라는 제사가 다양하게 베풀어졌다. 민간의 산천제는 성모, 천왕을 받들어 치성을 드리고 굿을 노는 무교식 제사가 일반적이었다. 민간에는 일찍부터 지리산 성모를 석가의 어머니 마야부인이라고 하거나 팔도무당의 시조라고 하는 설 등이 널리 퍼져 있었다. 영호남의 많은 사람들이 지

리산 성모의 초월적 신통력에 빌었다. 개인의 복리를 바라는 뜻에서였
다. 이러한 지리산 산신제의 전통은 나라제사가 폐지된 이후에도 면면
히 이어졌다. 앞으로 민간의 지리산 제사에 관하여는 별고를 마련하여
검토할 예정이다.

한·중·일 여산신 숭배 신앙

지리산 성모·태산 벽하원군·후지산의 고노하나노사쿠야히메

◉

김지영·우정미

산에 대한 최초의 신앙은 경외심과 숭배였다. 이것은 자연이 가진 힘에 대한 인간의 절대적 순종이었으며, 수긍이었다. 고대 중국인들은 토지가 융기된 장소는 바로 신명(神明)이 거처한다고 여겨 높은 산악이나 구릉들을 신성시하였으며, 또 여기에 점차 영적인 의미를 부가시키기도 하였다.[1] 인류는 강의 유역을 중심으로 문명을 탄생시켰고, 부락을 형성하였다. 평평한 대지 속에서 우뚝하게 솟은 산은 감히 범접할 수 없는 영력을 가진 신령이 산다고 여겨 경외하며 숭배하였다.

구석기시대 산악에 대한 자연물 숭배의 시기를 거쳐, 사람들이 산을 주거지로 삼아 모여들면서 부락과 마을 체제를 갖추게 되자 더욱 현실적인 신앙적 가치를 만들었다. 사람들은 산에서 식량과 연료를 얻고, 산 속 생활에서 마주치게 되는 특이한 동물이나 나무 등을 산신의 화신으로 여겨 숭배하였다.

---

1) 朴魯俊, 「五臺山信仰의 起源研究－羅·唐 五臺山 信仰의 比較論的 考察」, 『嶺東文化』 제2집, 1986, 54쪽.

한·중·일을 포함한 동아시아인들의 관념 속에 높고 험준한 산은 모두 상제(上帝)에게 닿아 있는 사다리이자 천신이 인간 세상에 내려오는 길이기도 하였다. 또한 산악 그 자체가 숭배의 대상인 신이기도 하였기 때문에, 지역 곳곳에서 산악숭배가 보편적으로 성행하였다.

특정한 산은 곧 신이 거처하는 곳이었기 때문에, 산이라는 자연물은 곧 신으로서 숭배되었는데, 산신의 모습은 종종 여성으로 표현되었다. 한·중·일의 경우도 이와 마찬가지로 산신은 여신의 형태로 처음 등장하는데, 이는 사회적 지위뿐만 아니라 종교적 의미까지 획득한 모계 사회의 영향에서 기인한 것이다.[2] 신석기 이후 지모신의 특징을 가진 여산신은 점점 더 세속화되어 인간과 관련된 모든 일을 관장하는 신으로 승격되었다.

지리산은 한국의 남악으로, 지리산 성모는 지리산 천왕봉에 좌정하여 지리산권역을 내려다 보며 그 일대를 수호하는 여산신으로 산 인근의 사람들은 그를 '천왕성모'로 받들어 질병의 퇴치나 가정의 부귀와 안녕을 기도하였다. '천왕'이라는 칭호가 붙을 정도로 성모의 영험함은 그 어느 신보다 대단한 것으로 믿어졌는데, 산속에 있는 여러 절에서도 성모에게 제사지내지 않음이 없을 정도였다.

태산은 중국의 동악으로, 황제의 산이라고 할 만큼 중국 역사상 중요한 의미를 지니고 있다. 송진종(宋眞宗)이 옥녀지의 옥녀상을 다시 세워 봉사(封祀)한 이후로 태산옥녀는 태산의 유일 주신(主神)이었던 동악대제의 그늘에서 벗어나 서서히 태산여신으로 자리 잡으며 동악대제와 함께 공동 주신으로 인식되었다.

---

2) 李恩奉, 『韓國古代宗敎思想-天神·地神·人神의 構造』, 集文堂, 1984, 43~45쪽. 이은봉은 여산신 등장의 시기를 신석기 시대로 보았다.

후지산(富士山)을 숭배대상으로 하는 신앙을 후지신앙(富士信仰)이라고 한다. 후지신앙은 신도뿐만 아니라 다양한 민속신앙을 기반으로 하여 도교, 밀교, 정토교, 슈겐도 등이 복잡하게 뒤섞여 있다. 오래전부터 일본인들은 후지산 그 자체를 신으로 간주하고 숭배의 대상으로 삼았다. 화산으로 주변이 황폐화되고 민중들의 생활이 힘들어질 때는 화산신의 노여움을 진정시키기 위해 산중복에 아사마 신사를 건립하고 화산신인 아사마신(浅間神)에게 제사를 지냈다.

후지산에는 일본 전국 센겐신사(浅間神社)의 총본산인 후지산혼구센겐대사(富士山本宮浅間大社)가 있다. 센겐대사는 후지산을 신체산(神體山)으로 하고 제신(祭神)으로 고노하나노사쿠야히메(木花之佐久夜毘賣)를 모시고 있다. 또한 히메의 남편인 천손 니니기노미코토(瓊瓊杵尊)와 히메의 부친인 오호야마츠가미3)(大山津神)도 같이 모시고 있다.

센겐대사는 7대 효령천황(孝靈天皇) 때 후지산이 분화하여 주민은 사방으로 흩어지고 지역은 황폐화 되었다. 11대 수인천황(垂仁天皇) 때 백성들의 근심을 염려하여 산 속에 센겐대신을 모시고 산령(山靈)을 위무하였다. 12대 경행천황(景行天皇) 재위시 야마토다케루(日本武尊)가 동정(東征)할 때 스루가(駿河)에서 들불의 재난을 만났다. 후지산신이 기도하여 맞불을 놓아 정벌할 수 있었기 때문에 산궁(山宮)에서 후지산신에게 제사지냈다고 한다.4)

후지산의 여신인 고노하나노사쿠야히메는 불 속에서 무사히 출산한 것을 연유하여 화산신인 아사마신과 일체가 되어 후지산을 수호하며

---

3) 외래어 표기법에 의하면 어두 어중에는 [쓰]로 표기하는 것으로 되어 있으나, 본고에서는 [츠]로 표기함.

4) 宮地直一·廣野三郎, 『浅間神社の歷史』, 古今書院, 1929, 15쪽.

지리산

태산

후지산

오랫동안 일본인들의 마음속에 자리잡고 있는 여신이다.

한국의 지리산, 중국의 태산, 일본의 후지산은 고대로부터 민족문화의 전통과 사상적으로 매우 중요한 산악으로 숭배되어져 왔다. 지리산 성모천왕과 태산 벽하원군, 후지산의 고노하나노사쿠야히메는 줄곧 수많은 사람들에게 정신적 휴식과 안녕을 준 여산신으로 그 신앙의 흔적이 현재까지도 전승되고 있다.

1. 한·중·일 여산신 신앙의 발전 양상

1) 지리산 성모천왕 신앙

지리산 성모천왕은 천왕이라는 칭호를 쓰는 한국 유일의 여산신이다. '천왕'은 산악에 하강한 천신[5])으로 천신이 가진 신령함을 그대로

---

5) 文暻鉉, 「신라인의 산악숭배와 산신」, 『신라사상의 재조명』(신라문화제학술발표회 논문집 12집), 신라문화선양회, 1992, 35쪽.

천왕사에 안치되어 있는 성모상

가지고 내려와 하늘과 가장 가까운 산꼭대기에 좌정하였기 때문에, 그 어느 산신보다 더욱 영험하다 여겨져 예로부터 수많은 사람들이 숭배하였다.

지리산 성모천왕 신앙에 대해 지리산의 노고가 성모천왕보다 선행한 산신이며, 노고신앙의 기반 위에 통일신라 직후 경주 지역에서 성행하였던 성모신앙이 유입된 것이라는 설[6]이 있다. 또 예로부터 지리산에는 마고와 마야 두 여신이 모셔져 있었는데, 마고는 최초의 인간을 탄생시킨 어머니이고, 마야는 인간들이 번성하여 도덕이 쇠퇴해지자 구세주를 낳아 중생을 교화한 것이라는 설[7]이 있다.

마고는 중국의 전설에서 삼신산의 하나인 방장산에 살고 있으며, 최초로 인간을 탄생시킨 여신으로 인류 창조 신화와 축성(築城) 설화에 자주 등장한다. 이러한 중국의 마고와 지리산 노고의 신격이 유사한 것으로 보아 노고 신앙은 지리산의 초기적 산신이었다가 경주일대에서 성행한 선도산 성모 신앙의 이식으로 성모천왕의 구체적인 지위가 주어진 것으로 보인다. 우선 성모천왕의 초기 신격의 모델이 된 선도산 성모의 유래를 살펴보기로 하겠다.

『삼국유사』에는 선도산 성모가 중국에서 온 도교적 여신선이며, 선

---

6) 송화섭, 「智異山의 老姑壇과 聖母天王」, 『한국도교문화』 27, 한국도교문화협회, 2007, 247~249쪽.

7) 趙庸鎬, 「智異山 山神祭에 관한 硏究」, 『東洋禮學』 4輯, 2000, 175~176쪽.

도산에 머물며 신라를 보호하는 호국신으로 거하다가 신라의 시조인 혁거세를 낳아 성모로 존사 받은 내용이 기록되어 있다.

신모는 본래 중국 제실(帝室)의 딸이며, 이름은 사소(娑蘇)였다. 일찍이 신선의 술법을 배워 해동(海東)에 와서 머물러 오랫동안 돌아가지 않았다. 이에 부황(父皇)이 편지를 소리개의 발에 매어 이르기를 "소리개가 머무는 곳에 집을 지으라."고 하였다. 사소는 편지를 보고 소리개를 놓아 보내니, 이 선도산으로 날아와서 멈추므로 드디어 와서 지선(地仙)이 되었다. 때문에 산 이름을 서연산(西鳶山)이라고 했다. 신모는 이 산에 오래 머물면서 나라를 진호(鎭護)하니 신령스럽고 기이한 일이 매우 많았다. 나라가 세워진 뒤로 항상 삼사(三祀)의 하나가 되어 그 지위가 산천에 지내는 모든 제사의 위에 있었다.

제54대 경명왕(景明王)이 매사냥을 좋아하여 일찍이 여기에 올라가서 매를 놓았다가 잃어버렸다. 이 일로 해서 신모에게 기도하기를 "만일 매를 찾게 된다면 마땅히 성모께 작(爵)을 봉해 드리겠습니다."라고 하였다. 이윽고 매가 날아와서 나무 가지에 앉았다. 이에 성모를 대왕에 봉작하였다. 성모가 처음 진한(辰韓)에 와서 성자를 낳아 동국(東國)의 첫 임금이 되었으니, 대개 박혁거세와 알영부인 두 성인의 유래다.

또 『국사(國史)』에 보면, 사신이 말하기를, "김부식이 정화(政和) 연간에 일찍이 사신으로 송나라에 들어가 우신관(佑神館)에 나갔더니 한 당(堂)에 여선(女仙)의 상이 모셔져 있었다. 관반학사(館伴學士) 왕보(王黼)가 말하기를, '이것은 귀국의 신인데 공은 알고 있습니까'라고 하였다. 그리고 이어 말하기를, '옛날에 어떤 중국 제실의 딸이 바다를 건너 진한으로 가서 아들을 낳았더니 그가 해동의 시조가 되었고, 또 그 여인은 지선이 되어 길이 선도산에 있는데 이것이 바로 그 여인의 상입니다.'라고 하였다."

또 송나라 사신 왕양(王襄)이 우리 조정에 와서 동신성모(東神聖母)

를 제사지낼 때에 그 제문에, "어진 사람을 낳아 비로소 나라를 세웠다."는 글귀가 있었다. 성모가 이제 황금을 주어 부처를 받들게 하고, 중생을 위해서 향화법회(香火法會)를 열어 진량(津梁)을 만들었으니 어찌 다만 오래 사는 술법만 배워서 저 아득한 속에만 사로잡힌 자이랴!
  -『삼국유사』권5 감통(感通) 7, 「선도성모수희불사(仙桃聖母隨喜佛事)」

위의 자료를 보면, 선도산 성모는 중국에서 건너왔는데 일찍이 신선의 술법을 배웠다고 하였으니, 이 점은 당시 중국에서 유행하던 도교적 여신선이 신라에 유입된 정황이라 할 수 있다. 하늘을 나는 솔개가 내려앉은 선도산은 천신이나 국령(國靈)이 점지해 준 곳으로 지리적 신성함을 부여 받았다. 선도산 성모가 이곳에 오래 거하면서 나라를 도와 기이한 일이 벌어졌다는 것은 선도산 성모의 신통력을 믿는 성모신앙이 나라 곳곳에서 성행하여 많은 신도들이 급증하게 되었음을 짐작케 한다. 성모의 신통력은 경명왕이 대왕으로 봉작을 내릴 정도로 대단하였기 때문에, 명산대천에 올리는 삼사 중에서 선도산 성모가 가장 높은 지위에 오를 수 있었다. 이렇게 성행한 성모 신앙은 선도산 성모를 신라의 시조인 박혁거세를 탄생시킨 성모(聖母)로 추대하였다. 송나라 사신 왕양의 찬문과 비구니 지혜 스님을 도와 불사를 일으킨 일화 등은 선도산 성모가 불교를 공인한 신라의 정치적 상황과 밀접한 관계에 있었음을 말해준다.

선도산 성모는 도불적 성향을 가진 여산신이었는데, 이러한 특징은 지리산 성모천왕에서도 잘 나타난다.

지리산 성모천왕의 유래설로는 크게 위숙왕후설, 마야부인설, 법우화상설 등이 있다.

위숙왕후설은 고려 태조 왕건의 어머니인 위숙왕후를 천왕봉 성모신으로 신격화하여 산신으로 모신 것이다. 김종직은 이승휴의『제왕운기』의 내용을 인용해 지리산 성모가 위숙왕후라고 한 설을 거론하지만, 그 진위 여부에 대해서는 증명할 수 없다고 하였다.

> 내가 일찍이 이승휴의『제왕운기』를 읽어보니 성모가 선사(詵師)에게 명하였다[聖母命詵師]라는 구절의 주(註)에 "지금의 지리산 천왕봉이다."라고 하였으니, 바로 고려 태조의 어머니 위숙왕후를 가리킨다. 고려 사람들이 선도성모에 관한 전설을 익히 듣고서 자기 나라 임금의 계통을 신성시하고자 하여 이 설을 지어낸 것인데, 이승휴가 그대로 믿고서『제왕운기』에 기록한 것이다. 그러나 이 또한 증명할 수 없는 일이다.[8]
> – 김종직(金宗直), 「유두류록(遊頭流錄)」, 『점필재집(佔畢齋集)』 권2

위숙왕후가 고려의 태조를 낳은 여산신으로 모셔진 것은 신라시대 선도산 성모의 개국신모(開國神母)적 산신신앙이 고려시대에도 등장하고 있음을 보여준다. 비록 나라의 시조를 탄생시킨 점은 같지만, 역사적 인물을 신격화한 위숙왕후설은 고려왕실의 실정에 맞게 변이된 것이라 할 수 있다. 개국시조의 혈족인 어머니를 신격화 시켜 제사를 지내게 함으로써, 개국에 대한 정당성을 인정받고자 한 것이다. 김종직은 신격화된 위숙왕후에 대해 고려의 왕계를 신성시 하려고 지어낸 것일 뿐, 이승휴의 기록도 신빙성이 없다며 부정적 견해를 보이고 있는데, 이것은 개국신모의 산신신앙이 조선시대에서는 더 이상 성립되지 않음을 보여주는 것이다.

---

8) 余嘗讀李承休帝王韻記 聖母命詵師 註云 今智異天王 乃指高麗太祖之妣威肅王后也 高麗人習聞仙桃聖母之說 欲神其君之系 創爲是談 承休信之 筆之韻記 此亦不可徵

위숙왕후의 설과 함께 거론되는 마야부인 설은 석가여래의 어머니를 성모로 신격화한 것인데, 이와 같이 성스러운 여성을 어떤 산의 신령으로 속하게 한 것은 원시형태의 여신사상이라기보다는 후세에 유행하기 시작한 위인숭배사상과 결부된 것[9]에서 유래된 것으로 보인다. 마야부인 설은 불교가 서역에서 수입되어 전국에 널리 전파된 시점에서 생겨나 유행했을 것으로 추측되는데, 마야부인 설은 승려들이나 불교 신도에게서 전파되었을 것이다.

> 그리고 이른바 천왕상(天王像)을 보았다. 한 승려가 말하기를 "이 분은 석가의 어머니인 마야부인입니다. 이 산의 산신령이 되어 이 세상의 화복을 주관하다가, 미래에 미륵불을 대신하여 태어날 것입니다."라고 하였다.[10]
> – 남효온(南孝溫), 「지리산일과(智異山日課)」, 『추강집(秋江集)』 권6

> 시렁 위에 성모상이 놓여 있었는데, 곧 석가모니 부처의 어머니인 마야부인이다. 한 승려가 말하기를 "부인이 스스로 말하기를 '동방으로 1만 8천 리 길을 날아가 두류산 제일봉의 주인이 되고 싶다'라고 하여, 석상을 모셔 놓고 천년토록 제사를 지내왔습니다. 이 분은 공경해야지 업신여겨서는 안됩니다."라고 하였다.[11]
> – 양대박(梁大樸), 「두류산기행록(頭流山紀行錄)」, 『청계집(靑溪集)』

마야부인설이 위숙왕후 설과 구분되는 점은 마야부인이 누구의 추

---

9) 孫晉泰, 「朝鮮 古代 山神의 性에 취하야」, 『진단학보』 1권, 진단학회, 1934, 155쪽.

10) 見所謂天王者 僧曰 此釋伽母摩倻夫人爲此山神 禍福當世 將來代生彌勒佛者

11) 屋內有架 架上設聖母像 卽釋迦佛母摩倻夫人也 僧云 夫人自言飛過東方萬八千土 願爲
　　頭流第一峯主云 故設像而祀 歷千百年 可敬不可褻也

대나 봉작을 받은 산신이 아니라 자신 스스로 지리산 산신이 되고 싶다 하여 좌정한 산신이라는 점이다. 즉 도솔천에 있던 천신계의 마야부인이 직접 지리산을 선택한 것이다. 석가를 낳은 마야부인은 인간의 화복을 주관하다 궁극적으로는 미륵불이 될 것이라고 하였다. 성인의 어머니−지리산 천왕신−미륵불 이라는 전세−현세−내세의 불교적 내세관의 형식에 잘 맞춰진 이 설화는 궁극적으로 지리산이 곧 미륵불이 도래하는 성지임을 암시하는 메시지를 담고 있다. 이는 당시 불교가 산신신앙과 서로 상생지약(相生之約)을 맺은 것과 관련이 있으며, 본토 민간신앙이었던 산신신앙에 불교가 적극 유입되면서 적극적인 종교 융화의 이념 내지 친불(親佛)적 이념이 생겨났던 것이다.[12]

위숙왕후설과 마야부인설이 역사적 인물 혹은 종교적 인물을 신격화한 것에서 유래한 것이라면 법우화상설은 무당 시조의 설화로 무속계 인물의 탄생과 관련된다. 법우화상과 관련된 지리산 성모 설화는 이능화(李能和)의 『조선무속고(朝鮮巫俗考)』의 기록으로 전한다.

> 지리산 고엄천사(古嚴川寺)에 법우화상(法祐和尙)이 있었는데 홀연히 산간에 비가 내리지 않았는데 이상스럽게도 물이 불어 그 근원을 알고자 천왕봉 꼭대기에 올랐다 키가 크고 힘이 센 여인을 보았다. 그 여인은 스스로 성모천왕(聖母天王)이라 말하고 인간 세계에 귀양 내려와 군(君)과 인연을 맺고자 물의 술법(術法)을 적용했다 하면서 스스로를 중매했다. 드디어 부부가 되어 집을 짓고 사는데 딸 여덟을 낳았으며 자손이 번식했다. 모두 무술(巫術)을 가르쳤는데, 금방울과 부채를 쥐고 춤을 추고 아미타불을 창하고 법우화상을 부르고 방방곡곡을 다니면서 무

---

12) 姜英卿, 「韓國 古代 山神信仰에 나타난 理想人間型」, 『종교와문화』, 서울대학교 종교문제연구소, 2001, 199쪽.

업(巫業)을 했다. 이 때문에 세속에서는 큰 무당은 반드시 지리산에 가서 성모천왕에게 기도해서 접신한다고 한다.[13]

법우화상설에서 성모신은 여덟 딸을 낳아 최초의 무녀를 배출하였다는 점에서는 무속계의 신모(神母) 역할을 한다. 하지만, 키가 크고 힘이 센 기괴한 모습이나 인간세계에 귀양왔다는 점과 물의 술법을 쓰는 것, 불교 승려를 유인하여 법우화상과 혼인하는 등은 실존 인물을 신격화한 성모천왕과는 전혀 다른 모습이다. 인간세계로 귀양 내려온 신이라면 곧 하늘에서 강림한 천신계 산신이고 물을 다스릴 정도로 신통력을 가지고 있으면서도 성모천왕이 굳이 법우화상과의 혼인을 선택한 이유는 무엇이었을까?

신라시대 이후 도교와 불교의 전파로 민간신앙도 점차적으로 도불적 성향을 띄게 되었다. 고대 산신제 등에서 제사 진행의 주역할을 담당하던 무녀들도 그에 따라 직위와 행사권이 변하였을 것이다. 위 설화에서 성모천왕의 여덟 딸들이 성모천왕을 모태로 태어나지만, 장성하여 무업을 행하면서 성모천왕을 부르는 것이 아니라, 아미타불을 창하고 법우화상을 부르는 주문을 외운다. 이것은 성모천왕의 존재와 영향력이 부권(夫權)인 법우화상에게 귀속되었음을 나타낸다. 큰 무당이 성모천왕에게 접신했던 것은 무녀계에 입문하기 위해 무당으로 다시 태어남을 성모천왕에게서 허락 받는 통례였다.

---

13) 李能和 지음, 이재곤 옮김, 『朝鮮巫俗考』, 동문선, 1991, 173~4쪽. 智異山古嚴川寺 有法祐和尙者 頗有道行 一日閒居 忽見山澗不不雨而漲 尋其來源 至天王峰頂 見一長身 大力之女 自言聖母天王 適降人間與君有緣 適用水術 以自媒耳 遂爲夫婦 搆屋居之 生 下八女子孫蕃殖 敎以巫術 搖金鈴舞彩扇 唱阿彌陀佛 呼法祐和尙 行於坊曲 以爲巫業 故世之大巫必一至智異山頂 祈禱於聖母天王 而接神云

2) 태산 벽하원군 신앙

태산 벽하원군은 중국의 여신 중에서 가장 영향력이 큰 여산신이다. 특히 명·청 이후 민간에서는 벽하원군을 태산의 주신인 동악대제와 동일한 지위, 혹은 그를 능가하는 태산의 공동 주신으로 높이 숭배하였다.

벽하원군의 호칭은 도교 신선의 호칭과 연관이 있다. 도교에서는 남자 신선을 진인(眞人)라 하고, 여자 신선을 원군(元君)이라고 한다. 도교가 흥하면서 민간에 널리 성행하고 있던 태산옥녀를 신전에 모셔 벽하원군이라 하였다. 하지만 "원군"이라는 호칭이 노자의 스승이라 지칭되는 태을원군(太乙元君)의 남자신선의 호칭에도 쓰이기도 하였고[14], 남쪽지역의 천후(天后) 또는 마조(馬祖), 순의부인(順懿夫人)이 벽하원군으로 지칭되기도 하였으므로[15], "벽하원군"은 태산옥녀를 지칭하는 단독 명칭은 아닌 듯하다. 단지 태산옥녀 신앙이 전국적으로 확대되면서 사람들의 인식 속에 벽하원군이라는 봉호가 태산옥녀의 전유물로 자리 잡게 된 것이다.

벽하원군이란 칭호는 송진종 때 정식으로 하사 받은 봉호이다. 그 이전부터 민간에서는 태산녀(혹은 태산옥녀) 신앙이 널리 성행하고 있었는데, 중국 민속학계에서는 이

태산 벽하사에 안치되어 있는 벽하원군상

---

14) 張進, 「泰山娘娘與女性宗敎信仰」, 『官學學刊』 第3期, 2007, 104쪽.

15) 王曉莉·陳宏娜, 「碧霞元君由來及演變」, 『遼寧科技學院學報』 第8卷 第2期, 2006, 65쪽.

를 벽하원군의 전신(前身)으로 본다.

태산옥녀와 벽하원군의 칭호에 내재된 연관성과 전승 관계에 대해 석경교(石經校)는 태산 벽하원군의 전신이 여와(女媧)나 서왕모, 현녀(玄女) 등의 신녀가 아님을 밝히면서, 송대 이전 문헌 속에는 태산 벽하원군이라는 명칭이 전혀 등장하지는 않지만, 『태산정(泰山頂)』에는 이미 옥녀지(玉女池)와 옥녀석상(玉女石像)이 있었다는 자료를 근거로 벽하원군의 전신이 태산옥녀임을 주장하였다.[16]

태산옥녀에 관한 송대 이전의 기록으로는 태산에 기거했던 문인들의 문학작품을 참고할 수 있는데, 그 대부분이 신선격의 옥녀로 묘사되어 있다. 위무제 조조의 명편인 「기출창(氣出唱)」에는 천하 대업을 이루기 위해 곳곳을 떠돌다 태산에 이르러 옥녀가 자신을 맞이하여 함께 여섯 용의 수레를 타고 옥장(玉漿)을 마시며 산수를 거니는 호탕함을 그려내고 있다.[17] 당대(唐代) 유명 시인인 이백은 태산에 장기 거주하면서, 태산의 경관에 빠져 태산 유람시 수 편을 지었다. 그의 대표적인 태산 유람시인 「태산을 유람하다(遊泰山)」에 신선 옥녀와의 만남이 묘사되어 있다.

玉女四五人	너댓 명의 옥녀가,
飄搖下九垓	바람타고 하늘에서 내려오네.
含笑引素手	미소를 머금고 흰 손 내밀며,
遺我流霞杯	나에게 유하주 술잔을 남겨주네.
稽首再拜之	머리 숙여 재배하며 이를 받드니,

---

16) 石經校, 「泰山女神崇拜之沿革」, 『岱宗學刊』 第1號, 1997, 53~54쪽.
17) 乘雲而行 行四海外 東到泰山 仙人玉女 下來邀游 駿駕六龍飲玉漿

自愧非仙才	스스로 신선 자질 없음이 부끄럽네.
曠然小宇宙	마음이 넓어져 우주는 작아지니,
棄世何悠哉	속세를 버리고 어떻게 유유히 지낼까?

조조나 이백의 작품에서 묘사된 옥녀는 아름다운 자태와 기이한 영물을 가지고 다니는 도가적 신선의 성격을 지니고 있는데, 이는 당시 문인들이 수용했던 옥녀의 보편적인 모습이다. 이 두 작품을 통해서 송대 이전에 이미 태산과 관련된 옥녀 이야기나 옥녀에 대한 심미적 상상력이 널리 전해지고 있었음을 알 수 있다. 하지만 작품에서 묘사된 옥녀가 벽하원군의 전신인 태산옥녀의 범주에 들어갈 수 있을지는 의문이다. 두 작품에서 묘사된 옥녀는 태산의 꼭대기에 기거하고 있는 신이라기보다는 하늘에서 마차나 구름을 타고 내려오는 천신에 더욱 가깝다고 할 수 있다. 이런 점에서 위진시대나 당나라 문인들 속에 유행하던 태산의 옥녀는 송진종 이후 벽하원군으로 개명하게 되는 태산옥녀와는 그 신격이 다른 것으로 보인다.

태산옥녀에 대한 유래설은 크게 3가지로 나뉘는데, 가장 보편적인 설은 태산신의 딸이라는 설이다. 장화(張華)의 『박물지(博物志)』에는 "태공망(太公望)을 관단령(灌壇令)으로 삼았는데, 1년이 지난 뒤 나뭇가시 흔들리는 소리도 들리지 않았다. 주문왕(周文王)이 꿈에서 한 아낙을 만났는데, 길을 막고 울며 말하기를 '저는 동악 태산신의 딸인데, 시집가서 서해의 아내가 되었습니다. 동쪽으로 돌아가려고 하는데, 관단령이 나의 길을 막고 있습니다. 그는 덕망이 높아 내가 감히 그 곳을 지나며 폭풍우를 칠 수는 없습니다.'"[18]라고 하였다.

---

18) 太公望爲灌壇令 期年風不鳴條 文王夢見一婦人當道而哭 問其故 曰 我東岳泰山女 嫁爲

태산녀의 신분이나 특징을 상세히 묘사하지는 않았지만, 동악 태산신의 딸이며, 서해용왕의 아내이면서 구름을 일으키고 비를 관장하는 능력을 가진 자연신임을 알 수 있다. 또한 덕 있는 사람을 귀하게 여겨 함부로 해를 끼치지 않는 선한 신선으로 묘사되었다.

명대(明代) 왕지강(王之綱)이 편찬한 『옥녀전(玉女傳)』에는 "태산옥녀는 천선신(태산신)의 딸인데, 황제(黃帝)시대에 처음 출현하였고, 한나라 명제(明帝) 때 다시 출현하였다."[19]라고 기록되어 있다. 여기서 황제 시대에 출현한 태산옥녀는 황제가 염제와 9번을 싸웠는데, 전패하여 태산으로 돌아와 삼일 밤낮을 잠을 설치며 승리할 법을 궁리하던 때에 사람의 머리에 새의 형상을 한 여인이 나타나 황제에게 재배하며 백전백승의 병법을 전수해 준 이야기에 등장하는 현녀(玄女)를 가리킨다. 이때 태산옥녀는 화하민족의 시조인 황제를 도와 통일대업을 이루게 하는 조력자로서, 황제의 통일 왕국이 천명으로 이루어졌다는 정통성을 인정하는 상징적 존재이다.

두 번째 설은 황제가 파견한 옥녀라는 설이다. 『옥녀고(玉女考)』와 『요지기(瑤池記)』에는 "황제가 대악관(垈岳觀)을 지을 때, 일곱 선녀를 미리 세상에 내려 보냈는데, 구름 관을 쓰고 날개 옷을 입고 태산에 내려오니 서곤진인(西昆眞人)이 그들을 맞이하였다. 옥녀는 일곱 선녀 중 수도하여 득도한 신선이다."[20]라고 하였다. 황제는 곧 중화민족의 시조이며, 이런 황제가 파견한 옥녀는 황제의 대리신으로 오악의 으뜸

西海婦 欲東歸 灌壇令當吾道 令有德 吾不敢以暴風過也

19) 泰山玉女者 天仙神女也 黃帝時始見 漢明帝時再見焉

20) 黃帝建岱岳觀時 曾經預先派遣七位女子 云冠羽衣 前往泰山以迎西昆眞人 玉女乃一七女中的修道得仙者

인 태산에 기거할 수 있는 정당한 명분을 가진다. 이 설의 시작 부분에서 묘사된 옥녀는 외모상 조조와 이백의 작품에서의 묘사된 하늘에서 구름을 타고 내려온 옥녀와 별반 다를 것이 없다. 하지만 후반부에 수도를 통해 득도한 옥녀는 태산의 신선으로서 자리할 수 있는 자격을 갖추게 된 것이다. 여기에서 태산옥녀는 잠시 지상으로 유람온 천신의 신분에서 "수도"라는 방편을 통해 인간 세상에 정착한다.

세 번째 설은 한 대(漢代) 옥엽(玉葉)이라는 민간 인물과 관련된 설이다. 『옥녀권(玉女卷)』에는 "한명제 때, 서우국 손녕부 봉부현에 거주하는 선비 석수도의 아내 김씨가 중원7년 갑자 4월 18일 여자 아이를 낳았는데, 옥엽이라 이름 하였다. 생김새가 단정하고 총명하며 영민하여 3살 때 인륜을 이해하고, 7살 때 법을 알아들었으며, 일찍이 서왕모에게 예를 올렸다. 14세 되던 해, 홀연히 서왕모의 교시를 받아 입산하여 조선장(曹仙長)의 지도를 받아 천공산(태산) 황화동에 들어가 수련하였다. …… 3년을 단련하자 원기가 발하며 빛이 선명하니, 드디어 태산에 의탁하게 되었다. 이때부터 태산에 옥녀신이 있게 되었다."[21]라고 하였다.

이 유래설은 도교적 색채가 매우 강하다. 서왕모를 모셨다거나 수련을 하여 빛을 발했다거나 하는 행위들은 도교적 수행법과 신선이 되는 과정과 유사하다. 그렇기 때문에 도교에서는 민간인인 옥엽이 수도를 통해 신선의 반열에 올랐으므로, 훗날 자신들의 신보(神普)에 모신 벽하

---

21) 漢明帝時 西牛國孫寧府奉符縣善士石首道妻金氏 中元七年甲子四月十八日子時生女 名 玉葉 貌端而生性聰穎 三歲解人倫 七歲輒聞法 嘗禮西王母 十四歲忽感母敎 欲入山 得 曹仙長指 入天空山黃花洞修焉 …… 三年丹就 元精發而光顯 遂依于泰山焉 泰山以此有 玉女神

원군의 전신으로 여긴다.

위와 같은 각기 다른 태산옥녀 유래설은 각 계층의 벽하원군 신앙에 대한 관점과 태도를 반영하고 있다. 황제가 등장하는 앞의 두 설은 모두 문인과 지식인 계층에서 지지하던 것인데, 태산옥녀를 태산신이라는 남성권위 하의 인물로 설정하여 그의 신력이 태산신이나 황제에게서 나온 것임을 암시하였다. 세 번째 설에서 태산옥녀는 신령한 선조나 역사적 영웅이 아닌 일반 평민계층에서 태어나 신선으로 승격되었는데, 남성신관을 추존하는 정부 관료 체제에서 벗어난 인물이다. 이는 민간에서 성행하는 민간신앙의 유형이라 할 수 있다.[22]

태산옥녀에서 벽하원군으로의 개명은 『태산정』에 기록된 옥녀지와 옥녀지에서 발견된 옥녀석상에서 기원한다. 조조의 시와 이백의 시에서도 옥녀가 영험한 물(혹은 술)을 가지고 다니는 신선으로 묘사되었는데, 이는 태산의 샘물에 대한 극찬에서 비롯된 것이다. 『옥녀전』의 기록에도 옥녀는 물의 성질을 가지고 있으며, 그 출처는 바로 옥녀지에서 나오는 것이라고 하였으니[23], 옥녀지는 곧 옥녀의 화신이었다. 사람들은 옥녀지를 고결하고 신성한 곳으로 여겼으며, 옥녀지 가에 옥녀 석상을 세워 숭배하였으니, 태산옥녀 신앙은 옥녀지에 대한 숭배를 바탕으로 널리 성행하였다.

송대 상부원년(宋代祥符元年, 1008) 9월, 송진종은 칙서를 내려 대정(岱頂) 옥녀지 옆에 부식되고 조각난 옥녀 석상을 옥으로 다시 만들게 하고, 맷돌로 단(龕)을 만들어 원래 있던 곳에 봉치하고[24] 제사를 올렸다.

---

22) 劉曉, 「海外漢學家碧霞元君信仰研究──以英語文獻爲中心」, 『河南敎育學院學報』第27卷, 2008, 39~40쪽.
23) 玉女坤質爲水象, 池固其所自來耳

송진종과 그의 추종자들이 태산에서 봉선의식을 행하면서 굳이 옥
녀상을 발견한 이야기를 만들고 새 조각상을 세워 '천선신녀 벽하원군'
이라는 봉호를 내린 것은 그의 정치적 입지를 공고히 하고자 하는 정치
적 장치였던 것으로 보인다.

중화민족의 시조인 황제가 염제와의 전쟁에서 승리하여 통일대업을
이룰 수 있게 도와준 것은 태산옥녀였다. 이런 점에서 태산옥녀의 출현
이 가지는 의미는 곧 황제의 적통으로서 중화 민족의 정통성을 계승하
였음을 천명하는 것이다. 태산옥녀가 벽하원군의 봉호를 받고나서 민
간에서 떠돌던 잡다한 설과 문인들의 시작(詩作)에 등장하던 태산옥녀
는 점차적으로 궁사(宮祠)의 대열에 진입하게 되었다.

3) 후지산의 여산신 신앙

후지산에는 화산신인 아사마(浅間)신[25]
이 있었고, 아사마신을 모시기 위해 센겐
신사가 세워졌다. 그러나 센겐신사의 제
신은 화산신인 아사마가 아니라 여신인 고
노하나노사쿠야히메이다. 그 연원은『고
사기』에서 찾을 수 있다.

그런데 호노니니기는 가사사곶에서

후지산의 고노하나노사쿠야히메

---

24) 周郢,『泰山通鑒』, 齊魯書社, 2005, 72쪽.

25) 아소(アソ), 아사(アサ), 아츠(アツ) 등의 지명은 모두 화산과 관련이 있다. 화산신인
아사마(浅間)의 글자를 음독하면 센겐이 된다. 언제부터인지 명확하지 않지만 아사
마신사라 하지 않고, 센겐신사, 센겐다이진(浅間大神)이라고 한다.

아름다운을 여인을 만났다. 그래서 "너는 누구의 딸인가"라고 물었더니, 답하여, "오호야마츠미노카미의 딸, 이름은 가무아타츠히메, 다른 이름은 고노하나노사쿠야히메라고 합니다."라고 아뢰었다.

또 니니기노미코토가 "너에게는 형제가 있는가"라고 물었더니 답하기를 "언니 이와나가히메가 있습니다"라고 아뢰었다. 그리하여 니니기노미코토가 "나는 너와 결혼하려고 한다. 어떠한가"라고 말씀하시니 "저는 아뢸 수 없습니다. 저의 아버지 오호야마츠미노카미가 아뢸 것입니다."라고 했다.

그래서 오호야마츠미노카미에게 딸을 원한다는 사자를 보냈더니, 오호야마츠미노카미는 매우 기뻐하며, 그 언니 이와나가히메와 많은 혼수품을 바쳤다. 그러나 언니는 매우 추했기 때문에 니니기노미코토는 보기 싫어져서 되돌려 보내고, 단지 그 동생 고노하나노사쿠야히메만을 머물게 하여 하룻밤을 보냈다.

이에 대해 오호야마츠카미는 이와나가히메가 되돌아오게 된 것을 매우 부끄럽게 생각하고 전하여 아뢰길, "저의 딸 둘을 보낸 이유는 이와나가히메를 옆에 두시면 천신이신 어자의 수명은 눈이 내리고 바람이 불어도 항상 바위처럼 언제까지나 길 것이고, 또 고노하나노사쿠야히메를 옆에 두시면 나무의 꽃이 피듯이 번영하게 될 것이라고 서약하고 보냈던 것입니다. 이렇게 이와나가히메를 돌려보내시고 고노하나노사쿠야히메 한 사람 만을 머물게 했기 때문에 천신이신 어자의 수명은 벚꽃처럼 짧을 것입니다."라고 말했다. 이 때문에 오늘에 이르도록 천황들의 수명이 길지 않은 것이다.

그런데 이후에 고노하나노사쿠야히메가 니니기노미코토가 있는 곳을 찾아가서 "저는 임신했습니다. 지금 산기가 있는데 천신의 어자를 몰래 낳을 수 없어서 말씀드립니다."라고 아뢰었다. 이에 대해 니니기노미코토는 "사쿠야히메여, 하룻밤으로 회임했다는 것인가. 이는 나의 아이가 아닐 것이다. 틀림없이 국신의 아이일 것이다."라고 말씀하셨다.

이에 대해 고노하나노사쿠야히메는 답하여 "제가 임신한 아이가 혹시 국신의 아이라면 낳을 때 무사하지 못 할 것이오. 만일 천신의 아이라면 무사할 것이요"라고 하고 즉시 입구가 없는 높고 신성한 건물을 짓고 그 건물 안에 들어가 흙으로 발라서 막고, 막 낳으려고 할 때 그 건물에 불을 붙이고 출산했다.

그리하여 그 불이 왕성하게 타오를 때 낳은 자식의 이름은 호데리노미코토 다음에 낳은 자식은 호스세리노미코토, 다음에 낳은 자식은 호오리노미코토이다.[26]

위의 내용은 천손강림과 인간이 짧은 수명 밖에 누리지 못하고 죽을 수 밖에 없게 된 사정 즉 죽음의 기원을 설명하는 신화로 유명하다. 니니기의 의심을 증명하기 위해 불 속에서 출산한 고노하나노사쿠야히메는 화산인 후지산 산록 즉 센겐신사에서 신사의 제신이 되어 불의 신인 아사마신(=센겐신)과 일체가 되어 숭상을 받게 된다. 불 속에서도 무사히 출산한 것과 관련하여 순산, 활화산인 후지산을 진정시켰다고 해서 수덕(水德), 화재예방, 농업, 어업, 항해, 자식점지, 자식키우기의 수호신으로 신앙을 모으고 있다. 후지산의 분화는 여신의 수덕으로 진정되었다하여 그 위대한 신덕은 알려지게 되었다.[27]

가구야히메(かぐや姫)는 일본의 고전문학 『다케토리노모노가타리(竹取物語)』에 나오는 여주인공 이름이다. 일본문학사에서 헤이안 시대는 '모노가타리(物語)'의 시대라 할 수 있는 데 가나로 쓴 최초의 작품이 『다케토리노모노가타리』이다. 작가와 성립연대는 알 수가 없지만 후대에 만들어진 모노가타리 류에서 『다케토리노모노가타리』에 관한 언

---

26) 오노노야스마로 지음, 권오엽·권정 옮김, 『고사기』 상, 고즈윈, 2007, 322~324쪽.
27) 三橋健, 『日本の神々と神社』, 靑春出版社, 2010, 86~87쪽.

가구야히메

급이 보이는 것에 유추하여 대략 9세기 후반에서 10세 초반의 작품으로 보고 있다.

『다케토리노모노가타리』의 대략적인 내용은 아이가 없는 다케토리노오키나 노인이 어느 날 뿌리에서 빛이 나는 대나무를 자르자, 그 안에서 매우 작고 아름다운 여자 아이가 있어 데리고 와서 키운다. 3개월 만에 가구야히메는 천하제일의 미인으로 성장하여 5명의 귀공자로부터 적극적인 구혼을 받게 되지만, 부처님의 바리그릇, 봉래산 구슬가지, 불타지 않는 쥐의 가죽옷, 용머리 오색구슬, 제비가 가지고 있는 자색조개를 가져오라는 난제를 내어 모두 거절해 버린다. 가구야히메에 대한 소문을 듣고 천황이 찾아가 황궁으로 데리고 오려하자 이마저도 거절을 한다. 이유는 이 세상의 사람이 아니기 때문에 천황을 모실 수 없다고 했다.

3년이 지나자 가구야히메는 달을 보면서 우는 일이 잦아졌다. 노부부가 이유를 묻자 울면서 말하기를 "나는 본디 지상의 인간이 아닌 달의 선녀였는데 이제 유배기간이 끝나서 곧 달나라로 올라가야만 한다"라고 털어놓는다. 이에 놀란 노부부는 천황에게 사실을 알렸고 천황은 즉시 3천의 병사로 가구야히메를 지키게 하나 달이 제일 밝은 팔월 보름날, 달의 사자들이 순식간에 가구야히메를 데리고 가버리고 만다.

달에서 온 사자를 따라 승천하는 가구야히메와 노부부와의 눈물겨운 이별에 이어, 가구야히메는 정표로 선녀옷, 편지, 불사약을 두고 떠난다. 그러나 노부부는 이제 딸을 만날 수 없게 된 상태에서 불사약이 무슨 소용이 있을까 하며 한탄한다. 천황은 이를 전해 듣고 신하에게 "하늘과 가장 가까운 산은 어딘가"라고 물어, "스루가(駿河)국에 있는 산"이라는 대답에 따라, 지금의 후지(富士)산 정상에서 히메가 남긴 것들을 태워 버린다.[28]

위의 내용 중 선녀, 봉래산, 선녀옷, 불사약이라는 단어에서 도교의 신선사상의 영향을 엿볼 수 있다. 신선사상은 중국의 오랜 민간신앙의 하나이고, 중국의 민족종교인 도교 형성의 기본 요소가 된다. 일본에 도교가 전래된 것은 5~6세기 대륙문화가 일본으로 유입되면서 민중도교가 같이 유입된 것으로 유추하고 있다. 그 근거로 승니령(僧尼令, 718)에서 도술금지(道術禁止) 제정이나 관제(官制)에 도사와 관련된 주금사(呪噤師), 주금박사(呪噤博士)라는 용어가 나오고 있고, 관승의 입장에서 도교적인 주술을 부리는 것을 엄격히 통제, 탄압하고 있기 때문이다.[29]

후지산을 도교적 선경인 봉래산으로 보는 관념[30]은 일본에서 가장 오래된 모노가타리 문학이 '다케토리노모노가타리'에 도입된 이래 널리 민간 사이로 퍼져나간 결과 후지신앙은 다케토리노모노가타리의 영향을 받으면서 14세기경부터 이 작품의 주인공인 가구야히메는 화산의 신 센겐과 동일시 되어,[31] 고노하나노사쿠야히메를 대신하는 수호신이 되었다. 그러나 도교가 쇠퇴하자 자연스럽게 가구야히메에 대한 숭

---

28) 小林保治 編, 『一冊で日本の古典100冊を讀む』, 友人社, 1989, 18~19쪽.

29) 下出積與, 『神仙思想』, 吉川弘文館, 1968, 13쪽.

30) Books Esoterica 4, 『道敎の本』, 學研, 1992, 89쪽.

31) 박규태, 「후지신앙과 여신:고노하나노사쿠야히메 센겐신사 후지강」, 『일본사상』 12, 2007, 30쪽.

슈겐자

배도 사라진다.

요배(遙拜)의 대상으로만 여겨졌던 후지산을 숭배하는 마음으로 등배하는 신앙도 확산되는데 주요한 역할을 했던 것이 슈겐도의 슈겐자들이었다. 헤이안 시대 일본에서는 밀교가 융성해지고 그 영향을 받은 불교승들은 실천적인 면에서 산림수행을 하게 된다. 본지수적(本地垂迹) 사상에 의거하여 후지산의 센겐다이진의 본지불은 대일여래라고 생각했다. 그리하여 헤이안 시대 승려 마츠다이(末代, 1103~?)는 후지산 정상에 대일사(大日寺)를 건립하였다.

슈겐도 행자들은 센겐신을 금강비로자나불(金剛毘盧遮那佛)의 화신으로 간주하여 센겐다이보사츠(浅間大菩薩)[32]라 불렀는데 그들 또한 센겐다이보사츠가 곧 여신이라고 생각했다.

---

32) 후지코는 센겐코(仙元講)라고 하고 후지를 仙元 또는 浅間라고 칭했다(深田久彌, 『富士山』, 靑木書店, 1940, 119쪽).

후지산이 요배에서 등배(登拜)의 대상으로 길을 연 사람은 마츠다이(末代)이다. 그가 헤이안 말기 후지산 꼭대기에 대일사를 건립한 이래 후지산 등배의 전통은 산악수행자들에게로 이어지고 그 이후 이를 계승하여 가쿠교(角行, 1541~1646)는 에도시대의 후지코(富士講)를 열게 된다.33) 가쿠교는 중세 이래의 센겐다이보사츠(淺間大菩薩) 신앙을 계승하는 센겐다이보사츠(仙元大菩薩) 혹은 센겐다이니치(仙元大日) 신앙을 성립시켰다.

가쿠교는 처음에는 슈겐도 행자였다. 히다치국(常陸國)에서 수행을 마치고 무츠국(陸奥國) 암굴에서 수행하던 중에 엔노교자(役行者)로부터 계시를 받아, 후지산록의 히토아나(人穴)에 들어간다. 그리고 히토아나 속 나무막대기 위에서 까치발로 천 일간 고행을 실천하였다. 그 이후 가구교는 후지산 등배와 목욕재계를 반복하면서 수행성과가 드러날 때, 센겐다이니치(仙元大日)로부터 후세기(フセギ)라는 호부(護符)와 오미누키(御身抜)라는 독특한 주부(呪符)와 만다라를 받는다. 센겐다이니치로부터 받은 후세기는 특히 질병 치료에 효과를 발휘하는 부적으로 에도에서 역병이 만연했을 때 수만의 사람들에게 나누어 주어 구제했다고 한다.

후지코가 많은 민중들에게 신앙의 대상으로 자리매김한 것은 후지코의 6대 미로쿠 시기이다. 지키교 미로쿠(食行身祿, 1671~1733)는 이세 사람으로 이토 이헤이(伊藤伊兵衛)라고 했다. 13세 때 에도에 나와 장사를 배우기 시작했다. 백부의 도움으로 얼마간의 자금으로 부복, 등심, 차푸대 행상을 하여 수익을 얻었고, 마지막에는 기름장사를 하여 상당

---

33) 井上辺茂雄, 『富士の信仰』, 古今書院, 1928, 88쪽.

한 자산가가 되었다. 신심으로 인해 가업을 소홀히 해서는 안 된다고 강조[34]하는 후지코의 교리는 미로쿠가 직접 경험한 것에 토대를 두고 그 가치를 인정하고 있다.

1733년 7월, 후지산 행자 지키교 미로쿠가 후지산 중 에모시바위에서 단식입정을 했다. 쌀값의 폭등과 우치코와시가 빈발하는 어수선한 사회정세 속에 후지산에서 왕생한 미로쿠에 대한 소문은 에도 전체를 흥분시켰다. 곧 요시다 온시(御師)인 다베 쥬로우에이몬(田辺十郎右衛門)을 비롯한 미로쿠 제자들이 미로쿠가 남긴 가르침을 근간으로 하여 포교를 하여 후지코가 에도를 중심으로 대유행한다. 18세기 끝에서 19세기에 걸친 일이다.[35]

미로쿠 사후 그의 제자들에 의해 몇 개의 분파가 이루어지는데 그 중의 하나가 후지도(不二道)이다. 후지도를 창시한 고타니 산시(小谷三志, 1766~1841)는 스승의 법통을 이으면서 여성우위를 존중하고, 부부화합을 중시하고, 미륵세상이 도래할 것이라고 설파했다. 생활 실천을 강조하였고, 영산에 여성출입을 금지하던 그 시대에 최초로 여성등배를 허용하기도 했다.

1868년에 내려진 신불분리령으로 인해 사찰과 신사의 불교적 색채는 거세당하기 시작한다. 자연스럽게 후지도도 쇠락하게 되고, 불교적인 것을 배제하고 교파신도로 변형되어 간다.

에도시대 후지산을 등배하던 슈겐자들에 의해 후지산의 여신은 센겐대보사츠이고 후지코와 후지도는 이러한 전통을 이어받아 센겐대보사츠를 화난으로부터 보호해주고, 순산을 도와주는 신으로 추앙하였

---

34) 井上辺茂雄, 『富士の信仰』, 古今書院, 1928, 32~33쪽.
35) 天野紀代子 外, 『富士山と日本人の心情』, 岩田書院, 2007, 238쪽.

다. 미로쿠가 히토아나에서 입적하였으므로 히토아나는 후지코 신자
들에게 후지산 등배와 같은 성지로 부상하였고, 히토아나는 자궁에 비
유되어 순산신앙과 재생신앙으로 확대되어 갔다.

2. 한·중·일 여산신의 신격과 직능

지리산 성모와 태산 벽하원군, 후지산 여산신은 한·중·일 여산신
숭배의 태초적 성격과 기능을 그대로 담고 있는데, 때로는 종교적 신앙
속에서, 때로는 정치 세력 속에서, 때로는 문인들의 작품 속에서 다양
한 모습과 다양한 기능을 가진 만능의 화신으로 재현되었다.

1) 건국시조(천손)를 출산하는 어머니

지리산 성모의 위숙왕후설은 정치적 필요에 의해 정치 지배세력이
민간신앙을 도입해 적극 활용한 경우라고 할 수 있다. 통일대업을 이룬
고려 태조에게 각 지역민을 화합시키고 평화를 유지 시키는 것은 왕조
존폐와 지결되는 문제였을 것이다. 그 중에서 각 지역에 보편적으로
성행하여 각 지역을 통합할 수 있는 역량으로 고려했던 것이 바로 생계
거주지와 맞닿아 있는 자연신에 대한 숭배였다. 모든 왕국의 태조들은
왕국 건립 후, 풍속을 살피고 명산대천에 대한 제사를 정비하여 제사에
대한 진행을 왕의 권한으로 귀속시켰다. 통일대업을 이룬 고려 태조의
천명성과 정통성을 부여하기 위해 도참의 송악명당설과 왕건 탄생의
이야기가 생겨났고, 신도성모가 박혁거세를 낳았던 설화에서 착안하
여 친모인 위숙왕후를 지리산 성모로 신격화한 이야기가 만들어진 것

이다. 태조 왕건이 다른 산신을 제쳐두고 지리산 성모를 위숙왕후의 신격화 주체로 삼은 것은 나라 잃은 신라인들의 민심을 외면할 수 없었기 때문이다. 왕의 어머니로 지리산권역의 신이 존사 된다는 점은 통일 전의 신라 영토였던 땅도 고려의 신성한 지역으로서 수호 받을 것을 표방한 것으로 민족 융화 정책의 일환이다.

건국이나 새로운 왕의 추대에 있어서 이러한 신모(神母)의 역할이 얼마나 중요한지는 송대 진종의 옥녀상 건립에서도 알 수 있다. 역대 황제들만이 행할 수 있었던 봉선의식의 거행만으로는 민심을 잠재울 수 없었던 송대 진종은 황제(黃帝)의 적통을 이어 받은 옥녀가 모습을 드러내어 자신의 등극에 동의하였다는 것으로서 자신의 왕권을 정당화 하였다. 신모는 생명을 잉태하고 수호하는 신이라는 점에서 지리산 성모가 왜구와의 전투에서 이성계를 비보한 설화는 이성계의 조선 건국에도 정당성을 부여하는 효과를 가져왔다.

일본역사서 『고사기(古事記)』에 설정된 신대(神代)라는 관념에는 정치적 의미가 내포되어 있다. 기술된 신화는 왕권의 기원을 중심으로 한 신화이며 그것은 고대 왕권의 확립기반뿐만 아니라 현대에 이르기까지도 일본인의 자기 정체성에 영향을 주고 있다. 『고사기』는 태양신앙을 배경으로 하는 고대 왕국이 국가를 통일하는 과정에 부여한 신화적 표현으로 처음부터 명백히 천황가의 신성한 기원을 천명하고자 하는 정치적 목적으로 기술되었다.[36]

호노니니기의 의심을 증명하기 위해 고노하나노사쿠야히메가 불 속에서 낳은 세 명의 아들 중에 호오리는 해신(海神)의 딸 도요타마히메(豊

---

36) 박규태, 『아마테라스에서 모노노케히메까지』, 책세상, 2001, 15~17쪽.

玉毘賣)와 결혼을 한다. 산월이 가까워져 남편에게 출산하는 모습을 보지 말라는 아내의 말을 어기고 아내의 본 모습(상어)을 보게 된다. 자신의 본래 모습을 보인 수치로 도요타마히메는 바다로 돌아가 버린다. 이때 태어난 아이가 일본 천황가의 초대 천황인 진무천황의 아버지이다.

고노하나노사쿠야히메는 산신의 딸이다. 하늘에서 내려온 천손과 결혼하여 일본천황가의 정통을 잇는 어머니로 형상화 되어 있다. 이는 천손을 낳은 어머니이므로, 보통 인간들이 보이는 평범한 모습이 아닌, 불 속에서 출산을 하는 이적을 보인다. 이것은 천손을 낳은 어머니에 대한 숭상이면서, 신인 어머니를 통해 태어난 천손에 대한 상징적 의미를 부여하는 것이다. 고노하나노사쿠야히메의 이면에는 일본 고대왕권 강화의 의도가 있다. 호족 연합체 형태의 야마토정권에서 율령국가 완성기에 천황가의 정통성을 역설할 필요가 있었던 것이다.

이러한 천손 출산은 다산과 영험력을 가진 여산신의 초기 직능을 잘 반영한 것이다. 또한 신모에 대한 신앙이 곧 민중들 사이에 널리 퍼져 있어 새 왕조, 새로운 임금의 왕권을 공고히 하는데 쉽게 무시할 수 없었을 것이다. 이러한 정치적 기능은 벽하원군에서도 보인다. 나라의 실제적 주인인 왕이 지리산 성모나 벽하원군과 후지산의 여산신을 절대 외면할 수 없었던 것은 여산신을 구심점으로 이루어진 민중의 집결된 힘에 대한 경계이기도 하였을 것이다. 민중들 속에서 생명과 기후를 관장하며, 영험하여 구하면 반드시 응대한다고 여겼던 여산신들은 시대와 왕조가 바뀌어도 항상 자신들을 보호하는 민중의 정신적 의지처로서 새 왕조의 지배자가 쉽게 간과할 수 없는 정치적 요소였을 것이다.

2) 도교와 융합한 여산신

태산옥녀가 황제의 딸로서 태산에 내려와 수도하여 신선이 되었다는 설과 선도신모가 중국 제실의 딸이면서 신선의 술법을 배워 해동에 정착하였다는 점, 가구야히메가 인간 세상을 떠나 달로 돌아가면서 정표로 선녀옷, 편지, 불사약을 두고 떠났다는 점은 모두 중국의 도교적 성향을 띤 여산신임을 나타낸다. 이는 민간 산악신앙이었던 여산신 신앙이 외래로부터 유입된 도교와 융합되어 재생산된 것이며, 떠돌던 민간 신앙이 종교적으로 자리를 잡게 되는 과정이기도 하다. 도교가 유입되면서 벽하원군이 여신 중의 최고의 위치에 오르게 된 것은 민간 신앙에서 가장 많이 숭배하던 여신이었기 때문이다. 다산과 순산을 보장하던 여산신은 도교의 영향으로 불사약을 지닌 치유의 직능을 가지게 되고, 더욱 인격화 되어 온화한 선녀의 모습으로 형상화 되었다.

3) 불교와 융합한 여산신

지리산 성모는 특정 종교의 시조를 탄생시키기도 하였다. 석가모니를 낳은 마야부인설은 불교를 공인한 신라와 불교를 국교화한 고려에서 널리 성행하였을 것으로 보인다. 유교를 국교화한 조선시대에 들어와서도 마야부인 설이 줄곧 전해지는데, 이는 격변과 혼란의 시기에 미륵불이 빨리 도래하여 중생을 구제 해주기를 바라는 민중들의 심리적 표출이었다. 지리산 성모가 마야부인이라는 설은 불교와 민간신앙의 융화를 의미하는데, 지리산 성모를 종교적 성모로 받들게 함으로써 불교에 대한 거부감을 감소시키고, 점차 민간에서 불교를 수용할 수 있는 여지를 만들어주었다. 이런 점에서 마야부인 설은 불교의 전파와

민간 신앙 간의 화합적 통합을 가능하도록 한 하나의 장치이기도 하였
다. 밀교가 근간을 이루고 있는 슈겐도가 체계성을 갖추면서 도교적
성향의 여산신을 대신하여 후지산신이 센겐다이보사츠로 바뀌었다.
센겐다이보사츠는 본지수적설에 의거해서 금강비로자나불의 화신이
되었으며, 후지코에 전승되어 에도시대에는 센겐다이보사츠를 숭배하
였다.

4) 인격화된 여산신

팔도 무당 시조설에서 성모천왕이 귀양왔다는 점이나 법우화상과
혼인하여 팔도 무당을 낳았다는 점은 성모신의 독립된 신격이 감소되
고 인간과의 결합으로 더욱 인간신으로 변화되고 있음을 나타낸다. 도
교 옥녀설에서도 벽하원군의 전신인 옥엽이 평민의 부부에게서 태어나
인간이었다는 점과, 태어나서부터 신적인 신통력을 가진 것이 아니라
수도를 통해 신력을 얻게 되었다는 점은 이전의 여산신의 모습과는 사
뭇 다르다. 인간과의 결합이나 인간의 모습으로 나타난 여산신의 신격
은 인간 세상에 더욱 가까워지게 되었으며, 여신으로서의 독립성에서
남성신의 부속신으로 귀속되기도 하였다.

3. 여산신 신앙의 현대적 의미

지리산 성모와 벽하원군, 후지산의 여산신은 각국을 대표하는 여산
신으로 역사대대로 숭배 되어져 왔다. 지리산·태산·후지산은 국가 제
사로서 중앙 정부에서 관리 되었을 때에도 무당이나 승려를 비롯한 수

많은 민중들이 언제든 찾아갈 수 있는 개방된 공간으로, 지배 세력이 공권력으로 통제 할 수 없을 정도로 그 품이 넓고 수많은 자연 생산물을 생산하는 누구에게나 열려 있는 어머니의 품과도 같은 곳이었다. 조선시대 유교가 국교화 되었음에도 불구하고, 지리산을 찾는 사람들의 발길이 끊이지 않아 오히려 사통팔달의 길을 만들었다는 것은 다양한 계층의 사람들을 포용하였음을 의미한다.

지리산 유람을 하며 성모에게 일기가 맑아져 지리산 유람을 무사히 마칠 수 있도록 빌었던 사대부나, 후사를 빌고 질병의 쾌유를 빌기 위해 찾아왔던 촌부들이든지 간에 지리산 성모는 신분과 계급의 고하를 따지지 않고 들어 주는 만인의 산신이었다. 이러한 여산신의 포용과 관용은 물질적 형상의 신통함에서 나오는 것이 아니라, 산이라는 자연과 감성을 느끼는 사람간의 교감 속에서 생성된 정신적 지향점이었다.

임진왜란 이후에 급속도로 발전하는 지리산 성모 신앙과 명·청시기 동악대제를 능가 할 정도로 발전하는 벽하원군 신앙, 에도시대에 더욱 성행하는 후지신앙에서 여산신의 포용과 관용을 볼 수 있다. 국란과 왕조의 교체기에 수많은 희생과 상실을 맛보았을 사람들의 마지막 안식처는 여산신이 좌정해 있는 곳이었다. 전란을 피해 숨어 든 사람이든, 국가적 대사를 기원하기 위해 온 관리이거나 개개인의 문제를 빌기 위해 찾아온 사람이든 상처 입은 모든 사람들을 묵묵히 받아준 곳도 여산신이 머무는 곳이었다.

벽하원군 사당이 생기면서 신도들이 천리를 멀다 않고 벽하원군을 찾아 태산으로 몰려들었던 이유는 황제와 귀족이 숭상하는 동악대제보다 더욱 민중에게 가깝고, 무엇이든 포용하고 관용을 베푸는 어머니 산신을 찾아온 것이다. 이러한 여산신 신앙은 계획된 제도 속에서 발전한 것이 아니라 사람들의 염원과 갈망에서 생겨난 것이다.

여산신에 대한 다양한 유래설은 시기를 달리해서 발생하지만, 어느 하나의 설이 성행하였다 해서 또 다른 하나의 설을 강력히 부정하지도 않았다. 또한 숭배의 형식이 다르다고 해서 완력을 이용해 배제 시킬 수도 없었으며, 각각 다른 신격을 가지기도 했지만 그들 간에 갈등을 빚었다는 기록은 없다. 그것은 그들 사이에(그 설을 추종하는 사람들 사이에) 나름의 묵시적인 화합이나 이해가 있었기 때문일 것이다.

일제강점기는 민족의 모든 문화가 말살되는 위기에 처한 시기였다. 특히 민중의 힘을 모을 수 있는 민간 신앙은 더욱 철저하게 금지 되어, 성모사당도 철거되었고, 성모석상도 배일(排日) 석상이라 하여 벼랑 아래로 굴러 떨어지는 수난을 겪었다. 해방이 되어 성모석상이 제자리를 잠시 찾기도 했지만, 또다시 개인에 의해 도난을 당하기도 하고, 특정 종교 단체에 의해서 재차 벼랑 아래로 내던져지는 수난을 겪기도 하였

중산리 입구 성모상

다. 1986년 천왕사에 다시 성모상이 봉안되었고, 2000년 산청군 지천면민들은 실제 크기보다 큰 새 성모상을 모셔 통일과 호국의 만복의 영험을 계승한다는 사적비를 세웠다.

태산 벽하원군 신앙은 화합과 평화를 추구했던 점을 살려 묘회(廟會)의 형식으로 계승되었다. 묘회는 단순한 종교적 행사도, 상업적 행사도 아니다. 그 속에는 오랜 시간 벽하원군의 신앙이 축적한 자연–사람의 화합과 사람과 사회의 평화라는 정신문화가 그대로 살아 있다. 벽하원군은 원시사회에서 생겨나서, 오랫동안 숭

동악 묘회의 다양한 행사들

배를 받아왔다. 지금도 태산 정상에 좌정하여 수많은 사람들의 참배를 받고, 고향을 등진 이들을 다시 불러 모으고 있다.[37] 묘회에서 보여주는 그들의 열정은 화합과 평화를 도모했던 벽하원군 신앙의 전통이 민족적 지역 축제에 그대로 계승되고 있음을 보여준다.

매년 8월 26~27일 일본 기타구치혼구후지센겐신사(北口本宮浅間神社)에서는 불축제가 열리는데 일명 '요시다히마츠리'(吉田火祭り)라 하고,

---

37) 車錫倫, 「泰山女神的神話, 信仰與宗敎」, 『岱宗學刊』 第1期, 2001, 6쪽.

요시다히마츠리

'진화제'(鎭火祭)라고도 한다. 옛날부터 '일본삼기제' 중의 하나이고, 현재는 '일본 10대 불축제' 중의 하나로 야마나시 현의 무형민속문화재로 지정되어 있다. 요시다히마츠리는 후지산의 분화를 진정시키는 제사이고 맹렬한 불길 속에서 고노하나노사쿠야히메가 출산을 한 것에 연유하고 있음은 말할 필요가 없다. 고노하나노사쿠야히메는 일본 전역 1300여 개의 센겐신사의 제신38)으로 현재에도 가정원만, 순산, 자식점지, 수덕의 신으로 추앙을 받고 있다.

4. 맺음말

지리산 성모와 태산 벽하원군, 후지산의 여산신은 각국 민족의 수난과 영화의 시대를 함께 누려온 여산신이었다. 하늘과 연관되는 산꼭대기에 자리한 산신인 만큼 그 영험력도 뛰어났기 때문에 그와 관련된

---

38) 富士山本宮浅間大社 홈페이지(http://fuji-hongu.or.jp/sengen/access/index.html)
    참조.

유래도 다양하다. 새로운 왕조 건국이나 천손강림에 있어서 여산신은 개국신모의 역할을 담당하여 새로운 왕조 건립에 정당성을 부여하기도 하였다. 조선 건국에 앞서 이성계가 국내 명산의 산신을 찾아다니며 각 산신의 동의를 얻고자 하였다는 이야기는 한 나라의 건국에 있어서 산신이 어떠한 지위를 가지고 있었는지를 보여주는 예이다. 송진종의 즉위와 옥녀상의 관계에서도 여산신이 새 왕조의 건국에 대해 윤허나 동의를 함으로써 명분을 얻게 되었다.

뿐만 아니라 여산신은 새로운 종교의 시조를 탄생시킴으로써, 성자(聖子)를 낳는 소임을 다하였다.

도교에서는 벽하원군을 동악대제의 부신(婦神)으로 삼아 그 영향력이 동악대제 신에 못 미친다고 하였으나, 명·청시기에 들어서는 동악대제를 능가하는 신앙으로 성행하게 되었는데, 여산신의 민중 친화적인 요소들이 민중에게 어떤 영향력을 발휘하는지를 잘 보여준다. 벽하원군 묘회는 여산신과 민중과의 교류가 현실 세계에서 실현 된 것으로 볼 수 있다. 벽하원군에 대한 제사와 그를 경축하는 행사로 이루어지는 묘회는 벽하원군 신앙이 민중 축제로서 자연의 신과 사람 간의 화합과 평화를 그대로 계승하였다.

고노하나노사쿠야히메는 천황가의 정통성을 세우고자 만들어진 신화에 그 기원이 있다. 불속에서의 출산은 후지신앙의 제신으로 발전되었다. 시대의 추이에 따라 후지산 수호신의 모습이 변용되기도 하지만 여산신으로 많은 사람의 신앙의 대상이 된 것은 현대에도 이어지고 있다.

이처럼 한·중·일의 여산신 신앙은 본토 민간 신앙과 결합하면서 조금씩은 다른 모습과 다른 직능을 부가하기도 하였다. 그러나 대개 생물의 탄생과 성자의 출산, 기후 관장 등의 직능을 공통적으로 가지면서 특히 수난시대 민중들이 기댈 수 있는 유일한 의지처이기도 하였다. 여산신이 보여준 자연 발생적 신앙심과 포용력은 정치적 정통성과 타 종교와의 융합에도 용이한 요소였기 때문에 시대와 왕조를 떠나 줄곧 중시될 수밖에 없었다.

현대에 이르러 각국의 여산신 신앙은 조금 다른 모습으로 전승 발전 되었는데, 태산 벽하원군이 지금까지도 수많은 신도와 함께 새로운 축제의 형식으로 추앙받고 있고, 후지산 고노하나노사쿠야히메는 센겐 신사의 제신으로 전 지역으로 널리 숭배 받는 것에 비해, 지리산 성모 는 한 사찰의 영유신이나, 무속적 의미의 대상으로 받아들여지고 있다.

지리산권 풍수문화의 전통과 현대적 가치

◉

최원석

한국의 공간적인 전통문화 중에서 가장 역사적으로 뿌리가 깊고, 문화경관의 입지나 조영에 전반적인 영향력을 미쳤으며, 사회 여러 계층의 공간 담론과 이데올로기를 지배한 것에 풍수가 있다. 지리산권역에서도 수많은 취락, 사찰, 서원, 토착신앙소 등의 가시적(可視的) 문화경관과 지명, 설화, 도참 비기와 이상향(청학동과 십승지) 관념에는 풍수담론의 영향이 깊숙하고도 다채롭게 투영되어 있다.

지리산은 예부터 '성스런 어머니산'으로 여겨져 신성시 되고 물산이 풍부하여 많은 사람들이 거주하였다. 골짜기가 깊고 경치가 수려하여 청학동이라는 이상향이 존재하는 곳으로도 여겨졌다.

지리산은 수많은 사람들이 살았던 오랜 생활문화의 터전이었기에 풍부한 풍수문화와 풍수경관을 지니고 있다. 지리산권역의 5개 시군에서만 500개가 넘는 다양한 풍수 형국이 조사된 것처럼 지리산권은 매우 다채롭고 다양한 한국의 산지 풍수문화의 보고인 것이다.

지리산권이라는 광역적 공간 범위에는 다양한 풍수문화가 역사적으로 전개되고 섞였다. 신라 말 선승들이 중국 유학과정에서 습득하여 들여온 중국 풍수론, 대당 교역항이었던 영암을 통해 들어온 중국의 풍수서와 풍수지식, 전래적인 지리산의 선도 수련자들이 지녔던 풍수적 사고관념, 그리고 이러한 것들을 통합했던 도선의 풍수사상 등은 초기적인 지리산권 풍수문화의 전개 모습이다.

이 연구에서는 지리산권의 풍수문화에 대한 역사적인 원류를 캐내서, 원형적 정체성을 수립하고, 그것이 가지는 현대적 의미와 가치를 조명해 보고자 한다. 지리산권역의 풍수문화는 역사적·이론적 전통이라는 두 측면으로 고찰될 것이다.

지리산권 풍수문화의 원류는 신라 말의 승려인 도선(道詵, 827~897)으로부터 시작한다. 중국으로부터 풍수사상의 도입은 삼국시대 이전으로 거슬러 올라갈 수 있고 다양한 유입과 전파 경로가 있겠지만, 고려시대의 정치사회 담론을 지배하였고 한국의 풍수사상사에서 획기적인 패러다임을 이룬 도선의 풍수사상은 지리산권역에서 발생하고 형성되었다. 지리산은 도선이라는 풍수문화의 주역을 배출하였던 역사적 공간이었던 것이다.

지리산의 도선에서 비롯된 풍수문화는 도선과 관련되어 지리산권의 사찰, 고을, 마을에 확산되었고, 공식적인 역사문헌이나 민간의 구비전승에 그 흔적이 남아있다. 아울러 도선의 산천순역설은 고려와 조선을 거쳐 한국에서 형세론의 풍수이론이 지배적으로 운용되고 국토공간에 적용되는데 기원이 되었다. 도선의 비보사상 역시 고려시대를 지배한 공간적 이데올로기로 기능하였다.

지리산권 풍수문화의 전통인 도선의 풍수는 한국 풍수의 정체성과 특색을 규정하는 매우 중요한 위치를 지니고 있다. 역사적으로 도선은 한국 풍수의 시조로 평가되고 있기에, 지리산권역은 한국 풍수의 시원지이자 메카로 자리매김될 수 있다. 도선의 풍수사상은 후대의 술법적이고 미신적인 풍수술과는 차별적인 사상성과 가치를 지니는 것으로 평가될 수 있다. 이렇게 볼 때 지리산권 풍수문화의 역사적, 이론적 전통을 조명하고 그 현대적 가치를 규명하는 작업은 충분한 연구 의의가 있다고 생각된다.

1. 지리산권 풍수문화의 역사적 전통

1) 지리산권 풍수지식인, 도선[1]

지식인은 사회공동체가 안고 있는 문제에 대한 해법을 지식과 사상을 통해서 제시할 수 있는 사람으로서 보다 나은 이상사회의 담론을 이끈다. 지리산권역의 사회문화사를 개관해볼 때 손꼽힐 만한 여러 지식인과 이상사회의 사상이 있었다. 유학자로는 남명 조식이 대표적이고 앞선 시대의 최치원도 지리산의 유교 지식인으로 일컬을 수 있다. 불교 지식인으로는 신라 말 선종사찰을 창건한 신행과 홍척, 혜소, 혜철 등이 있었고, 앞서 경덕왕 대(742~765)에 화엄사를 창건한 연기(煙起)도 있었다. 그들은 각각의 이상사회(유교적 대동사회 혹은 불교적 불국정토)의 구현을 위해 실천하면서 사회적 삶을 살았다.

그런데 지리산의 문화적 지층에서 빼놓지 못할 지식인과 사상이 있으니 바로 도선과 그의 풍수적 이상사회의 담론이다. 도선은 지리산에서 풍수법을 전수받아 그의 풍수사상을 체계화하고 정립하였으며, 지리산권역인 광양 백계산 옥룡사(玉龍寺)에서 평생을 주석하다가 열반하

---

1) "지리산권 풍수지식인 도선"의 내용은 졸고, 「지리산권의 도선과 풍수담론」, 『남도문화연구』 제18집, 2010, 239~269쪽의 일부를 수정, 보완한 것임.

였으니, 지리산의 지식인이요 지리산권 풍수문화의 생산자였다.

도선의 풍수사상은 지리산을 중심축으로 주변 권역으로 파급되었으며, 태조 왕건이 고려시대의 공간적 이데올로기로 채택하면서 국토적인 범위에서 이상사회의 사상과 담론으로서 시대를 풍미하였다. 사회문화사적인 영향력으로 볼 때 도선의 역사적 인지도에 비추어 지리산과의 공간적 연관성에 대한 일반적 이해는 낮으며, 고려의 도선과 조선의 남명은 지리산문화사에서 가장 대표적인 인물이라고 할

도선국사 진영
(도갑사 소장. 전남 유형문화재 제176호)

수 있되 남명과 비교하면 도선의 지리산에 대한 학계의 조명도 부족한 실정이다.

도선의 풍수사상과 그의 이상사회 담론에 대한 고찰은 지리산권 문화의 연구에서 중요한 의의와 위상을 차지한다. 한국의 역사 속에 계층 여하를 막론하고 도선만큼 큰 발자취를 남기고 수많은 인구(人口)에 회자되었으며 정치적, 사회적, 문화적, 사상적으로 큰 반향을 불러일으킨 사람도 몇 명 찾기 어려울 것이다.

역사에서 표현된 도선은 나말여초 전환시대의 지식인이자 정치사회적 공간 담론의 이데올로그였다. 고려사에서 그는, 신라 왕조가 몰락하고 고려가 건국하는 태동기에 불교와 풍수라는 두 사상 요소를 결

합·응용하여 새로운 이상사회를 추동하는 비보설(裨補說)이라는 담론을 실천한 전환기의 지식인상으로 묘사되었다.

고려시대를 거치면서 조선시대에 이르기까지 도선의 풍수담론은 사회 전반에 강력한 영향력을 끼쳤다. 지리산권의 사찰은 말할 것도 없고 고려시대 전후의 전통사찰치고 창건이나 중창 과정에 도선의 이름이나 비보사찰의 명칭이 들어가지 않는 것이 별로 없으며, 그의 비보설은 고려시대에 국토공간의 주요 운영 원리이자 이데올로기로 풍미한 정치사회 담론이었다. 문학류에서도 도선 이름을 가탁(假託)한 수많은 도참비결서가 생겨나서 영향력을 미쳤고, 지방 곳곳의 마을마다 도선에 관련된 설화가 이루 헤아릴 수 없이 서민들에 전승되었다. 오늘날에도 한국사회에서 풍수사상의 영향력은 적지 않으며 학계에서는 풍수를 전통적인 생태환경 담론으로 새롭게 조명하고 있다.

사회 담론의 속성이 그러하듯이, 도선의 풍수담론도 의미체계를 공유하는 사회적 공동체를 형성하며, 도선과 그의 사상에 대한 각 사회계층이나 집단의 풍수담론에는 각각의 이데올로기가 내포되어 재구성되어 있다. 역사적으로 개관하여 볼 때, 도선의 풍수담론은 고려시대의 정치사회 지배집단에 의한 권력 재편과 구축 과정에서 재구성되어 정치·사회적 세력화를 위한 전략적 이데올로기로 활용되었다. 조선시대 지방의 정치사회적 지배집단은 도선의 풍수담론을 통치 질서의 유지나 취락공동체의 번영과 인재의 번성이라는 유교적 담론으로 재구성하였다. 현대에 와서 풍수 사상은 생태환경적 사회 담론과 부합하는 문화전통으로 다시 평가·해석하는 과정에 있다.

도선의 역사적 실체에 근접한 초기 문헌으로서, 사료적 가치가 높은 것에 「백계산옥룡사증시선각국사비명(白鷄山玉龍寺贈諡先覺國師碑銘)」

(1150)과 「옥룡사왕사도선가봉선각국사교서급관고(玉龍寺王師道詵加封先覺國師敎書及官誥)」가 있다. 이 두 글은 고려 중기에 왕명(仁宗)에 따라 찬술되어, 왕조의 이데올로기적 의도로 도선의 지식인상을 재구성한 것이다. 여기서 도선은 지리산권역에서 불교와 풍수를 배우고 음양오행설, 도참설 등 당시의 여러 사상을 수용·통합하여 사회사상을 정립하고, 신라 말의 시대상에 적용해 실천한 지식인으로 묘사되었다.

고려 왕조, 특히 인종 대(1123~1146)에서는 도선을, 전통 불교인 화엄학이나 밀교뿐만 아니라 중국에서 형성되었던 새로운 사상적 조류인 선종의 이치를 깨쳤고, 국토의 편력 과정과 풍수법의 전수로 지리적 안목과 지역 정보를 넓혔으며, 음양오행의 술법, 도참 비결 등 응용적인 사회 담론의 원리와 방법을 습득·종합한 지식인으로, 그리하여 불도, 예언, 술수 등에서 최고의 수준에 이른 국사로서 사회적 권위를 부여하였다.

고려 왕조의 도선에 대한 이러한 사회적 재구성의 의도는, 당시에 사상적·사회적으로 영향력이 컸던 도선과 그의 풍수담론을 끌어대어 권력 정통성의 토대 강화와 정치사회적 통치 합리화의 수단으로 활용하기 위한이었다.

「백계산옥룡사증시선각국사비명」(이하 옥룡사 도선 비문으로 약칭함)에서 드러나는바, 고려 왕조에서 도선의 지식인상을 구성한 핵심적 두 지식요소는 선종과 풍수였다. 선종은 철학적인 존재의 담론인 데 비하여, 풍수는 공간적인 사회 담론으로 기능하였다. 나말여초의 사회 담론으로 본격화하는 두 신진 사상은, 신라의 사회체제를 지탱하던 낡은 사상체계를 혁신할 수 있고, 국토의 정치적인 구조와 질서를 공간적으로 재편할 수 있으며, 개혁적 정치사회세력의 이상사회를 지향하는 이데올로기이자 전략으로서 고려 건국의 사상적 기초를 형성하였다.

구산선문으로 통칭하는 신라 하대의 선종 집단들은 마음 정보의 계발과 각성에 고도로 집중하는 참선 수행을 통하여 곧장 이상적 인간 존재(부처)의 경지에 도달하는 새로운 인문적 패러다임과 방법론을 사회에 확산시키고 있었다. 특히 지리산권역에는 일찍이 북종선을 도입하여 단속사에서 주석한 신행(神行, 704~779)과, 흥덕왕 대(826~836)에 전북 남원시 산내면에 실상사를 세운 홍척(洪陟), 흥덕왕 5년(830)에 귀국하여 경남 하동군 화개면에 옥천사(현 쌍계사)를 세운 혜소(慧昭, 774~850), 신무왕 1년(839)에 전남 곡성군 죽곡면에 태안사를 창건한 혜철(慧徹, 785~861) 등의 선사들이 포진하여 선종의 거점을 마련하고 있었다. 도선은 혜철의 동리산문에서 수학하여 선종의 묘한 뜻을 통달한 지식인으로 옥룡사 도선 비문과 선각국사 관고는 설명하였다.

도선의 지식인상이 구성된 두 번째 지식요소는 풍수였다. 동리산 선문에서 불성을 깨우친 도선은 운수 행각을 하다가 지리산에 머무르던 중에 사도촌에서 선도(仙道)의 계통으로 추정되는 이인(異人)에게 풍수법을 전수받고 나서, 음양오행설과 도참 비결을 습득하였다고 묘사되었다.

도선이 지리산에서 이인을 만나 풍수법을 전수받은 시기는 옥룡사에 주석(38세, 864)하기 전의 어느 때였다. 그는 15세에 월유산 화엄사에 출가하여 화엄학을 공부하고, 20대 초반에 동리산 선문을 연 혜철의 문하에서 선 수행을 하여 선지를 깨치며, 이후 운봉산, 태백산 등지로 운수 행각을 하는데, 바로 이 무렵에 지리산의 한 이인(異人)으로부터 풍수법을 전수받는 것이다. 옥룡사 도선 비문에서 도선이 풍수법을 전수받았다는 장소인 사도촌은 현재의 구례군 마산면 사도리로 추정된

사도리 전경(오산 사성암에서 본 모습)

다. 1872년에 제작된 「구례현지도」에는 상사도리(上沙圖里)와 하사도리(下沙圖里) 사이의 위치를 표시 하면서, "옛 승려인 도선이 이인을 만나 모래를 모아 산천을 그렸다고 한다(古僧道詵 遇異人 聚沙圖山川云)."라고 기록하고 있다.

도선에게 풍수법을 전해 준 지리산 이인은 선도의 맥을 이은 사람으로 추정되며, 이로써 도선의 사상에 불교와 선도, 풍수가 결합할 수 있는 역사적 계기가 마련되었다. 지리산은 삼국시대 이전부터 산악·산신 신앙이 발아된 곳이었고, 지리산의 깊은 골짜기는 청학동 유토피아의 현장으로도 일컬어질 만큼 선경의 자연경관을 갖추고 있어, 지리산에는 삼국시대 이후로 선맥이 전개되었던 본향이었다.[2]

지리산의 산악신앙은 전래적 문화전통으로서 사회적으로도 큰 영향력을 가지고 있었다. 그 사상의 계통이 도선에게 수용되었다는 사회적 함의는 도선의 풍수사상으로 하여금 지리산 문화전통의 계승을 통한 사회적 영향력의 확보를 의도하는 것으로 보인다. 더욱이 글에서 나타나듯이, 이인이 전수해준 풍수를 "비밀스러운 술법"이라고 표현하고, "지리산의 깊은 곳에 산지가 수백 년"이라는 이인의 신비스런 존재와 도선을 만나고 헤어지는 과정에서 보이는 이인의 기이한 행태, 그리고 신인이라는 정체성 표현3) 등을 통해 그에게서 풍수법을 전수받은 도선의 권위를 높이는 이미지 효과를 배가시켰다.

이윽고 도선은 당시의 제 사상과 지식을 익히고 나서 '부처의 경지에 이르렀고, 땅의 지리적 이치를 묘하게 볼 수 있는' 신화적인 존재로 우상화되었다. 도선이 선맥을 전수하였다는 논리는 조선의 지식인 사회에도 이어져서 서거정(1420~1488)은 '천선(天仙)이 하강하여 천문·지리·음양의 술법을 전수해 주었다'고 하였으며, 조여적이 편찬한 『청학집(靑鶴集)』(16~17세기)에서도 도선은 물계자(勿稽子)라는 선인(仙人)의 여운(餘韻)을 띤 것으로 기록되었다.4)

옥룡사 도선 비문에 나타난 도선의 풍수법 전수 사실을 그대로 인정한다면, 9세기 중엽 당시의 지리산권역에 이미 풍수가 유입되어 수용되어 있었음을 알 수 있다. 지리산권역에 풍수가 도입된 사실은 어떤 의미를 지니고 있으며, 그 도입 경로는 어떻게 이해할 수 있을까?

일찍이 중국으로부터 도입되었던 선진적 지리인식과 정보 체계로서

---

2) 안동준, 「지리산의 민간도교 사상」, 『경남문화연구』 28, 2007, 138~139쪽.

3) 「白鷄山玉龍寺贈謚先覺國師碑銘 陰記」.

4) 『揆園史話·靑鶴集』, 아세아문화사, 1976, 154쪽. 『三國史記』 卷48, 列傳 第8, 勿稽者와 『三國遺事』 卷5, 避隱 第8, 勿稽者에 관한 내용이 있다.

의 풍수는 사회권력의 정치 역학과 맞물려 있는 공간적 이데올로기였다. 풍수의 지식 정보와 운용은 사회의 권력 지배층에게 배타적으로 독점된 전유물이었다. 당연하게도 신라시대에 풍수는 왕도인 경주를 위주로 한 정치행정의 중심지를 주 무대로 이루어져 왔다.

그런데 신라 하대에 중국에서 풍수를 습득하고 돌아온 지식인들-최치원(857~?)과 도당(渡唐) 구법승(求法僧)들로서 신행, 홍척, 혜소, 혜철과 그 문도들이 지리산권역에 주석하여 선문 개설이 이루어지자, 풍수는 지방 중심지 형성과 확산 거점의 마련이라는 새로운 전기를 맞이하였다. 지리산권역에 풍수사상이 발아, 확산하기 시작한 시점도 이 무렵으로 추정된다. 구전 설화에, 지리산 실상사를 연 홍척이 도선에게 절터를 자문하였다는 이야기5)는 지리산지 선문의 풍수 반영 사실과 연관성을 암시해준다. 그리고 지리산과 지리적으로 근접하여 있는 영암은 대당 교역항으로 인물과 물산, 선진 문화정보가 드나들었기 때문에 여기를 통해 지리산권역으로 풍수문화가 확산하기에 더욱 쉬울 수 있었다.

도선의 풍수담론이 고려 중기의 정치사회 권력에 의해 어떤 모습으로 재구성되었으며, 당시에 도선 풍수담론이 정체성은 무엇이었는지를 짐작할 수 있는 몇 가지 단서가 옥룡사 도선 비문에 있다.

첫째, 고려 중기 당시에 도선의 풍수사상에 대한 사회적 가치 평가로서, "세상을 구제하고 사람을 제도하는 법입니다."라고 말한 대목이

---

5) "당시는 왜구가 남해안과 전라도 일대에 나타나 노략질을 일삼던 때이다. 홍척은 도선에게 부탁하여 절터를 알아보고 있었는데, 현재의 실상사 약사전 자리에 절을 세우지 않으면 나라의 정기가 일본으로 건너간다는 말을 듣고 절을 건립하였다고 한다." (남원의 문화재 자료실(http://www.namwonculture.org/))

다. 당시에 풍수는 구세(救世) 도인(度人)의 법술이라는 사회 담론으로 이해되고 소통되었음을 알 수 있다.

둘째, 도선 풍수법의 이론과 방법을 일러주는 말로서, 도선은 이인에게 "산천의 순종하고 거역하는 세(勢)"에 관한 풍수법을 배웠다는 대목이다. 이 사실은 도선의 풍수가 당시 중국의 선진적인 풍수이론인 형세법의 영향을 받았음을 드러낸다.[6] 도선의 산천순역설은 고려 태조 왕건이 이데올로기적 지역 통제 전략의 논리로 수용·재구성하였다. 왕건은 훈요십조를 통해서 "뭇 사찰들은 모두 도선이 산수의 순역을 따져 보아서 개창하였으니 더는 사찰을 창건하지 마라."거나, "(호남은) 지세가 배역(背逆)으로 달리니 인심도 그렇다."[7]라고 산천순역설의 풍수담론을 공간정치적으로 이용하였으니, 그것은 당시에 사회적 영향력이 컸던 도선의 풍수담론을 상징적 이데올로기로 바꾸어 정치적 통제를 당연하게 받아들이고 고착시키고자 의도한 것이었다.

셋째, 도선 풍수사상의 사회적 속성을 드러내는 말로서, 옥룡사 도선 비문의 「음기(陰記)」에 도선이 "신인이 모래를 모아 삼국도(三國圖)를 그린 곳에 삼국사(三國寺)를 세웠다."는 대목이다. 왜 신인은 도선에게 삼국도를 그려 보였고, 도선은 왜 그 장소에 삼국사를 세웠다고 하였을까? 이 대목은 신인에서 도선으로 이어지는 풍수법이 후삼국의 통일을 위한 정치적 지형도로 응용되었다는 점을 표현한 것으로 해석된다. '신인과

---

6) 山形, 山勢나 水勢 등을 따져 擇地하는 중국의 풍수학파를 形勢法 혹은 江西法이라고 하는데, 唐의 江西 지방을 중심으로 성행하였으며 楊筠松(僖宗, 874~888 代)이 이론을 구축한 대표적인 인물이다.

7) 「訓要十條」 二訓. "모든 절은 다 道詵이 山水의 順逆을 추점하여 결정하였다." 「訓要十條」 八訓, "車峴 以南과 公州江 外는 山形과 地勢가 함께 背逆으로 달리니 人心도 또한, 그러한지라."

삼국사'라는 의미 기호는 고려 후기에 '성모천왕과 삼암사(三嵒寺)'로 대응·변환되어 재구성된다.

지리산권역에 전승된 문헌 설화에서 도선의 지식인상은, 지리산을 공간적 중심으로 이상사회의 담론을 이끄는 주역으로 서술되었다. 도선은 지리산의 이인에게 풍수를 전수받고 나서, 음양에 정통하고 땅을 묘하게 볼 수 있는 인물로 신비화되었고,[8] 오산 오산사(현 구례 사성암)에 머물면서 천

구례 사성암의 도선굴

하의 지리에 통달하여[9] 천하의 지리를 그린 전설적인 인물로 묘사되었다.[10]

지리산과 도선의 상징적 관계는 후대에 와서 지리산 성모천왕과의 연계를 통해서 더욱더 강화되었다. 고려 후기에 도선은 지리산 성모천왕으로부터 부촉 받은 고려 개국의 이데올로그로 이해된 것이다. 박전지(1250~1352)가 쓴 「영봉산 용암사 중창기」의 내용은 그러한 사실을 설화적으로 대변하고 있다.[11]

---

8) 『東文選』 卷27, 「玉龍寺王師道詵加封先覺國師敎書及官誥」.

9) 考古美術同人會 刊, 『佛國寺·華嚴寺事蹟』, 109쪽.

10) 『新增東國輿地勝覽』 卷40, 求禮縣, 山川.

11) 『東文選』 卷68, 「靈鳳山龍巖寺重創記」.

2) 지리산권 비보사찰과 도선[12]

도선의 풍수담론은 고려시대와 조선시대의 사회문화사적 과정에서 지리산권역에 거주하는 사람들의 생활사와 문화경관의 형성과 변화에 강력한 영향을 끼쳤다. 지리산권역에 산재하는 사찰에만 하더라도 도선의 풍수담론은 입지와 분포, 조영과 관리의 실제적인 측면에 영향을 주었을 뿐만 아니라, 사찰의 창건 연기나 사회적 기능과 관련된 다양한 설화 문학을 낳음으로써 공간적 담론을 형성케 한 원동력이 되었다.

일찍부터 지리산은 정치세력에 주목받은 바 있었다. 그 계기는 일차적으로 지리산이 지니는 지정학·신앙적인 가치 때문이었다. 지리산은 신라 때부터 오악의 하나로서 중사(中祀)의 격을 지니고 있었고, 화엄사는 신라의 화엄십찰 중의 하나로 지정된 바 있었다. 성모천왕으로 대표되는 지리산의 산악숭배 신앙은 지리산의 상징적 가치를 높이는 데 기여하였으며, 고려 왕실의 정치세력이 지리산의 성모천왕을 고려 건국과 후삼국의 통일을 정당화하는 데 이용하였던 것[13] 등의 사실로 보아도 지리산이라는 공간이 정치권력에서 차지하는 비중과 의미를 짐작할 수 있다.

지리산권역에서 도선과 관련된 사찰을 살펴보면, 옥룡사 도선 비문에 전해지는 도선 창건 사찰인 구례의 도선사(장소 미상), 미점사(장소 미상), 옥룡사(광양), 운암사(장소 미상)와[14] 기타 도선계 법손의 사찰로 추

---

12) 이하 "지리산권 비보사찰과 도선", "지리산권 고을 풍수와 도선", "지리산권 마을 풍수와 도선"의 내용은 졸고, 「지리산권역의 취락에 미친 도선 풍수의 양상」, 『남도문화연구』 제20집, 2011, 405~423쪽의 일부를 수정, 보완한 것임.

13) 김아네스, 「고려시대 산신 숭배와 지리산」, 『역사학연구』 33, 2008, 29쪽.

14) 도선은 32세에 구례현에 道詵寺를 세우고, 神人이 모래를 모아 三國圖를 그리던 곳에 三國寺를 세웠다. 그리고 38세에는 玉龍寺에 주석하였고, 39세에는 雲岩寺를 세웠다.

정하는 송림사(장소 미상), 현갑사(장소 미상) 외에 도선과 관련된 사찰로서 지리산 인접권역에서 후대의 문헌이나 사전(寺傳) 또는 구전으로 전해지는 유적지만 하더라도 모두 40여 개에 이른다. 이들 사찰은 옥룡사 도선 비문에 근거한 것을 제외하고는 대부분 후대에 도선을 끌어대거나 비보사찰로 추인한 결과로 추정된다.

지리산권역의 도선 관련 사찰 개요

사찰·유적지	현 소재지	관련 사실	출처와 근거	비고
곡성 동락산 도림사	곡성읍 월봉리	중창설	사전(寺傳)	암각(도선국사)
곡성 동리산 태안사	죽곡면 원달리	수학과 수도	「백계산옥룡사증시 선각국사비명」	
광양 백계산 옥룡사	옥룡면 추산리	주석	「백계산옥룡사증시 선각국사비명」	
광양 성불사	봉강면 조령리	창건설	사전	
광양 중흥사	옥룡면 운평리	창건설	사전	
광양 용문사	옥룡면 동곡리	창건설	사전	
광양 백운산 백운사	옥룡면 동곡리	창건설	사전	
광양 송천사지	옥룡면 동곡리	창건설	구전	
광양 옥천사지	옥곡면 대곡리	창건설	구전	
광양 용곡사지	옥곡면 대죽리	창건설	구전	
광양 왕사암지	다압면 금천리	창건설	구전	
광양 황룡사지	진상면 황죽리	창건설	구전	
구례 오산 사성암	문척면 죽마리	천하의 지리를 통달해 그린 곳	「신증동국여지승람」, 「봉성지」, 「화엄사사적」	
구례 지리산 연곡사	토지면 내동리	창건설	「도선국사실록」	
구례 지리산 화엄사	마산면 황전리	창건, 중창, 수도설	「화엄사사적」, 「봉성지」, 「도선국사실록」	비보사찰설 도선굴
구례 지리산 천은사	광의면 방광리	중창설	사전	

사찰·유적지	현 소재지	관련 사실	출처와 근거	비고
구례　　　　백련사지	구례읍 산성리 사동마을		구전	
순천　　　　향림사	석현동	주석설 창건설	「향림사중수기」, 「향림사대웅전중수기」	
순천 운동산 도선암	승주읍 상사면 비촌리	창건설	「승평부남도선암중창기」, 「운동산 도선암중창기」, 「조계산선암사사적」	진압사찰설
순천 조계산 선암사	승주읍 쌍암면 죽학리	비보삼암사	「영봉산용암사중창기」, 「조계산선암사사적」	비보삼암사 도선국사영정
남원 만행산 선원사	도통동	창건설	「도선국사실록」, 「용성지」	비보사찰설
남원 기린산 대복사	왕정동	창건설	「한국불교사학대사전」	
남원　　　　만복사지	왕정동	창건설	「도선국사실록」, 「용성지」	진압사찰설
남원　　　　용담사	용담리	창건설	사전	
남원　　　　파근사지	고기리		「용성지」	
남원 신계리 마애좌상	대산면 신계리	조성설	구전	
남원　　　　미륵암지	노암동	창건설	구전	고려시대 석불 있음
남원　　　　미륵암지	이백면 효기리	창건설	구전	현 연화사
남원　　　　호성암	사매면 서도리	택지설	구전	고려마애여래좌상 있음
임실 성수산 상이암	성수면 성수리	창건설	사전	
임실 정각산 하이암지	장소미상	창건설	사전	
순창 광덕산 강천사	팔덕면 청계리	창건, 중창설	「도선국사실록」	
진주 여항산 성전암	이반성면 장안리	창건설	사전	
진주 영봉산 용암사지	이반성면 용암리	창건설 비보삼암사	「영봉산용암사중창기」	비보삼암사
진주 월아산 청곡사	금산면 갈전리	창건설	사전	
진주　　　　두방사	문산읍 상문리	창건설	사전	고려 석탑 있음

사찰·유적지	현 소재지	관련 사실	출처와 근거	비고
사천 봉명산 다솔사	곤명면 용산리	중창설, 수도설	「다솔사중건비문」, 「조선사찰사료」	
함양 지리산 등구사지	마천면 구양리	비보소	「등구사 사적」	
함양 지리산 안국사	마천면 가흥리	비보소	「등구사 사적」	
월유산 화엄사	장소미상	출가사찰	「백계산옥룡사증시 선각국사비명」	
도선사	장소미상	창건	「백계산옥룡사증시 선각국사비명」	
미점사	장소미상	창건	「백계산옥룡사증시 선각국사비명」	
운암사	광양 백계산	창건 비보삼암사	「백계산옥룡사증시 선각국사비명」	비보삼암사
송림사	장소미상	법손계 사찰	「백계산옥룡사증시 선각국사비명」	
현갑사	장소미상	법손계 사찰	「백계산옥룡사증시 선각국사비명」	

옥룡사 도선 비문에 기재된 도선이 주석하거나 창건하였다는 몇 개의 사찰 외에, 지리산권역의 수많은 사찰이 도선과 관계되거나 비보사찰로 해석된 까닭은 무엇일까? 그것은 지방 세력의 근거지가 되어 온 기존의 지방 사원들을 태조나 고려왕조의 지배 권력이 국가의 통제권으로 흡수하였다는 의미로 이해할 수 있다. 사원의 통제가 고려왕실의 유지를 위한 중요한 문제였기에 사찰들에 대한 효율적인 통제의 방편이 필요하였음을 의미한다.[15]

또 하나의 현실적 이유는 조선조의 불교탄압에 대응하려는 각 사찰의 생존 전략으로 이해될 수 있다. 고려시대에 도선과 아무런 관련이 없었던 사찰일지라도 도선과 관련지어 국가 혹은 고을의 비보사찰로

---

15) 권선정, 「고려시대 비보풍수와 권력」, 『대한지리학회 학술대회논문집』, 2003, 161쪽.

비보 삼암사의 하나인 용암사(지)

인정하는 경우는 외부적 정치 요인에 의한 폐찰의 위기를 모면할 수가 있었던 것이다.

지리산권역 비보사찰들의 구성 형식과 속성에는 두 가지가 있는데, 하나는 국가 비보소이고 또 하나는 지방 비보소이다. 전자는 국가(중앙 권력)를 비보하는 역할을 하는 사찰로서 중앙의 왕권에 편제된 사찰이고, 후자는 고을을 비보하는 역할을 하는 사찰로서 지방의 관료 통치 세력이나 정치사회 집단과 맞물려 기능적 가치가 부여된 사찰이다.

국가 비보소는 고려 건국 후에 태조 왕건의 국토 경영 이데올로기로 채택된 도선의 비보사탑설에 준거하여 사찰의 위상과 사회적 의미가 재구성되는 과정을 겪었다. 지리산권역에서는 위에서 언급하였던 비보 삼암사(선암사·운암사·용암사) 외에도 화엄사, 선암사 등이 국가 비보소로 언급되었다.

고을 비보소는 순천의 도선암과 향림사, 남원의 선원사와 용담사 등

구례의 국가비보소 화엄사

이 있는데, 이들은 지방관료의 통치 질서와 관련되어 사찰의 기능과 가치가 사회적으로 재구성되었을 것으로 추정된다. 이들 사찰의 비보적 사실과 관련한 내용의 문헌적 근거는 대부분 조선 후기에 윤색되어 작성된 사적기류와 읍지류에 인용된 사료로서 신빙성에 한계가 있지만, 시대적으로 지리산권역 사찰들에 영향을 끼친 도선의 풍수담론과 그 영향력을 드러내 주는 것으로서 가치를 매길 수 있다.

요컨대, 도선의 풍수담론과 관련된 비보사찰은 국가 비보소라는 전국적인 중앙 편제의 구성 형식과 고을 비보소라는 지방 편제의 구성 형식이 나타나며 그 두 가지의 풍수담론은 해당 권력집단의 정치사회적 의미체계가 반영되어 있다. 특히 고을 비보소들은 읍기(邑基) 경관의 풍수와 관련되어 고을의 안위와 번영이라는 풍수적 기능을 수행하며, 해당 고을의 정치사회적 지배집단(官權)은 도선의 풍수담론을 통해서 통치 전략과 정치적 의도를 상징적으로 실현하고자 하였다.

3) 지리산권 고을 풍수와 도선

유교를 국시로 삼는 조선의 조정에서 고려의 비보도참설을 위주로 한 도선의 풍수담론은 15세기 말에 이르러 쇠락하였지만, 고을의 향촌 사회에서는 취락공동체의 번영과 지배사회집단의 통치질서 유지라는 의미체계로 수용되면서 여전히 강고한 영향력을 미치고 있었다.

풍수설은 조선 중후기에 지리 지식에 대한 사회적인 수요 증가에 따라 관료와 지식인 계층으로 널리 퍼졌고, 특히 지역 사림 혹은 사족층의 사회적 성장이 두드러지고 그들이 향촌사회에 세력의 근거지를 확보해나가는 과정에서 풍수는 유교적 세계관의 틀 내에서 유교 이데올로기와 결합하여 정치적 수단으로 활용되는 과정을 겪게 된다.

조선시대에 지리산권역의 고을 취락에서 전개된 도선 풍수담론의 구성 형식·내용·특징은 어떻게 나타날까?

지리산권역의 고을 취락에서 도선의 풍수담론은 외면적으로 읍기(邑基) 경관의 풍수적 해석과 관련하여 전개되었다. 이러한 사실의 문헌적 근거는 진주의 『진양지(晉陽誌)』(1622~1632), 남원의 『용성지(龍城誌)』(1699), 순천의 『승평지(昇平誌)』(1618) 등의 읍지에서도 편린을 확인할 수 있다.[16)]

그런데 조선시대 고을의 향촌사회에 전개된 도선의 풍수담론을 내용상으로 보자면 유교이데올로기적이고 문화생태적인 성격으로 읍 취락과 관련지어 재구성되었다는 것에 주목할 필요가 있다. 취락의 문화생태적 입지나 경관 구성과 관련한 지역공동체의 번성이라는 틀 내에

---

16) 『晉陽誌』와 『龍城誌』에는 비보 경관 요소와 관련되어 도선의 풍수담론이 서술되었고, 『昇平誌』 事實 조에는 道詵踏山記가 언급된 바 있다.

서 도선의 풍수담론은 재구성되어 사회적으로 수용되어 기능 하였던 것이다.

담론의 주체로서 지리산권역 고을의 정치사회적 지배집단은 도선의 풍수담론을 고을의 번영과 인재의 번성을 위한 유교적 담론으로 재구성하였으며, 그들은 도선의 풍수담론을 통해서 고을의 재변(災變) 방지, 지배층의 신변 안위, 사회적 통제와 신분적 질서의 유지, 사회집단의 정치적 세력 확장 등을 꾀하고자 하였다.

사회적 담론에는 담론을 주도하는 주체집단(정치권력)의 속성이 반영되어 있기에, 조선 중기에 들어서 도선의 풍수담론은 관권과 사족권의 대립·갈등이라는 사회집단 간의 공간정치적 대립 국면도 연계되어 드러나고 있다. 남원은 정치 기능적으로 풍수담론을 수단으로 중앙정부

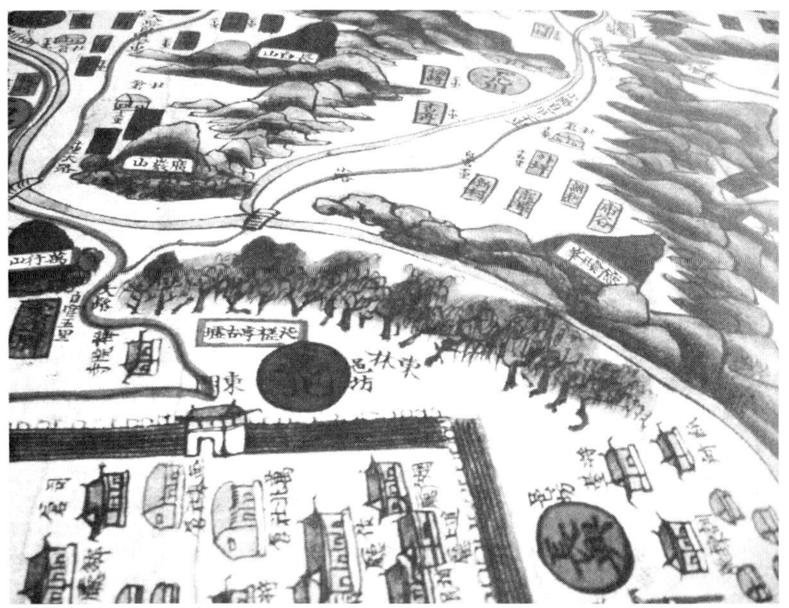

남원부 고을의 풍수 비보숲. 동림(東林). 1872년 지방지도에 그려진 모습

관료 세력(수령권)의 통치 질서 유지를 의도한 의미체계를 보이고 관의 주도력이 강조되어 있으며, 상대적으로 진주는 사회정치적으로 지배층 내의 갈등 양상이 도선의 풍수담론과 관련하여 드러나는바 관권 세력에 대한 향촌 사족 세력의 영향력 확대가 의도된 풍수담론의 재구성이라는 의미체계가 나타난다.

또한, 조선시대에 전개된 도선의 풍수비보 담론은 홍수와 같은 자연재변을 관리하는 기능을 수행하면서 취락경관의 구성에서 문화생태적인 적응의 원리로 운영되었으며, 따라서 고려시대의 정황과는 달리 비보 형태상 사찰 비보의 비중과 역할은 유교의 지배적 이데올로기 탓에 축소되었고 상대적으로 숲 비보 같은 취락의 문화생태적인 비보 기능이 확대되었다는 점도 또 다른 특징이다.

이처럼 조선시대에 도선의 풍수담론은 지리산권역의 고을 취락에서 정치사회적 지배세력에 의해 재구성되어 통치 질서 유지와 사회적 영향력의 확대를 위한 이데올로기로 활용되었음을 알 수 있다.

4) 지리산권 마을 풍수와 도선

지리산권역에 산재하고 있었던 마을 단위에서도 조선 중후기에 도선의 풍수담론은 성행했던 것으로 보인다. 지리산권역에 취락 형성이 본격화되면서 주민들에 의해 마을의 풍수적 입지뿐만 아니라 도선의 풍수비보설에 의거한 경관 형성의 노력으로 재구성되었다.

지리산지에는 임진왜란(1592~1598)과 병자호란(1636~1637)을 겪은 후 정치사회적 혼란과 민중 생활상의 피폐로 말미암아 민중들의 피난처로서 본격적으로 인구가 유입되기 시작하였다. 특히 18세기 무신란(1728)

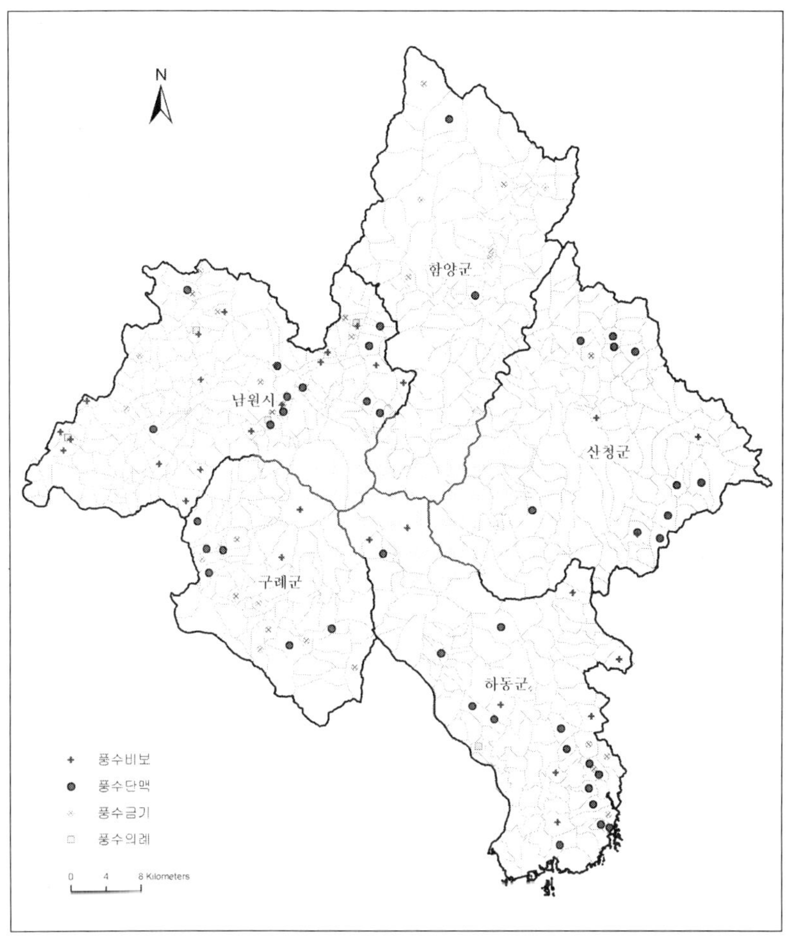

지리산권 마을풍수 분포도
(『지리산 세계유산 등재 연구용역 종합보고서』, 지리산권문화연구단, 2011, 259쪽)

이후로 지리산 골짜기에 많은 사람들이 피난·피화(避禍)하여 거주하였던 것으로 보인다.

지리산 유민들이 주거지를 선택하고 정착하기까지는, 지리산 청학동에 관해 일찍부터 유포되었던 이상향으로서의 장소 정보와 장소 이미지가 그들에게 강력한 매력으로 작용했을 것이다. 때맞춰 일기 시작한 풍수도참 비결의 유행과, 정감록 비결을 신봉하는 자들의 십승지 탐색은 청학동의 장소 이미지에 또 한 차례의 질적인 쇄신과 구축을 유발했다. 지리산 청학동이 명당·길지의 승지적 생활공간으로 장소 정체성이 구성된 것이다.

조선 후기에 지리산지에 인구의 급증과 함께 다수의 촌락이 형성되고 청학동 풍수도참 비결이 유포되면서 민간인들의 이상사회와 그 공간적인 실현 장소로서의 이상향에 대한 이념적인 지향은 커져갔다. 피난·보신의 땅으로서 지리산지가 주는 매력은 이상적인 풍수적 장소로서의 승지였으며, 청학동은 그 대표적이고 전형적인 지리산지의 이상향 담론이었다.

도선은 고려와 조선사회에서 풍수도참을 대표하는 인물로서 그의 비기(秘記)는 조선시대에까지 지식인과 민간 계층에 언급되곤 하였는데, 도선 풍수도참 담론의 사회적 영향력은 『정감록』에까지 다수의 도선 비기가 포함되는데 이른다.[17]

지리산권역의 여러 촌락에서는 마을의 풍수적 입지나 지명 유래를 도선과 관련시킴으로써 장소적 가치를 높이거나, 비보풍수를 활용하여 문화생태적인 경관을 이상적으로 구성하고자 한 사례들도 나타났

---

17) 『고려사』에서 도선을 가탁하여 인용하는 책으로는, 「송악명당기」, 「도선기」, 「도선답산가」, 「삼각산 명당기」, 「도선밀기」, 「옥룡기」 등이 있다. 그리고 조선 중후기의 도참서로서 『정감록』에는 도선에 가탁한 서류에 해당하는 것으로, 「도선비결」, 「도선여사정씨오백년」, 「옥룡자십승지비결」, 「옥룡비결」, 「옥룡결」, 「道詵 비결」, 「옥룡자기」, 「낭선결」 중의 「옥룡자시」, 「옥룡자청학동결」, 「도선왈」 등이 있다. 그 밖에도 도선이 저술한 것으로 표기된 풍수서류에는 「옥룡자 십조통맥」, 「옥룡자유산록」, 「팔로명혈도식」, 「용혈도」, 「옥룡자무감편」, 「옥룡자 유세비록」, 「도선 답산가」, 「옥룡결진지」, 「현묘결」, 옥룡자염정법 등이 있다.

다. 마을의 입지와 지명 유래와 관련하여 전승된 도선 설화의 예를 들면 아래와 같다.

> 남원시 운봉읍 공안리 용은마을은 용이 숨은 마을이라 한 데서 연유하였다. 일설에는 신라 말 도선국사가 용이 숨어 있는 길지임을 알고 터를 잡아두니, 사람들이 명당 터를 찾아들어와 살면서 용은마을로 부르게 되었다고 한다.[18]

> 산청군 삼장면 내원리의 국사봉은 도선국사가 다녀간 대명지이다.[19]

도선의 비보풍수는 지리산권역 촌락의 경관구성에도 큰 문화적 영향력을 미쳤다. 지리산권역의 마을 경관에서 보이는 풍수 비보의 형태는 조산 혹은 돌탑, 숲, 못, 제의(놀이) 등으로 다양하게 나타났다. 이로써 지리산권역 5개 시군의 마을에는 도선의 풍수사상에서 연원하여 보편적으로 풍수문화의 영향을 입었음을 알 수 있다. 주민들의 마을풍수라는 문화전통을 통한 자연환경에 대한 인식 및 태도는 문화생태적 과정을 수반하였다.

5) 청학동 풍수도참과 도선[20]

지리산에는 청학동 이상향의 문화가 특징적으로 존재하였다. 청학

---

18) 한국향토문화전자대전(http://www.grandculture.net/main/main.asp) 남원편.

19) 『산청군 지명고』, 산청문화원, 1996.

20) 이하 "청학동 풍수도참과 도선"의 내용은 졸고, 「장소 정체성의 사회적 재구성: 지리산 청학동에 대한 역사지리적 고찰」, 『문화역사지리』 제22권 제1호, 2010, 136~140쪽의 일부를 수정, 보완한 것임.

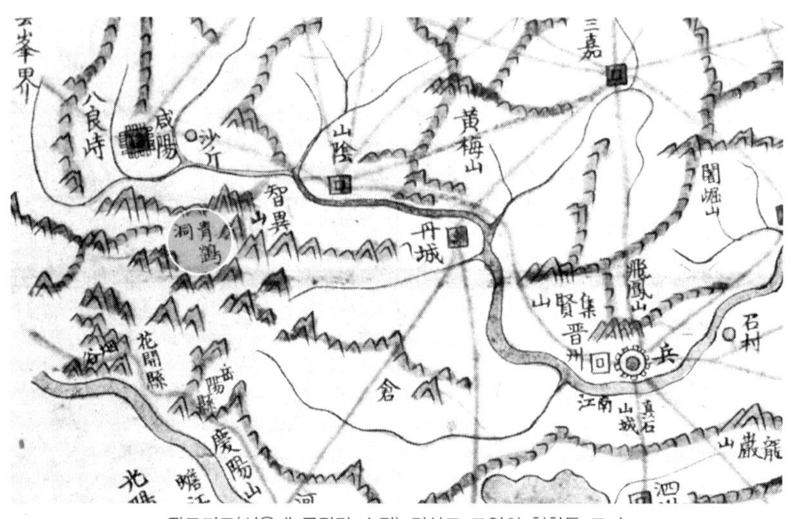

팔도지도(서울대 규장각 소장) 경상도 도엽의 청학동 표기

동이라는 신선경의 장소 정체성은 나중에 풍수도참사상으로 인하여 강화될 수 있었다. 청학동에는 여러 풍수도참기가 전해지는데 그 중에는 도선의 이름을 끌어댄 것도 있다.

취락을 이룬 사회집단은 피난·피화의 삼재불입처(三災不入處)인 청학동을 찾아서 이주한 민간인들로 지리산지에 흩어져 살던 유민들이거나, 외지에서 들어온 성씨 집단들이었다. 「하산지리산청학동비결(河山智異山靑鶴洞秘訣)」, 「류겸재일기(柳謙齋日記)」, 「옥룡자청학동결(玉龍子靑鶴洞訣)」 등속의 지리산 청학동에 관한 비결류들과, 수많은 필사본으로 널리 퍼졌던 청학동풍수지도(靑鶴洞圖)는 이주민들의 입지 선택의 동기, 위치 등에 큰 영향을 미쳤던 것으로 보인다.

이들 자료는 인근의 청학동 공간범위에 위치한 취락의 주민들에게 자기들의 정주지가 청학동이라는 장소 이미지와 장소 정체성을 형성하는데 크게 일조하였으며, 이주민들은 비결서에서 말한 청학동의 이상이 실현될 것을 믿고 주거를 실현해 나갔다.

조선시대에 널리 유포된 비결류 중에서 청학동과 관련된 것은 「하산지리산청학동비결」, 「류겸재일기」, 「옥계일지」, 「옥룡자청학동결」, 「무학선사청학동결」등을 꼽을 수 있다. 청학동비결류의 사회적 인식 및 전파시기와 관련하여, 이규경(1788~?)의 「청학동변증설」에 「겸암일기(謙菴日記)」와 옥룡자 「결(訣)」이 기재되어 있는 것으로 보아, 늦어도 19세기에는 청학동비결이 널리 유포되었음을 확인할 수 있다.[21] 비결 중의 하나로 「옥룡자청학동결」은 도선의 이름을 끌어대었다. 청학동 비결에는, "도선이 「현묘내외경(玄妙內外經)」과 「서(序)」를 작성하여, 「서」를 지리산 청학동에 비장하였는데, 500년 후에 무학이 그것을 얻어서 전했다."고 적었다. 이로써 도선–무학의 계승관계를 통해[22], 지리산 청학동을 풍수도참과 직접적으로 관련시키고 청학동의 장소적 권위를 더욱 신비롭게 강화하고 있음도 알 수 있다.

지리산 청학동에 관한 비결들의 내용을 분석하여 보면 다음과 같이 몇 가지로 해석될 수 있다.

첫째, 청학동은 취락(村)으로서 문화경관의 형태와 기능이 규정되었다.[23] 이러한 측면은 조선 후기에 들어 지리산지에 이입하는 인구의 급격한 증가로 말미암아 청학동의 지역범위에 취락이 생겨나면서, 청학동의 장소성이 기존의 선경지 이상향에서 생활공간으로서의 촌락으로 변이되는 사회역사적 상황을 반영하는 것이다.

둘째, 지리산 청학동은 이상적인 기후, 지형 및 토양, 그리고 생산성

---

21) 李圭景, 『五洲衍文長箋散稿』, 天地篇, 地理類, 洞府 「靑鶴洞辨證說」.
22) 李圭景, 『五洲衍文長箋散稿』, 天地篇, 地理類, 洞府 「靑鶴洞辨證說」.
23) 「河山智異山靑鶴洞秘訣」.

있는 토지 조건과 규모를 갖추고 있어서 농경에 좋은 조건을 갖춘 장소라는 것이 강조되었다.[24) 취락공동체를 형성 유지할 수 있는 농경에 적합한 자연조건이라는 장소성은 승지촌 청학동의 장소 정체성을 지속 가능하게 유지할 수 있는 필수적 요건이다.

셋째, 청학동은 풍수가 좋은 승경지로서 "영남의 (명)승지"[25] 혹은 "조선 명기(名基)"의 풍수적인 명당길지로 장소성이 묘사되었다. 조선 중·후기에 풍수사상은 민간계층에까지 깊숙이 전파되어 거주지의 선택 및 공간인식에 지대한 영향력을 주었으며, 이러한 사회적 현상은 청학동의 장소성에도 투영되어 취락의 풍수적인 입지경관의 규정 및 공간적인 이데올로기로 영향을 미쳤다. 비결서에 의하면, 청학동은 풍수적 전형적 형국을 갖춘 곳으로 "청학의 좌우 날개가 밖으로 좌청룡과 우백호를 형성하여 둘러싸고 수구(水口)로 들어가고"[26], "임좌병향(壬坐丙向)의 혈(穴)로서 백운의 세 봉우리는 바로 안산(案山)이 되는" 명당 국면으로 기술되었던 것이다. 특이하게는 풍수형국의 조건에 주거가 적합한 성씨 집단들도 거론되었는데,[27] 이러한 사실은 다양한 종족 집단들이 지리산지의 청학동에 촌락을 형성할 수 있는 사회경제적 조건과 그 가능성을 암시하는 것이다.

넷째, 전쟁의 재난으로부터 피할 수 있는 피난보신지지로 "병화가 들어오지 않는 곳"이라는 사회적 조건도 표현되었다.[28] 이러한 측면은

---

24) 「謙庵先生日記」.

25) 「謙庵先生日記」.

26) 「無學仙師靑鶴洞訣」. "靑鶴左右之翼, 外作龍虎回抱, 而入水口"

27) 李圭景, 『五洲衍文長箋散稿』, 天地篇, 地理類, 洞府 「靑鶴洞辨證說」에 "仙鶴中谷(柳), 鶴背吹篴(姜), 仙鶴下田(鄭), 鶴下玉女(徐), 牛臥鶴林(盧), 走獐顧母(金), 黃龍負舟(河), 鷹下逐雉(張), 仙人舞袖(李), 玉燈掛壁(千), 五仙圍碁(朴)"와 같이 기술되었다.

전쟁과 난리로 인해 사회적으로 피폐된 당시 사회의 대내외적 상황이 그대로 반영되어 피난지 이상향으로서의 장소성이 표현되어 나타난 것으로 볼 수 있다.

다섯째, 지리산 청학동에 이르는 구체적인 지리적 도로 및 위치 정보도 비교적 상세히 소개되었다.[29] 이러한 측면은 청학동에 대한 사회적 인지도의 증가 및 이주 선호지로의 관심이 반영된 것으로 보인다.

그리고 지리산 청학동에 풍수도참적 장소성의 색채가 짙어지면서 십승지의 하나라는 부회도 덧붙여졌다. 조선후기의 사회적 혼란기에 정감록의 신봉자들은 전국에서 십승지로 유입하였는데, 지리산 청학동도 세간에 십승지지로 알려지면서 청학동을 찾아 이주하는 사람들이 더욱 증가하였을 것으로 추정되며 전술하였던 덕평, 세석 등지에 십승지를 믿는 비결파들이 거주하였을 것으로 추정된다.

지리산에 대한 언급을 보면, 「남격암산수십승보길지지(南格庵山水十勝保吉之地)」에는 "여러 산중에 소백산이 첫째이고 그 다음이 지리산(大小爲第一 智異爲次)"이라는 표현이 보이고, 「옥룡자청학동결」[30]에도 "태백산과 소백산이 첫째이고 지리산은 다음"이라고 기술하였다. 이규경의 글에 의하면, 운봉에 있다는 지리산 십승지는 지역민들에게도 관심을 끌었던 것 같다.

---

28) 「謙庵先生日記」. "兵火不入".

29) 『秘訣全集』, 奎文閣, 1966.

30) 『秘訣全集』, 奎文閣, 1966.

2. 지리산권 풍수문화의 이론적 전통

1) 형세론

한국 풍수론의 이론적 경향은, 중국의 형세론과 이기론 중에 형세론이 우세하게 운용되었다는 특징이 있다. 그 원류에는 지리산에서 이인에게 전수받은 풍수법인 산천순역설이라는 형세론적인 풍수론이 있다. 지리산권역은 한국의 풍수사에서 이론적 경향으로 우세하였던 형세론의 공간적 발상지인 것이다.

한국의 형세론 전개과정을 보면, 삼국시대에 이미 형국에 대한 초기적 사유가 등장하고[31], 나말려초에는 도선에 의하여 산천의 순역을 따지는 형세론적 논의가 지배하였다. 조선 초에 잠시 이기론이 천도 과정에 중요한 논리로 대두된 적이 있으나, 곧 이어 주자학적인 풍수담론이 득세하게 되자 다시 형세론이 풍수론의 중요한 논리로 취급되었다.

중국의 풍수론은 크게 형세론과 이기론으로 나뉜다. 형세론이 이기론보다 먼저 발전하였다. 이론적 특징으로서, 형세론은 입지한 지형의 모양새로 풍수의 길흉조건을 따지는 법이고, 이기론은 배치된 장소의 방위로서 장소의 길흉을 판정하는 방법으로 흔히 나경(羅經)이라는 도구를 활용한다. 중국의 양자강 남쪽 지역에는 산과 하천이 많아서 형세론이 발달한 것처럼, 한국에서도 형세론은 산이나 구릉이 많은 지역에 주로 많이 적용된 반면, 이기론(방위론)은 평야지대에 활용되는 경향이 있었다. 송대 이후에는 정자·주자의 이학(理學)이 전개하였던 정치한 논리에 영향을 받아 이기론이 발전할 수 있는 이론적 배경이 마련

---

31) 『삼국유사』 권1, 기이2, 제4대 탈해왕.

되었다.

물론 실제적으로 풍수에서 터를 정할 때 형세론과 이기론은 같이 활용되는 것이 일반적이었다. 이러한 현상은 중국과 한국이 마찬가지였다. 우선 형세론적인 방법으로 입지할 장소의 대체적인 지형의 모양새를 판단하고, 다음에 나경을 이용하여 배치 관계의 이기론적인 길흉을 따지는 것이 일반적인 순서였던 것이다. 중국의 형세론과 이기론은 한국에 수용되어 국토공간에 널리 적용되었는데, 시기별로 보면 형세론이 먼저 들어왔고, 방위론이 나중에 도입되었던 것으로 보인다.

중국의 풍수론이 신라에 들어온 경로는 두세 갈래로 나눠볼 수 있다. 하나는 왕실을 통하여 수입된 경로이다. 당시의 중국 당나라에는 풍수론이 크게 유행하고 있었을 때인데, 당나라와 문물 교류가 많았던 신라 왕실에 중국 풍수론의 도입은 당연하게 보인다. 또 한 갈래는 중국에 유학 갔다가 돌아온 승려들과 지식인들을 통하여 들어오는 길이다. 신라 말에는 여러 승려들과 지식인들이 중국에 유학하고 돌아왔는데, 그 과정에서 자연스럽게 중국 풍수를 접하고 배웠을 가능성이 있다. 특히 강서지방에서 선종을 배우고 들어온 승려들이 많았는데, 그 과정에서 당시 강서지방에 널리 유행하였던 풍수 형세론을 습득하였을 것이다. 그 밖에 중국의 상인들이 배를 타고 들어와 물물 교역을 하면서 항구를 중심으로 풍수서가 민간들에게 전해졌을 가능성도 있다. 왕실로 들어온 풍수는 주로 궁궐이나 왕릉터를 잡는 데 쓰였고, 승려들을 통해서 들어온 풍수는 절터나 주거지를 선택하는데 활용되었다.

나말려초에는 산천의 순역을 주로 살피는 형세론이 지배적인 풍수 이론으로 영향력을 미친 것으로 보이며, 고려시대에 이기론이 강하게 적용되었다는 흔적은 찾아보기는 힘들다. 고려 태조 26년(943)의 훈요

십조 중에, "모든 절은 다 도선이 산수의 순역(順逆)을 보고 개창한 것이다."[32]라고 한 표현은 당시에 성행하였던 풍수 형세론의 지배적인 정황을 잘 반영하고 있다.

이 시기에 형세론이 널리 퍼진 까닭을 살펴보면, 우선, 중국의 풍수이론 자체가 형세론의 이론적 구축이 시기적으로 일렀고, 이기론은 송대 이후에야 성행했기 때문에 한국에서도 조선시대에 와서야 힘 있는 논리로 영향력을 미쳤다. 직접적으로는 신라 말에 유학을 간 승려지식인들이 주로 형세론이 성행하였던 강서지방의 선종을 배우면서 풍수 형세론도 같이 습득하여 들어왔기 때문으로 보인다. 형세론이 산이 많은 한국적 풍토에 적용하는데 이론적으로 적합하고, 이기론에 비해 이해하기도 쉬워 널리 수용될 수 있었던 측면도 크다.

조선시대에는 중국의 형세론과 이기론을 포함한 전문적인 풍수서가 대거 수용, 연구되어 풍수이론에 대한 이해의 수준이 높아졌고, 왕릉이나 도읍 입지선정 등의 풍수적 논의에서 고려시대보다 훨씬 정교한 풍수적 해석과 적용할 수 있었다. 조선 왕조의 풍수론에 대한 이해의 수준을 반영하듯이, 중국의 풍수 이론서 중에 형세론 외에도 이기론의 책들도 많이 수입되어 형세론과 이기론 모두 큰 영향력을 미쳤다.

점차로 풍수문화가 지방의 마을로 파급되면서 민간인들에게는 형세론의 부류인 형국론적인 풍수 이해방식이 널리 유행하였다. 지리산권역의 남원시, 구례군, 하동군, 산청군, 함양군 관내의 자연마을에서만 500여 개가 넘는 수많은 풍수 형국이 나타나는 사실만 보아도[33] 주민

---

32) 『고려사』 세가, 태조 26년 4월.

33) 최원석·구진성 편저, 『지리산권 풍수자료집』, 이회, 2010의 형국 자료를 집계한 것이다.

들의 형국론적 인식이 얼마나 보편적이었는지 짐작할 수 있다. 형국론이 서민들 사이에 널리 퍼진 것은 풍수경관을 의인화·의물화하여 이해하기 때문에 난해한 이론풍수에 비해 풍수를 비교적 쉽게 이해하고 적용할 수 있었기 때문이었다.

이러한 마을주민들의 형국론적인 풍수 이해는 마을환경과 문화생태적인 관계를 맺으면서 마을의 문화경관에 영향을 주는 결과를 낳았다. 전통시대의 마을 주민들이 마을의 입지환경에 대해 풍수형국이라는 상징체계로 관계를 맺고 대응하는 과정에서, 형국론적인 해석에 따라 새로운 풍수지명이 지어지거나, 기존 지명이 풍수적으로 풀이되어 의미가 바뀌는 과정도 거쳤다. 주민들이 자연환경과 관계 맺은 풍수적 요소는 풍수지명 외에도 풍수설화, 풍수의례, 풍수비보 등이 있었다. 이들은 마을의 입지 형국과 관련되어 의미가 구성되었으며, 주민들이 인식하는 마을의 풍수적 환경에 피드백의 영향을 주었다.

2) 비보론

비보론은 형세론과 이기론으로 대표되는 동아시아 및 중국 풍수론의 보편성에 비추어 한국 풍수론의 특징이 될 수 있다. 비보론은 지리산권역에서 전개된 도선의 풍수사상에서 비롯된다. 지리산권역은 한국 풍수론의 특징인 비보론의 공간적인 발상지로서 의의가 있다.

중국에서 도입된 풍수론이 한국에서 공간논리로 지배적 지위를 확보해나가면서 비보론은 나말려초부터 고려시대에 걸쳐 큰 영향력을 행사하였다. 조선시대에는 정교하게 이론화된 형세론 및 이기론의 중국 풍수이론이 적용되고 운용되었지만, 비보론 역시 면면이 유지되어 취락 경관의 일반적인 구성요소로 정착된 바 있었다.

동아시아에서 전개된 비보론과 대비하면, 유구(오키나와)를 제외한 일본 본토에서 비보론은 희소하고, 중국에서는 비보론이 널리 민간계층과 지방사회까지 실천되었지만 한국사에서 보는 것처럼 사회사상적으로 지배집단의 통치적 이데올로기이자 국토운영의 원리로까지는 기능하지는 못하였다.

고대부터 한국은 중국과 문화교류가 빈번하였기에, 중국의 풍수가 일찍이 삼국시대 전후로 들어왔겠지만, 한국에서 풍수론이 사회담론으로 형성되어 정치적 조건과 결부되면서 지배적인 공간논리로 기능한 것은 고려시대부터라고 볼 수 있다. 고려시대 풍수론의 특징은 비보풍수설로 요약할 수 있다. 신라 말의 승려인 도선(827~898)은 '산천 순역의 형세'로써 지형지세를 보고, 절과 탑 등으로 풍수적 결함을 보완하는 비보사탑설을 창도하였다.

비보사탑설은 후대에 도참과 섞이면서 비보도참의 속성을 강하게 나타내었으며, 지배권력자들에 의해 정치적 담론과 결부되어 왕경의 연기(延基)나 천도와 같은 도읍풍수론으로 전개된 현상을 보인다. 이러한 조류를 주도한 사회계층은 승려들과 왕권세력들이었다. 도선이 역사상에서 한국 풍수론과 비보도참설의 시조로 인정된다는 사실은, 한국 풍수론의 특색과 정체성을 규정하는 데에 중요한 의미를 지닌다.

도선의 비보풍수론은 신라 말의 전환기에 사회변혁을 이끄는 공간적 논리를 제공하였을 뿐만 아니라, 고려조 오백여 년을 걸쳐 국토공간의 계획 및 운용 원리이자 사회사상적 이데올로기로서 큰 영향력을 미쳤다. 고려사에 드러난 도선의 모습은 신라 왕조가 몰락하고 고려가 건국하는 태동기에 불교와 풍수라는 두 사상 요소를 결합, 응용하여

사탑비보설이라는 새로운 사회적 담론을 만들고 실천한 전환기의 지식인으로 묘사되었다.

비보풍수론이 고려시대의 풍수담론으로 세력을 떨친 것은 정치사회적인 배경과 맞물렸기 때문이다. 고려 왕조는 불교의 불력신앙(佛力信仰)과 풍수의 지력사상(地力思想)을 결합시킨 이데올로기로 국가의 안녕을 기원하고 정책 운영의 기조로 삼았다. 고려 태조는 후삼국을 통일하고 고려를 건국한 후에 비보사탑설에 기초하여 전국에 지방호족들의 기반이 되는 사찰들을 정비·재편하였다. 여기서 비보풍수론은 국토운영의 상위 원리가 되어, 왕도인 개경을 보위하는 도성계획안의 이념적 기초를 제공하는 한편, 국도와 지방의 공간적 통합성을 이루고 왕권의 중앙적인 집중 및 지방 호족의 효율적인 통어 체계를 구축하기 위한 이념적 장치로 적극 활용되었던 것이다.

고려시대를 걸쳐 강고한 사회담론이었던 비보풍수론은 고려 말에 이르자 당면한 대내외적 위기와 모순을 극복할 수 있는 사회사상으로서의 제 역할을 하지 못했고, 조선시대에 와서는 유교적 이데올로기와 억불 정책으로 말미암아 제도권 부문에서 급격히 와해되어 민간부문에서만 미약하게 유지되었다. 조선 왕조가 건국과 동시에 수도를 한양으로 천도한 것도 개성을 중심으로 설치된 기존의 비보사찰들이 축소 혹은 혁파되는 실제적 이유가 되었다.

이윽고 고려시대의 비보풍수론은 조선조 배불(排佛) 정책의 기조와 유교적 이데올로기의 사회적 지배로 말미암아 불교신앙적인 기능은 없어지고 풍수적인 기능과 양식의 비보론으로 대체 되었으며, 드디어 비보사탑설은 15세기 말에 종언을 고하게 되었다.[34]

고려시대 비보풍수론의 주류는 사찰과 탑을 수단으로 활용하는 불교적인 풍수경관의 보완 방식이었다. 이것은 조선시대의 취락경관에 일반적으로 적용되었던 숲이나 조산(造山) 등의 풍수적인 비보 방식과는 차이가 난다. 조선시대에 비보풍수론은 고려시대처럼 정치이념으로 부각되지는 않았지만, 조선시대 전 기간을 걸쳐 취락의 풍수경관을 보완하기 위한 실제적인 용도로 널리 활용되었다. 수도인 한양에서도 경복궁을 중심으로 하여 비보물이 설치되었고, 지방 고을과 마을에 숲과 조산 등이 조성되어, 비보풍수는 한국 취락의 전통적 문화경관을 구성하는 일반적인 형태이자 기능적인 요소가 되었다.

비보풍수론은 인문 가치의 중시와 공간 조영주체로서의 인간에 강조점을 둔 풍수론의 역사적 발전 형태였다. 지리적 조건의 문제점을 능동적으로 보정, 보완할 수 있는 주체로서의 인간과 그의 문화적·상징적 능력에 중점을 둔 새로운 풍수론적 패러다임이었다. 이러한 사상성을 지닌 비보풍수론은 나말려초의 시대적 전환기에 사회발전을 추동하는 사회담론으로서의 역할을 할 수는 있었지만, 정교한 이론적 논리체계는 갖추지 못한 풍수의 사회적 응용 및 실천 형태라는 한계도 있었다.

3. 지리산권 풍수문화의 현대적 가치

1) 비보사상의 환경사상적 가치

도선에서 비롯된 비보사상의 현대적 의미로서 환경사상적인 시사성과 전망에 대해 주목할 필요가 있다. 도선의 비보사상은 고려시대에

---

34) 『성종실록』 16년 1월 8일.

운용될 때부터 수해 및 풍해 방지 등의 환경관리에 실용적으로 활용되어 왔다. 예컨대, 고려 문종 7년(1053) 8월에는 도읍의 허결한 지세를 보허하기 위해 제방축조를 계획한 사실이 있다. 이것은 제방 축조로 인한 수해방지라는 실질적 기능과 왕성의 장풍(藏風) 비보(裨補)라는 풍수적 기능을 겸비한 것이었다. 고려시대의 비보는 자연재해(풍수해)를 조절하기 위한 실용적·실질적인 기능과 상징경관으로서의 역할을 겸비하였던 것이다.

조선시대에 유가의 합리주의적 기준과 성리학적 정통론에 의해 술법으로 과소평가된 풍수사상은 환경학으로서의 사상성을 상실하고 위상이 실추되었으며, 한갓 묘지 발복을 목적으로 삼는 풍수술의 뿌리 깊은 이미지가 지금까지 지속되어왔다. 유교적 이데올로기에 의한 도선의 비보사상에 대한 평가를 살펴보아도, 고려 전기의 풍수사상이 수행하였던 환경계획 및 관리의 합리적인 순기능은 배제된 채 고려 중·후기에 풍수도참이 끼쳤던 사회적 역기능이 부각되어 강력히 비판되었던 것이다.

실상 동아시아에서 형성·발전된 풍수사상 및 풍수학은, 온대 계절풍지대 자연환경에서의 적응, 농경을 위주로 한 생산관계 및 농업생산력 수준, 그리고 정착적인 주거문화의 생활양식이라는 배경 조건에 기초하여 정립된 환경사상 및 환경학이었다. 풍수를 현대적으로 해석하면, 환경적인 지속가능성에 기초한 동아시아의 전통적인 문화생태학이자 경관생태학이며, 지속가능한 동아시아의 전통적 환경사상 및 자연-인간관계의 공간적 방식이라고 정의할 수 있다.

온대 계절풍 지대의 기후 조건에 지배 받는 주거 환경 및 농경 양식에서 물을 확보하고 찬바람을 피하며 충분한 일조량을 얻을 수 있는 입지 및 환경관리는 생활의 영위에 있어 핵심적인 관건이었고, 그것은 풍수의 최적입지론과 비보의 환경관리론으로 정리되었다. 풍수적 최적입지처로서의 '명당'이란 지속가능한 환경의 경관생태적 조건을 갖춘 경관 모형이며, '비보'는 생태적 시스템의 단위(모듈)를 보완하기 위한 환경관리 방법이자 유효한 수단이었던 것이다. 향후 풍수의 환경사상 및 생태적 전망을 본다면, 풍수적 입지론은 지속가능한 최적의 자연환경적 입지 및 생태적 조건을 찾는 방법을 체계화한 전근대적 동아시아의 이론으로서, 비보는 지속가능한 동아시아의 환경관리사상과 방법으로서 위상을 자리매김할 수 있다.

2) 마을풍수의 환경생태적 가치[35]

지리산의 자연환경을 기반으로 하여 자연마을이 형성되는 과정에서 받은 풍수적 영향으로 말미암아 지리산 인접권역에 해당하는 남원시, 구례군, 하동군, 산청군, 함양군 관내의 자연마을에서는 500여 개가 넘는 수많은 풍수 형국이 나타났다.[36] 이러한 사실은 지리산권역의 마을에 풍수문화가 일반적으로 확산되어 주민들의 환경 적응과정에서 문화생태적인 영향을 주었다는 사실을 잘 말해준다. 풍수적 형국은 마을의 해당 형국에 상응한 주민들의 문화생태적 대응 및 상호관계의 코드를 형성시킨다.

풍수는 토지이용과 수자원 이용, 주택과 취락의 조성, 지형의 해석,

---

35) 이하 "마을풍수의 환경생태적 가치"의 내용은 졸고, 「마을풍수의 문화생태」, 『한국지역지리학회지』 제17권 제3호, 2011, 259~269쪽의 일부를 수정, 보완한 것임.
36) 최원석·구진성 편저, 『지리산권 풍수자료집』, 이회, 2010.

경관의 창출, 그리고 공간지각과 같은 한국인의 문화전통에 깊이 관여하고 있으며, 전국에 그 현장과 설화가 남아있다. 지리산권역에도 풍수는 주민들의 환경인식 틀이자 문화생태적 적응 형태로 일반화되어 있으며, 그 구체적인 형식은 형국(形局)이라는 표상을 매개로 마을의 국지(미시)환경과 관계 맺는 방식이다. 지리산권 마을의 풍수형국은 주민들의 문화생태적 대응의 매개가 되고 있으며, 마을주민들은 풍수형국에 따라 다양한 대응방식을 취하고 있음을 알 수 있다.

마을주민들의 풍수와 관련된 환경생태적 요소는, 토지이용 및 건축·생산활동의 규제, 환경용량(수용능력)의 규준, 환경관리(자연재해 방비와 자원환경의 보전) 등으로 분류할 수 있다.

첫째, 풍수는 마을지형의 형국과 관련된 특정의 생산활동과 건축활동을 규제하고, 또 특정 장소의 토지 이용을 제한시킴으로써 마을환경과 식생의 보전에 기여하는 효과가 있다. 주민들은 마을의 입지지형을 풍수형국이라는 경관이미지로 이해하는 방식을 갖고 있는데, 생산활동 및 토지이용의 과정에서 해당 풍수형국에 위해(危害)가 된다고 판단되면 마을공동체의 환경생태적인 보전을 위하여 그 이용과 활동을 금기한다.

둘째, 주민들은 풍수의 형국에 근거하여 마을의 호수(戸數)를 규제함으로써 지속가능한 마을의 규모(수용 능력) 및 적정 주거밀도를 판단하는 기준을 삼는 경우도 있다. 이 경우에 풍수는 주어진 입지조건에서 얻을 수 있는 환경용량과 주거조건을 유지하기 위한 사회적 기준의 담론으로 통용되고 있음을 알 수 있다.

셋째, 풍수는 전근대적인 자연환경에 대한 경험적 지식체계였기에 마을의 지형적 입지에 연유한 풍수해, 화재 등의 자연재해를 방비하고

남원 괴양마을 앞의 지네산
지네처럼 길쭉한 모습이다. 괴양마을 주민들은 지네산이 흉하다고 여겨
지네밟기라는 풍수민속과 의례를 매년 벌인다.

수자원 등의 자원환경을 보전하는 역할을 수행하였다. 풍수적 환경관리는 숲의 조성이나 조산, 마을 지형의 보수 등의 방식으로 행해졌다. 풍수해 방지 및 수자원 보전을 위해서 마을숲을 조성한 사례는 지리산 권역의 마을에서 다수 나타난다.

마을주민들의 자연환경에 대한 상호관계 및 적응방식을 반영하고 있는 구성요소로는 풍수입지, 풍수지명, 풍수설화, 풍수의례, 풍수비보 등이 있다. 풍수입지는 마을이 처한 자연환경의 조건을 규정하고, 풍수지명은 주민의 자연환경에 대한 인식을 표징하여 태도에 일정한 영향을 미친다. 풍수설화 및 금기는 주민의 자연환경에 대한 사회집단적인 태도와 윤리성(환경윤리)이 내재되어 있고, 풍수의례는 주민들의 마을 주거환경에 대한 환경심리 및 대응양식과 관련된다. 그리고 주민들은 풍수비보로써 마을입지 보완 및 마을경관에 대한 환경관리를 한다. 이처럼 풍수는 전통시대의 한국사회에서 마을의 지속가능한 환경 조건의 보전과 유지를 위한 문화생태적 코드이자 관계 조절 방식으로 기능하였다.

3) 풍수경관의 세계유산적 가치[37)]

오늘날의 변화된 사회환경에서 지리산권 마을공동체의 풍수문화는 사라져가거나 진정성이 상실되어 가고 있다. 그러나 '생태의 시대, 문화의 시대'라는 21세기에, 지리산권의 마을 풍수와 마을 풍수경관은 지속가능한 자연과 인간의 관계형성 및 적응전략인 생태적 문화전통이자 지식체계로서 재해석될 수 있으며, 지리산지의 자연환경에 적응하는 과정에서 형성된 역사문화유산이자 문화생태적 관광자원으로서 재평가될 수 있는 가치가 충분하다.

지리산지 마을의 풍수문화는 처한 자연환경에 대한 주민들의 문화적 적응전략으로서, 마을의 지속가능한 환경시스템을 유지하기 위한 전통적인 문화생태학적 방식이자 지식체계라고 평가할 수 있다. 지리산지의 풍수경관은 자연과 문화가 유기적으로 조화, 결합된 문화생태적 경관으로서 세계유산적 경관가치를 지닌다.

지리산 산촌취락의 문화생태적 고유성이자 지리산지의 독특한 환경적응과 조화방식은 풍수문화의 발달과도 긴밀한 관계를 갖는다. 지리산은 한국풍수의 시원지로서, 한국풍수의 시조로 일컬어지는 도선(827~898)이 풍수를 전수받은 곳이다. 현재 지리산권역의 마을에는 500개가 넘는 다양한 풍수형국이 존재하고 있어, 산촌의 풍수경관은 문화생태적 경관의 한국적 특성을 이룬다. 이것은 산지환경에의 적응과 자연과 인문의 결합을 반영하고 있고, 한국적인 독특한 자연-인간관계 코드를 표현하였다.

---

37) 이하 "풍수경관의 세계유산적 가치"의 내용은 졸고, 「지리산 문화경관의 세계유산적 가치와 구성」, 『한국지역지리학회지』 제18권 제1호, 2012, 49~53쪽의 일부를 수정, 보완한 것임.

지리산지 마을의 풍수적 입지와 생활경관(함양군 송전리 송전마을)

유네스코 세계유산에서 지정한 탁월한 보편적 기준(OUV)에 비추어, 지리산이 지닌 풍수문화와 관련된 세계유산적 가치를 서술하면 아래와 같다.

지리산의 생활경관은 온대 중위도권 산지에서의 독특한 미작문명을 증거하면서 자연과 조화된 산지 이용과 거주 방식을 보여주는 사례가 된다. 지리산의 산촌경관은 수세기 동안 지리산의 자연환경에 적응하고 조화하면서 형성된 씨족공동체의 지속가능한 생활방식과 토지이용을 잘 반영한다. 지리산권 마을에 보편적으로 나타나는 풍수문화는 산지에서의 문화생태적 적응과 자연과 인문의 조화로운 결합을 보여주는 동아시아적 자연-인간관계의 독특한 코드가 된다.

유네스코에서는 1994년에 문화경관(cultural landscape)이라는 개념을 도입하여 자연과 인간이 결합된 문화유산을 주목한 바 있다. 지리산권 마을이 지닌 문화경관(지리산 문화경관, Jirisan Cultural Landscape) 혹은 풍수경관은 자연과 문화가 유기적으로 조화, 결합된 문화생태적 경관으로서 세계유산적 경관가치로 손색이 없다고 평가된다. 지리산의 풍수는 지리산의 환경에 대한 지리산지 주민들의 원형적 표현이며, 지리산의 풍수경관은 산지환경과 문화가 어우러진 한국적 산악 문화경관을 대표하는 것이다.

4. 맺음말

이 글은 지리산권 풍수문화의 역사적 전통과 이론적 전통의 원류를 살펴보고, 그것이 가지는 현대적인 가치를 조명하였다.

지리산권 풍수문화의 역사적 전통의 정점에는 도선이 있다. 도선은 지리산에서 풍수를 전수받고 지리산권역에서 활동한 지리산권의 풍수 지식인이었다. 지리산권역의 비보사찰과 고을, 마을에는 도선이 미친 풍수문화의 영향력이 스며있다. 도선이 한국풍수설의 시조라는 역사적 평가는 한국 풍수문화의 정체성으로 자리매김되는 데 중요한 의의가 있다.

지리산권 풍수문화의 이론적 전통에는 형세론과 비보론이 있다. 한국에서 역사적으로 풍수이론의 운용은 형세론이 우세하였는데, 그 기원에는 도선의 산천순역론이 있다. 도선의 비보론은 고려 초에 전국적으로 확산되면서 고려시대를 풍미하는 지배적인 지리사상으로 발전하였다. 비보론은 동아시아 풍수론에 비추어 볼 때 한국 풍수론의 특징이 된다.

이렇게 볼 때 지리산권역은 한국 풍수문화의 역사적인 전통과 이론적 전통의 발상지라고 볼 수 있다. 지리산권역은 한국 풍수문화의 전통적인 메카인 것이다.

도선을 기원으로 하는 지리산권의 풍수문화 전통은 그 사상적 원류와 목적성이 중국의 풍수문화와 다른 점이 있었다. 또한 후대에 윤색되고 꾸며진 미신적이고 술법적인 풍수문화와도 차별성이 있다. 지리산권에서 활약하며 풍수문화를 일구었던 도선이 한국풍수설의 시조로서 역사적으로 평가받는 것은 한국 풍수의 사상적·문화적 정체성을 규정하는 데에도 매주 중요한 의미가 있다.

지리산권에는 일찍이 풍수문화가 퍼져나갔고 후대로 갈수록 다양한 문화요소가 섞였다. 중국풍수의 형세론과 이기론뿐만 아니라 도참사상도 전파되었다. 지리산권의 사찰과 취락에는 풍수론이 반영되어 풍수경관의 모습을 가졌다.

지리산권 풍수문화가 지닌 현대적 가치는 여러 가지 측면으로 해석할 수 있다. 이 글에서는 도선 비보사상의 환경사상적 가치, 마을 풍수의 문화생태적 가치, 풍수경관의 세계유산적 가치로 조명해 보았다.

오늘날 지리산권 마을공동체의 풍수문화는 급격한 근대화과정에 근본적으로 해체되고, 인구의 노령화로 인해 존재기반이 와해되어 가고 있는 실정이다. 그러나 지리산권의 풍수문화는 역사문화경관으로서의 자원가치를 지닐뿐더러, 마을의 풍수문화는 지속가능한 생태적 문화전통이자 지식체계의 산물로서 충분한 가치를 지니고 있다. 특히 지리산지의 풍수문화와 풍수경관은 자연과 문화가 유기적으로 조화, 결합된 산지 문화경관의 전형으로서 세계유산적 가치로 재평가 하여 거듭날 수 있다.

지리산의 전통사찰

'문화재 전시장'과 '진리의 현현'

◉

문동규

1. 지리산의 전통사찰로 향하는 길

'전통사찰'이란 무엇인가? 전통사찰은 '전통사찰의 보호 및 지원에 관한 법률'에 따라 불교 신앙의 대상인 형상을 봉안하고 승려가 수행하며 신도를 교화하기 위한 시설 및 공간으로서 이 법률의 제4조(전통사찰의 지정 및 등록)에 따라 등록된 사찰을 말한다.[1] 그러나 그 법률의 목적

---

[1] 여기에서 제4조(전통사찰의 지정 및 등록)는 다음과 같다. ①사찰의 주지는 운영·관리 중인 사찰을 전통사찰로 지정받으려면 사찰이 속한 단체 대표자의 추천서를 첨부(사찰이 속한 난제가 없는 경우에는 제외한다)하여 대통령령으로 정하는 바에 따라 특별시장·광역시장·도지사·특별자치도지사(이하 "시·도지사"라 한다)를 거쳐 문화체육관광부장관에게 전통사찰의 지정을 신청할 수 있다.〈개정 2008.2.29, 2012.2.17〉 ②문화체육관광부장관은 제1항의 신청에 의하거나 직권으로 다음 각 호의 어느 하나에 해당하는 사찰을 대통령령으로 정하는 바에 따라 전통사찰로 지정할 수 있다.〈개정 2008.2.29, 2012.2.17〉 1. 역사적으로 볼 때 시대적 특색을 뚜렷하게 지니고 있다고 인정되는 사찰. 2. 한국 고유의 불교·문화·예술 및 建築史의 흐름을 이해하는 데에 특히 필요하다고 인정되는 사찰. 3. 한국 문화의 생성과 변화를 고찰할 때 전형적인 모형이 되는 사찰. 4. 그 밖에 문화적 가치로 보아 전통사찰로 등록하는 것이 타당하다고 인정되는 사찰. ③문화체육관광부장관은 제2항에 따라 전통사찰을 지정하면 이를 고시하고 그 사찰의 주지와 사찰이 속한 단체 대표자에게도 알려야

은 역사적 의의를 가진 민족문화의 유산인 전통사찰과 그 사찰에 속해 있는 불교전통문화유산을 보존하여 민족문화 향상에 이바지하는데 있다. 그러니까 전통사찰로 지정되어 보호 및 지원을 받는 전통사찰의 의의란 그 전통사찰이 종교적·문화적·역사적 가치를 지니고 있으므로 그 유산을 보호하고 유지하여 민족문화 향상을 위해 후대에까지 전하는 것에 있다.

그래서 이러한 전통사찰은 민족문화의 유산으로서 우리 민족의 역사 내에서 상당한 지위를 가지고 있음은 분명하다. 그런데 이러한 전통사찰 내에는 우리가 알듯이 다양한 조형물들이 있다. 전각, 불탑, 승탑뿐만 아니라 그것들 내에 간직되어 있는, 즉 아름답게 만들어져 있는 조형물들 말이다. 물론 그 조형물들은 그 나름대로 불교라는 종교적 내지는 역사적 의미를 담고 자신의 자리를 차지하고 있다. 말하자면 불교의 근본 목적인 열반(nirvana) 내지는 중생의 성불과 신앙을 위해 자신의 자리를 차지하고 있고, 그 시대상을 반영하고 있다. 그래서 문화재로서의 가치를 지니고 있다. 그러나 그것만이 아니다. 전통사찰 내에 있는 다양한 조형물들은 뛰어난 예술성이 발휘되어 있기 때문이다. 그러니까 전통사찰에는 예술작품이 즐비하다는 것이다.

그런데 이러한 전통사찰이 한국의 명산이라 지칭되고 있는 지리산(智異山)에는 여러 개 존재하고 있다. 사실 지리산에는 삼국시대부터, 특히 통일신라 이후 불교가 성행했기 때문이다. 그러나 현재 지리산에

한다.〈개정 2008.2.29, 2012.2.17〉 ④제3항에 따라 통지를 받은 사찰의 주지는 시·도 지사에게 전통사찰의 등록을 하여야 한다. 등록 사항을 변경하는 경우에도 같다.〈개정 2012.2.17〉 ⑤제2항부터 제4항까지의 규정에 따른 전통사찰의 지정과 통지 및 등록에 필요한 사항은 대통령령으로 정한다.

는 그러한 전통사찰이 어느 정도 자리 잡고 있을까? 그것을 '지리산의 전통사찰'2)이라고 지칭할 때, '지리산권 전통사찰'3) 중 '지리산 국립공원' 안과 그 경계선에 있는 '지리산의 전통사찰'은 12개소이다. '천은사, 화엄사, 연곡사, 칠불사, 쌍계사, 한산사, 법계사, 내원사, 대원사, 벽송사, 영원사, 실상사' 등등 말이다. 물론 이러한 사찰들을 현재의 행정 구역 구분에 따라 분류하면, '천은사·화엄사·연곡사'는 전남 구례군, '칠불사·쌍계사·한산사'는 경남 하동군, '법계사·내원사·대원사'는 경남 산청군, '영원사·벽송사'는 경남 함양군, '실상사'는 전북 남원시에 속해 있다. 그런데 이러한 전통사찰에는 문화재들이 즐비하다. 아니 문화재 전시장이다. 이를테면 국보 8점, 보물 39점, 도지정유형문화재 25점, 시도문화재자료 4점 등이 있기 때문이다.

물론 이러한 문화재들은 전통사찰로 지정·등록된 사찰 내에 있는 것들과 마찬가지로 종교적·역사적 가치들을 지니고 있지만, 또한 예술적 가치도 가지고 있다. 그러니까 그것들은 예술적 가치를 지니고 있는 하나의 '예술작품'이라는 것이다. 그런데 예술작품이란 무엇일까? 단지 아름다움을 선사해주는 것일까? 우리에게 아름다움을 느끼게 해 주는 대상들일까? 그럴 수 있다. 그러나 서양 사상가 마르틴 하이데거(M. Heidegger, 1889~1976)라는 철학자에 따르면, 예술작품에는 진리, 즉 '알

---

2) '지리산의 전통사찰'은 '지리산 국립공원' 안과 그 경계선에 있는 '전통사찰'을 말한다.

3) '지리산권 전통사찰'에서 '지리산권'은 현재의 행정 구역상 지리산을 둘러싸고 있는 전북 남원시, 전남 구례군, 경남 하동군, 경남 산청군, 경남 함양군을 말한다. 그런데 '지리산권 전통사찰'은 문화관광체육부 통계자료에 따르면 2011년 8월 25일 현재 39개소이다. 지리산권에는 남원 13, 구례 6, 하동 5, 산청 8, 함양 7개의 전통사찰이 있기 때문이다. 이러한 전통사찰의 구체적인 사찰명은 문화관광체육부 현황자료를 살펴보기 바란다.

레테이아(Aletheia, 비은폐성)로서의 진리'가 현현하고 있다. 그래서 이 철학자의 이야기를 그대로 받아들일 때, '지리산의 전통사찰'에 진리가 현현하고 있음은 당연할 것이다.

따라서 필자는 이 글에서 지리산의 전통사찰에 진리가 현현하고 있음을 드러내 보도록 할 것이다. 그러나 지리산의 전통사찰에는 무수한 문화재들이 있으므로 우선 지리산의 전통사찰에 있는 문화재의 현황, 그리고 그것과 더불어 그 문화재들 중 국보 문화재에 대한 내용들을 살펴보도록 할 것이다. 왜냐하면 이러한 것은 지리산의 전통사찰을 '이해'할 수 있는 하나의 '앞서봄(Vorsicht)'이기 때문이다. 이러한 선 이해를 바탕으로 필자는 '지리산의 전통사찰'과 그 안에 간직되어 있는 '국보 문화재(또는 모든 문화재)'에 대한 '존재론적인' 고찰을 행할 것인데, 이때 지리산의 전통사찰과 그 사찰 내에 있는 국보 문화재 각각에는 '알레테이아로서의 진리'의 발생과 더불어 '예술-미'가 현현하고 있음이 드러날 것이다.[4] 왜냐하면 예술미란 단순한 아름다움, 단지 미학에서 고찰하는 그런 아름다움이 아니라 알레테이아로서의 진리가 현현할 때 나타나는 것이기 때문이다.

---

4) 혹자는 '지리산의 전통사찰'이 12개소이므로 그것들의 비교를 통해 각각의 사찰 특징을 드러내는 것이 '지리산의 전통사찰'을 고찰하는데 의미가 있을 것이라고 생각할 수도 있다. 물론 좋은 생각이다. 그러나 필자는 그러한 것을 행하지 않을 것이다. 물론 필자의 역량 부족도 있지만, 그것은 필자가 이 글을 서술하려는 의도도 아닐 뿐만 아니라, 사실 비교해 보았자, 그것의 진정한 모습을 말하는 것은 아니기 때문이다. 어떤 것을 말하기 위해서는 어떤 것을 어떤 것과 비교해서 말하는 것 보다는 사실 그 어떤 것에 대해서만 말하는 것이 바로 그것에 대해 말을 하는 것이라고 생각하기 때문이다. 말하자면 어떤 것은 그 자체로 고유한 것이지 어떤 것과의 비교를 통해 고유해지는 것은 아니기 때문이다. 더군다나 어떤 것에는 우리 눈에 보이는 것만 있는 것이 아니라 우리 눈에 보이지 않는, 즉 은폐된 것이 있기 때문이다.

2. 지리산의 전통사찰: '문화재 전시장'

'지리산의 전통사찰'은 앞에서 보았듯이 '천은사, 화엄사, 연곡사, 칠불사, 쌍계사, 한산사, 법계사, 내원사, 대원사, 벽송사, 영원사, 실상사' 등등 12개소이다. 이때 우리는 아마 지리산의 전통사찰에 대한 일반적인 이야기, 이를테면 누가 언제 그 사찰을 창건했고 어디에 있는지, 어떤 건물들이 있으며 주불전은 무엇인지, 그리고 각 사찰에는 어떤 문화재들이 있으며 그것들은 어떤 가치가 있는지 등등에 대해 이야기하길 원할 것이다. 그래서 그것들 전부를 여기에서 나열하면 좋겠지만, 지면 사정상 지리산의 전통사찰에 소재하고 있는 문화재, 그것도 우선은 문화재 현황, 다음으로는 국보로 지정된 문화재에 대한 대략적인 내용만을 살펴보고자 한다. 사실 이것만 보아도 지리산의 전통사찰이 어떤 곳인지를 대략 짐작할 수 있기 때문이다.

첫째, '천은사'[5)]는 1984년 전라남도 문화재자료 제35호로 지정된 곳으로서 보물 3, 전라남도 유형문화재 1점을 보유하고 있다. 둘째, '화엄사'[6)]는 국보 4, 보물 8, 전라남도 유형문화재 2점이 있는 사찰이자 사적 제505호로 지정된 곳이다. 그리고 화엄사 일원은 명승 제64호로 지

---

5) 823년(신라 흥덕왕 3) 德雲이 창건한 것으로 전해지고 있으며, 경내에 있는 샘물을 마시면 정신이 맑아지고 질병에 효과가 있다고 해서 절 이름을 '甘露寺'라고 하였으나, 절이 불에 탄 후 단유선사가 중건할 때 그 샘가에 자주 나타난 구렁이를 죽이자 샘물이 숨게 되어 천은사라고 다시 이름을 지은 사찰이다.

6) 화엄사의 창건주와 창건연대에 대해서는 이견들이 있지만, 緣起에 의해 창건된 것으로 전해지고 있으며, 임진왜란 때 불탄 것을 조선 인조 때 벽암각성이 재건한 사찰로 천년이 넘는 고찰이다. 화엄사의 창건연대와 창건주에 대해서는 다음을 참고하기 바란다. 김상현, 「화엄사의 창건연대와 창건자」, 『화엄사·화엄석경』, 화엄사·화엄석경 보존·복원을 위한 연구논문집, 도서출판 늘함께, 2002, 56~81쪽; 김상현, 「화엄사의 창건 시기와 그 배경」, 『동국사학』 37, 동국사학회, 2002, 89~109쪽.

정되어 있다. 셋째, '연곡사'[7]는 국보 2, 보물 4점을 소유하고 있는데, 그것들은 우리나라의 불교 석조예술을 대표할 수 있는 승탑과 승탑비이다. 넷째, '칠불사'[8]에는 우리나라의 구들문화를 보여주는 경상남도 유형문화재 1점이 있다. 다섯째, '쌍계사'[9]는 국보 1, 보물 8, 경상남도 유형문화재 12, 경상남도 문화재자료 3점이 있는 사찰이자 경상남도 기념물 제21호로 지정된 절이다. 여섯째, '한산사'[10]에는 경상남도 문화재자료 1점이 있다. 일곱째, '법계사'[11]에는 보물 1점이 있다. 여덟째, '내원사'[12]는 보물 2점을 소유하고 있다. 아홉째, '대원사'[13]는 우

<hr>

7) 연기에 의해 창건된 것으로 전해지며, 임진왜란 때 불탄 것을 소요태능이 중건했으나 6·25전쟁 때 완전히 소실되었고, 현재는 일부만 중건된 상태다.

8) 가야의 태조인 김수로왕의 일곱 왕자가 그들의 외숙인 梵僧 長遊寶玉을 따라와 암자를 짓고 수행하다가 103년(가야 수로왕 62) 8월 보름날 밤 모두 성불했다고 전해지는 절이다. 여순사건과 6.25전쟁을 통해 사찰 전체가 불타 방치되었지만, 현재의 모습은 1978년부터 복원한 것이다.

9) 722년(성덕왕 21)에 大悲·三法 두 스님이 육조 惠能의 頂相을 당나라에서 모셔와 절을 지은 것에서 유래되었다고 하는데, 이때의 이름은 玉泉寺였다고 한다. 그 뒤 840년(문성왕 2)에 진감선사 慧昭가 퇴락한 옛 절터에 절을 중창하여 대가람을 이루었는데, 정강왕 때 왕이 절 앞으로 두 계곡이 흐른다 하여 쌍계사라는 이름을 하사했다고 한다.

10) 신라시대의 사찰로 전해지며, 화엄사 스님 한 분이 중국 한산사의 모든 것을 본 따서 지명이 같은 이곳에 한산사를 지었다고 한다. 원래는 고소산성 너머에 있었는데, 1975년 7월에 錦湖스님이 현재의 자리로 옮긴 것으로 전해지고 있다.

11) 지리산 천왕봉 동쪽 중턱, 우리나라에서 가장 높은 곳에 있는(1,450m) 사찰이다. 연기조사가 전국을 두루 다녀본 후 천하의 勝地가 이곳이라고 해서 544년(신라 진흥왕 5)에 창건하였다고 전해진다.

12) 신라 태종 무열왕 때 무열왕의 후손이자 동방의 대보살로 일컬어졌던 無染(801~888) 국사가 창건한 것으로 전해지고 있다. 창건 당시의 절 이름은 내원사가 아니라 德山寺였다고 한다.

13) 548년(신라 진흥왕 9)에 연기조사가 창건한 것으로 전해지고 平原寺로 불렸지만, 임진왜란 때 전소되었다. 1685년(숙종 11)에 회암雲捲이 옛 절터에 절을 중창하여 大源庵이라고 불렀고, 1890년(고종 27)에 구봉慧昕이 중건할 때, 지금의 대원사라는 이름

다. 큼직한 옥개석 위에 우동이 표출되어 있고, 8각의 우각에는 직립한 귀꽃이 솟아 있다. 상륜부에는 먼저 연꽃잎을 새긴 노반을 지붕 위에 놓고, 그 위에는 팔각앙련과 구름무늬복발 등이 층층이 놓여 있으며, 다시 그 위로 귀꽃이 장식된 팔각의 보개, 연꽃 봉오리 모양의 보주가 차례로 올려 있다.

구례 화엄사 각황전앞 석등

둘째, '구례 화엄사 사사자삼층석탑'은 1962년 12월 20일 국보 제35호로 지정되었다. 이중 기단의 삼층석탑으로 아래 기단에는 각 면을 3부분으로 나누어 안상을 새기고, 그 안상 안에 각 1구씩 악기를 연주하거나 혹은 팔을 벌려 춤을 추고 있는 12구의 천인상을 양각하였다. 위 기단에는 우주를 대신하여 두 쌍의 사자를 배치하였는데, 이 사자들은 연꽃을 머리 위에 인 채 위 기단의 덮개돌을 떠받치고 있으며, 그 중앙에 두 손을 모아 합장하고 서 있는 공양상을 세운 것이 특이하다. 탑신부는 3층으로 각층마다 몸체와 지붕을 각각 하나씩의 돌로 짜맞추었고, 처마의 층단 받침은 모두 5단씩이다. 중심이 되는 1층 탑신 몸체에는 4면 각각 중앙에 문비형을 모각하였고, 앞면에는 인왕상, 양 측면에는 사천왕상, 그리고 뒷면에는 보살상이 양각되어 있다. 탑신부의 2층부터는 급격한 체감비율로 균형 있는 비례를 이루고 있고, 지붕의 처마 끝은 위아래단이 수평을 이루다가 네 귀에서 윗단이 살짝 들려

구례 화엄사 사사자삼층석탑

경쾌한 느낌을 준다. 탑신부에 보이는 능숙한 기법과 균제된 조형은 명공의 신품이라고 평가되고 있다. 상륜부는 네모진 상자돌과 같은 노반을 지붕 꼭대기에 놓고, 그 위는 바리때를 엎어놓은 듯한 복발을 얹었으며, 그 위로는 꼭지에 구슬을 장식한 보주로 마감하고 있다. 그런데 이것은 화엄사의 석탑에서만 볼 수 있는 매우 특이한 상륜 형식이라고 한다. 특히 위층 기단의 사자조각은 탑 구성의 중요한 역할을 하고 있어 경주 불국사 다보탑(국보 제20호)과 더불어 우리나라 이형석탑의 쌍벽을 이룬다고 한다.[21] 그리고 이 사사자삼층석탑을 본 따 석탑들이 더러 세워졌으나, 탑의 규모나 아름다움에 있어 이 탑에 미치지 못한다

---

21) 정병삼 외, 『화엄사』, 대원사, 2000, 28쪽 참조; 정영호, 앞의 글, 2002, 84쪽 참조.

구례 화엄사 각황전

고 하며, 이 석탑은 사자상을 일반형 석탑의 부재로 사용한 최초의 예이자 시원이며, 또한 아직까지 움직인 적이 없고, 원형 그대로 보전되고 있다.[22)]

셋째, '구례 화엄사 각황전'은 1962년 12월 20일 국보 제67호로 지정되었다. 화엄사를 대표하는 건물이자, 현존하는 국내의 불전 기운데 가장 큰 규모에 속한다. 원래는 3층 건물로서 내부에 『화엄경』을 새긴 석경이 있어 강당으로 사용되었을 것으로 추측되고 있다. 가구식으로 잘 짜인 석조 기단 위에 웅장하게 자리한 2층 건물로 상·하층 모두 정면 7칸·측면 5칸의 팔작지붕 다포집이다. 물론 각황전이 유명한 것은 각황전 건물이 매우 아름답고 웅장하다는 것에 있겠지만, 그것 말고도

---

22) 정영호, 앞의 글, 2002, 87~88쪽 참조.

화엄사 화엄석경

이 건물 내벽에 대리석으로 『화엄경』을 석각(石刻)했기 때문일 것이다.[23] 사실 이것은 화엄사가 옛날 화엄학의 대도량이었음을 입증하는 것이다. 본래 이름은 '장육전(丈六殿)'이었으나, 중건 때 '각황전(覺皇殿)'이라는 현판을 건 후 지금까지 각황전이라 부르고 있다. 현재 안에는 3불 4보살, 즉 석가여래·아미타여래·다보여래의 3불과 이 3불 사이에 좌로부터 관세음보살·보현보살·문수보살·지적보살 등이 봉안되어 있다.[24] 거의 최대 규모의 불상군이다. 이 공간은 조선시대의 전형적인 예불용 공간으로서 2층 외벽에 단 창문을 통해 햇빛이 불상들의 얼굴을 은은하게 비춰주고 있다. 그래서 더욱더 성스러운 공간으로 느껴진다.

넷째, '화엄사 영산회괘불탱'은 1997년 9월 22일 국보 제301호로 지

---

23) 화엄석경은 임진왜란 때 불타 그 파편들만 남아 있어 안타깝지만, 그 존재만으로도 역사적 의의가 있는 것으로 평가되고 있다. 신라에서의 석경 작업은 중국의 석경 작업과는 다른 양상을 보여준다고 하는데, 중국에서는 말법사상 때문에 석경을 조성했지만, 신라에서의 석경조성은 불사에 대한 신심에서 이루어졌기 때문이다. 물론 그 불사에 대한 비판은 있었지만 말이다.(김복순, 「화엄사 화엄석경의 조성 배경과 사적 의의」, 『화엄사·화엄석경』, 화엄사·화엄석경 보존·복원을 위한 연구논문집, 도서출판 늘함께, 2002, 119~120쪽 참조) 그리고 화엄석경은 통일신라 문무왕대에 의상대사가 화엄십찰을 건립하면서 왕명을 받아 화엄사에 장육전을 세우고, 돌판에 『화엄경』을 새긴 것으로 알려져 있다. 그러나 그 시기에는 큰 불사를 수행하기 어려운 상황이었으므로 의상계의 제자들에 의해 주도되었을 가능성이 큰 것으로 추정되고 있다.(김복순, 앞의 글, 136쪽 참조)

24) '각황전'에 봉안된 칠존불상의 조성배경, 도상 특징, 도상 양식과 편년에 대해서는 다음을 참고하기 바란다. 오진희, 「조각승 색난파와 화엄사 각황전 칠존불상」, 『강좌미술사』 26, 한국미술사 연구소, 2006, 113~138쪽.

정되었다. 가로 7.3m, 세로 10.4m 의 불화로서 1653년에 제작되었다. 화면 중앙에 항마촉지인을 결한 본존불인 석가모니불은 크게 그려져 있고, 문수보살·보현보살·사천왕·십대제자·분신불과 시방제불을 좌우에 둘러 배치하고 있다. 이 불화는 전체적으로 늘씬하고 균형 잡힌 형태와 치밀한 장식의 꽃무늬 등을 통해 17세기 중엽 불화의 특징을 잘 보여주는 걸작으로 평가되고 있는 작품이다.

화엄사 영산회괘불탱

다섯째, '남원 실상사 백장암 삼층석탑'은 1962년 12월 20일 국보 제10호로 지정되었다. 높이 5m로 낮은 기단 위에 3층의 탑신을 올린 모습이다. 각 부의 구조와 조각에서 특이한 양식과 수법을 보이고 있는데, 일반적인 탑은 위로 올라갈수록 너비와 높이가 줄어드는데 비해 이 탑은 너비가 거의 일정하며 2층과 3층 높이도 비슷하기 때문이다. 또한 층을 이루지 않고 두툼한 한 단으로 표현된 지붕돌의 받침도 당시의 수법에서 벗어나 있기 때문이다. 그리고

남원 실상사 백장암 삼층석탑

기단은 물론 탑신에서 지붕에 이르기까지 다양한 조각이 있어 탑 전체에 조각이 가득하다. 기단과 탑신괴임에는 난간모양을 새겨 멋을 내었고, 탑신의 1층에는 보살상과 신장상, 2층에는 음악을 연주하는 천인상, 3층에는 천인좌상이 새겨져 있다. 옥개석 밑면에는 연꽃무늬를 새겼고, 3층에만 삼존상이 새겨져 있다. 통일신라시대 후기에 세워진 것으로 추측되고 있는 이 탑은 갖가지 모습들의 조각이 화려하면서도 형식에 얽매이지 않은 자유로운 구조를 보여주고 있어 당시를 대표하는 아름다운 석탑 중 하나로 평가받고 있다.

구례 연곡사 동승탑

여섯째, '구례 연곡사 동승탑'은 1962년 12월 20일 국보 제53호로 지정되었다. 팔각원당을 기본형으로 삼은 승탑으로 네모난 지대석 위에 기단부, 탑신부, 상륜부를 쌓은 일반형이다. 하대석은 8각 2단이며, 하단에는 운룡, 상단의 각 면에는 사자, 얕은 간석에는 각 면마다 안상 속에 팔부신중을 조각하였다. 상대석은 중판앙련 위에 각 모서리마다 중간에 둥근 마디가 있는 주형을 세우고, 그 안에 간석에서와 같이 안상 속에 가릉빈가 1구씩을 장식하였다. 탑신 각 면에는 문비, 보여, 사천왕상 등이 얕게 조각되어 있다. 옥개석은 목조건축의 옥개부를 모방하여 이중의 서까래와 기왓골이 모각되어 있고, 지붕의 안쪽에는 구름무늬가 조각되어 있다. 상륜부는 사방으로 날개를 활짝 편 채 비상하려는 봉황을 조각한 석재를 얹고, 다시 연화문석을 중복해서 표현하고 있다. 신라시대의 다른 승탑보다 기단부가 높은 경향이 있으나 안정된 비례에 각 부의 조각수법 또한 정교하고 섬세하여 통일 신라 말기의 승탑 중 가장 아름답고 우수한 작품으로 평가받고 있다.

일곱째, '구례 연곡사 북승탑'은 1962년 12월 20일 국보 제54호로 지정되었다. 높이 3m인 이 승탑은 동승탑과 더불어 규모나 형태, 조각양식에 있어 세부적으로는 약간의 차이가 있으나 거의 동일하다. 사실 만들어진 연대도 크게 차이가 나지 않아 동승탑을 모방하여 건립된 것으로 이야기되고 있다. 팔각원당을 기본형으로 삼은 승탑으로 네모난 지대석 위에 기단부, 탑신부, 상륜부를 차례로 쌓은 일반형이다. 하대

구례 연곡사 북승탑

석은 2단으로 구성되어 있는데, 하단에 구름무늬가 조각된 팔각대석을 놓고, 그 위에 연화문을 새겨 간석을 받치고 있다. 간석 각 면에는 안상 안에 조식이 있고, 그 위에 연판 내에 꽃 그림의 두꺼운 앙련석이 있다. 그 위에는 중앙에 둥근 마디가 있는 난간을 우각마다 세웠으며, 그 사이 안상 내에 가릉빈가 1구씩을 팔면에 조각하였다. 팔각탑신 각 면은 문비, 향로, 사천왕상으로 장식되어 있다. 비교적 넓은 옥개석은 목조 건축의 양식을 따라 이중의 서까래와 기왓골 등을 정성들여 모각하였고, 아랫면에는 비천이 조각되어 있다. 상륜부는 앙련의 대석 위에 날

개를 펴고 비상하려는 네 마리의 봉황이 얹혀 있고, 다시 연화석, 보륜 등이 놓여 있다. 동승탑과 더불어 그 형태나 각 부의 조각양식에 있어서 우리나라의 대표적인 승탑으로 알려져 있다.

하동 쌍계사 진감선사탑비

여덟째, '하동 쌍계사 진감선사탑비'는 1962년 12월 20일 국보 제47호로 지정되었다. 전체 높이는 3.63m, 비신 높이는 2.13m, 비신 폭은 1.2m, 두께는 22.5cm이다. 이 비는 귀부, 비신, 이수를 완전히 갖추고 있는 비석이다. 귀부와 이수는 화강암이고, 비신은 흑대리석으로 구성되어 있다. 통일신라 후기의 탑비 양식에 따라 귀부는 머리가 용머리로 꾸며져 있으며, 귀갑에는 6각의 무늬가 간결하게 새겨져 있다. 등 중앙에는 비신을 끼우도록 만든 비좌가 큼지막하게 자리하고 있는데, 옆의 4면마다 구름무늬가 새겨져 있다. 직사각형의 비신은 여러 군데가 갈라져 손상된 상태여서 우리의 마음을 서글프게 한다. 여순사건과 6.25전쟁 때 총탄을 맞아 비신 전체에 흠집이 생긴 것으로 전해지기 때문이다. 이수에는 구슬을 두고 다투는 용의 모습이 힘차게 표현되어 있고, 앞면 중앙에 사각으로 깊이 판 제액이 마련되어 '해동고진감선사비(海東故眞鑑禪師碑)'라는 비의 명칭이 새겨져 있다. 꼭대기에는 솟은 연꽃무늬 위로 구슬모양의 머리 장식이 얹혀 있다. 887년(진성여왕 원년)에 진감선사가 옥천사라는 이름을 '쌍계사'로 고친 후에 이 비를 세웠다고 전한다. 당시 명성을 날리던 최치원이 비문을 짓고 글씨를 쓴 것으로 유명하다. 붓의 자연스런 흐름을 살려 생동감 있게 표현한 글씨는 최치원의 명성을 다시금 되새기게 할만하다. 그러나 우리가 여기에서 주목해야 하는 것은 신라시대의 선사비가 9개 정도 남아 있는데,[25] 이 진감선사탑비가 그 중 하나라는 것이다. 그래서 이 탑비는 우리나라의 석각문화를 이해하는데 큰 역할을 할 수 있다는 것이다.

3. 지리산의 전통사찰: '진리의 현현'

앞에서 살펴보았던 것은 지리산 전통사찰의 문화재 현황과 문화재, 특히 국보 문화재의 내용에 대한 일반적인 이야기였다. 문화재 전시장으로서 문화적 가치가 있다는 것이었다. 물론 다 옳은 이야기이다. 그러나 지리산의 전통사찰과 그 안에 있는 국보 문화재를 존재론적인 측면에서 살펴보면, 다시 말해 존재론적인 시선으로 바라보면 또 다른 이야기가 나타날 수 있다. 이때 이것은 지리산의 전통사찰과 그 안에 있는 국보 문화재에선 '알레테이아(비은폐성)로서의 진리'가 현현하고 있다는 것이다. 도대체 왜 그럴까? 이것을 위해 필자는 우선 '비은폐성으로서의 진리'가 무엇인지를 살펴보고, 지리산의 전통사찰과 국보 문화재에 그러한 진리가 현현하고 있음을, 그러면서 '예술-미'가 드러나고 있음을 드러내 보도록 할 것이다. 물론 여기에서 우리에게 필요한 것은 존재자적인 시선을 벗어던지고 그 존재자를 존재하게 하는 '존재의 진리'에로 향하는 시선이다.

---

25) 김복순, 앞의 글, 2002, 129쪽 참조.

1) 비은폐성으로서의 진리

진리란 무엇일까? 그것은 다양하게 이야기될 수 있겠지만, 서양의 전통에서는 대개 '지성과 사물의 일치'라고 정의된다. 말하자면 '일치설(대응설)' 말이다. 그러나 하이데거라는 철학자에 따르면 '진리'란 그리스어 '알레테이아(Aletheia)'인데, 이때 그는 이 '알레테이아'를 '진리(Wahrheit)'로 번역하지 않고 그 말 그대로 '비은폐성(Unverborgenheit)'으로 번역한다.[26) 그런데 이 '비은폐성'이란 무슨 말일까? 이때 이 '비은폐성'은 우선 '존재자의 비은폐성'을 말한다. 즉 존재자가 은폐되어 있지 않음, 존재자의 드러남, 존재자가 숨겨져 있지 않음을 의미한다.

그러나 존재자가 숨겨져 있지 않고 드러난다는 것은 무슨 말일까? 존재자는 언제나 존재와 관련 맺고 있다. 말하자면 존재자는 '존재한

---

26) 사실 '일치설'은 '비은폐성'이 발생할 때에나 가능하게 된다. 왜냐하면 비은폐성에서 그리고 비은폐성을 통해서 존재자는 비은폐된 것이 되고 드러날 것인데, 이때에야 우리는 어떤 존재자에 대해 표상하고 인식하면서 행동관계를 맺을 수 있을 뿐만 아니라 어떤 명제진리도 가능해지기 때문이다. 이것에 대해서는 다음을 참고하기 바란다. M. Heidegger, "Der Ursprung des Kunstwerkes", *Holzwege*, Vittorio Klostermann, Frankfurt, a. M., 1977, 38~39쪽.(이하에서는 UK로 표기하고 번역본『숲길』(신상희 옮김, 나남, 2008)을 참고함) 그리고 사실 일치란 "사태와 그 사태에 대해 미리 생각하고 있는 것"과의 일치, 그리고 "진술에서 생각하고 있던 것과 사태"와의 일치를 말한다.(M. Heidegger, "Vom Wesen der Wahrheit", *Wegmarken*, Vittorio Klostermann, Frankfurt a. M., 1976, 180쪽 참조) 이러한 진리에 대해 발터 비멜은 다음과 같이 말하고 있다. "대체로 진리의 정의는 진술이 그 진술의 대상에 상응한다는 진술의 진리라는 의미에서 이해되지만, 진술의 진리가 있기 위해서는 먼저 사물(사태)에 관한 우리의 특정한 파악이 요구되므로, 결국 진술의 진리는 사태의 진리에 관련되어 있는 셈이다."(W. Biemel, *Martin Heidegger in Selbstzeugnissen und Bilddokumenten*, Rowohlt, Hamburg, 1973, 68쪽(발터 비멜 지음, 신상희 옮김, 『하이데거』, 한길사, 1997, 119쪽)) '비은폐성으로서의 진리'에 대한 이하의 이야기는, 문동규, 「하이데거에서 존재의 진리: '비은폐성'」, 『범한철학』, 범한철학회, 2001 일부분을 요약, 수정한 것이다.

다'. 우리가 보듯이 이 책상이라는 존재자가 '있고', 저 컵이라는 존재자가 '있으며', 문동규라는 존재자가 의자에 앉아 '있다'. 그런데 '존재자가 존재한다'에서 '존재한다', 즉 '있다'란 무엇인가? 그것이 바로 존재자의 '존재'이다. 그래서 존재자는 언제나 존재와 관련 맺고 있는 것이다. 그렇다면 존재와 관련 맺고 있는 존재자가 숨겨져 있지 않고 드러난다는 것은 무슨 말일까? 그것은 존재자가 '존재한다'는 것으로서, 이때 존재자의 비은폐성은 존재자의 존재의 비은폐성을 말한다.

그러나 존재자는 어떻게 드러날까? 존재자는 다양하다. 그리고 상이한 존재방식(양식)으로 존재하고 있다. 그럼에도 존재자들은 존재 안에서 있다. 이때 존재자들은 드러난다. 그러나 존재자는 그냥 드러나는가? 아니다. 존재자는 '존재의 환한 밝힘이 발생할 때' 드러난다. 즉 존재의 환한 밝힘이 발생할 때, 존재자는 비은폐된다는 것이다. 그래서 환한 밝힘은 존재자는 아니지만 존재와 떨어질 수 없는 것이다. 그런데 환한 밝힘이 발생할 때 존재자가 드러난다면, 존재자가 드러날 수 있는 장이 있어야 할 것이다. 그것이 바로 환히 밝혀진 곳(열린 장)이다. 따라서 존재자는 환한 밝힘의 환히 밝혀진 곳 안으로 들어설 때에만 그의 존재에 있어 존재자로 개방된다. 다시 말해 존재자가 비은폐된 것으로 존재할 수 있는 것은 존재의 환한 밝힘의 훤히 밝혀진 곳 안으로 들어서는 한에서만 가능하다는 것이다.[27)]

그렇다면 존재자가 비은폐된 것으로 나타나려면 일단 존재의 환한 밝힘이 발생해야만 할 것이다. 그리고 이러한 환환 밝힘의 발생 덕택에 "존재자는 아무리 변화무상한 방식과 모습으로 있을지라도 비은폐적

---

27) UK, 40쪽 참조.

인 것으로 존재하게"[28]될 것이다. 그런데 이 환한 밝힘은 닫힌 것과 관련해서만 있을 수 있다. 왜냐하면 하나의 환히 밝혀져 열려짐이란 닫혀 있음이 없다면 가능하지 않을 것이기 때문이다. 이때 이러한 '닫혀 있음', 즉 환한 밝힘과 관련 있는 '닫힌 것'이란 도대체 무엇일까? '은폐'다. 물론 이 은폐는 '비은폐성'의 본질에 속해 있다. '비은폐성'은 '비-은폐성'이기 때문이다. 그래서 '비은폐성'의 온전한 본질은 환한 밝힘의 밝혀지는 측면을 통해서만 규정되는 것이 아니라 은폐와의 연관성 속에서 이야기 되어야 할 것이다. 따라서 어쨌든 존재자는 환한 밝힘의 발생에서 존재자로서 존재하는데, 그렇다고 완전하게 그리고 획일적으로 비은폐되지는 않는다. 존재자가 이렇게 완전히 획일적으로 드러나지 않는다면, 그때 존재자는 당연히 '유한한 방식으로' 비은폐되어 있을 것이다. 무슨 말인가?[29] 존재자는 비은폐된 것으로 존재하는 동시에 또한 은폐된 것으로도 존재한다는 것을 말한다. 물론 이 은폐된 것은 "오직 환히 밝혀진 곳이라는 활동공간 안에서만"[30] 은폐되어 있을 수 있고, 자신이 비은폐성에서부터 스스로 물러나 있는 만큼 은폐되어 있을 수 있다. 그렇다면 존재자는 존재의 환한 밝힘의 발생에 있어 '비은폐된 것-은폐된 것'일 것이다.

사실 이러한 것은 '비은폐성'이라는 낱말을 살펴보면 쉽게 이해된다. '비은폐성'은 '비-은폐성'이다. 즉 '비은폐성'은 '비'와 '은폐성'으로 이

---

28) UK, 40쪽.

29) F. -W. v. Herrmann, *Heideggers Philosophie der Kunst, Eine systematische Interpretation der Holzwege-Abhandlung "Der Ursprung des Kunstwerkes"*, Frankfurt, 1980, 202쪽 참조.(이기상·강태성 옮김, 『하이데거의 예술철학』, 문예출판사, 1997, 306쪽 참조)

30) UK, 40쪽.

루어져 있다. 그런데 이때 이것은 한편으로는 '비', 즉 은폐성의 제거(은폐성으로부터 벗어남, 탈은폐)에, 다른 한편으로는 '은폐'에 유의해 볼 것을 지시하고 있기 때문이다.31) 그러나 비은폐성이 은폐로부터 벗어나는 것이라면, 비은폐성은 은폐와 투쟁하는 관계에 있을 것이다. 그래서 '비-은폐성'은 탈은폐와 은폐 사이의 투쟁관계를 보여준다. 이때 그 '은폐'는 무엇인가? 은폐의 방식에는 크게 두 가지가 있는데, 그것은 '프세우도스'(ψεύδος, 위장)와 '레테'(lethe, 거부)이다. 우선 프세우도스는 보통 표상과 발언의 '비정향성(올바르지 않음)'이라는 의미에서 '허위'라고 번역되나 하이데거에 따르면 프세우도스의 본질은 "위장"32), 즉 실재와는 다르게 나타나는 '잘못-놓음'이다. 다음으로 존재자가 비은폐되더라도 그 비은폐가 약하면 약할수록 탈은폐는 더욱 약해질 것이고, 반면에 은폐는 더욱 더 강해질 것인데, 이때의 은폐가 바로 "거부"33)이다. 물론 이 거부는 '망각'을 의미하는 그리스어 '레테'에서 발견될 수 있는 것으로서 "무제한적인 탈은폐"34)의 '거부'를 말한다. 그래서 이 레테인 거부는 사태를 '간직하고 보존하는 것'35)으로서 사실 환한 밝힘

---

31) M. Heidegger, *Parmenides*, Vittorio Klostermann, Frankfurt, a. M., 1982, 20쪽 참조.(이하에서는 Parmenides로 표기함)

32) UK, 40쪽; Parmenides, 91쪽. 하이데거는 '프세우도스'라는 이 낱말의 주도적인 근본 의미를 '위장'이라고 말한다. 왜냐하면 '위장'은 아직은 주관적인 행동을 의미하는 것이 아니라, 객관적인 사건을 의미하기 때문이며, 특히 그리스인들은 '진실'과는 다르게 나타나는 위장을 '존재자로부터 일어나는' 사건으로 경험했기 때문이다.(Parmenides, 47쪽 참조)

33) UK, 40쪽.

34) M. Heidegger, *Zur Sache des Denkens*, Zweite, unveränderte Auflage, Max niemeyer, Tübingen, 1976, 23쪽. (이하에서는 번역본 『사유의 사태로』(문동규·신상희 옮김, 길, 2008)로 인용함)

35) 『사유의 사태로』, 174쪽 참조.

을 가능하게 하는 비은폐성의 "핵심(Herz, 중심)"[36]이요 시원이다. 왜냐하면 이러한 무제한적인 탈은폐로서의 거부인 은폐는 '환히 밝혀진 곳의 환한 밝힘의 시원'[37]으로서 환한 밝힘과 탈은폐를 선행하고 있는 은폐이기 때문이다. 더군다나 환한 밝힘은 거부라는 은폐로부터 비롯되기 때문이다.

이상과 같은 이야기에 따르면 '비-은폐성'으로서의 진리는 '위장'과 '거부'라는 이중적인 은폐에 본질적으로 지배되고 있다. 그래서 비은폐성으로서의 진리는 단지 개방되기만 하는 것은 아니다. 그렇다면 비은폐성으로서의 진리의 완전한 본질은 바로 이러한 이중적인 은폐와 탈은폐 사이의 투쟁적인 상호작용 또는 통일 속에서 찾아져야 할 것이다. 그러나 여기에서 우리가 유의해야 하는 것은 은폐가 완전히 제거되어야 할 결함으로 생각되어서는 안 된다는 점이다. 사실 탈은폐는 은폐를 완전히 제거할 수 없을 뿐만 아니라, 탈은폐가 고유한 방식으로 현성하기 위해서는 오히려 은폐를 본질적으로 필요로 하기 때문이다. 은폐 없는 탈은폐란 있을 수 없을 것이기 때문이다.

비은폐성로서의 진리의 본질이 이러한 것이라면, '비은폐성'은 결코 단순히 정적인 상태로 파악되어서는 안 되고, 은폐와 탈은폐 사이의 끊임없는 투쟁이 벌어지는 발현의 사태로 이해되어야 할 것임은 분명하다. 그래서 "진리의 본질 속에 환한 밝힘과 은폐 사이에 존립하고 있는 대립적 성격"[38], 이것이 바로 진리의 "근원적 투쟁의 대립"[39]이다.

---

36) 『사유의 사태로』, 166쪽, 174쪽.

37) UK, 40쪽 참조.

38) UK, 42쪽.

39) UK, 42쪽.

그렇다면 비은폐성으로서의 진리란 무엇일까? 그것은 명제의 한 속성도 아니고 존재자가 드러나는 사태의 한 속성도 아니다. 그것은 일종의 발생 사건으로서 '열린 한가운데'를 쟁취하려는 '근원투쟁(Urstreit)'이다.[40]

2) 지리산의 전통사찰: 진리의 현현과 '예술-미'의 현현

앞에서 보았듯이 지리산 전통사찰은 문화재 전시장이자 하나의 불국토이다. 그렇지만 지리산 전통사찰들은 각각의 측면에서 보면 하나의 존재자이다. 이를테면 천은사, 화엄사, 연곡사, 칠불사, 쌍계사, 한산사, 법계사, 내원사, 대원사, 벽송사, 영원사, 실상사 등은 각각의 존재자이다. 그리고 하나의 존재자인 지리산 전통사찰 각각에는 또한 다양한 존재자가 있으며, 예술작품 또한 즐비하다. 국보로 지정된 문화재들 말이다. 그럼에도 이것들 또한 그 각각의 측면에서 하나의 존재자이다.

그런데 이러한 다양한 존재자들은 당연히 다양한 존재방식으로 존재한다. 그리고 그렇게 존재하는 존재자들은 존재자로 드러난다. 그러나 이러한 존재자는 그냥 드러나는 것이 아니라 존재의 환한 밝힘이 발생할 때 드러난다. 그렇지만 앞에서 보았듯이 존재자가 존재자로서 드러나기 위해서는 '환한 밝힘'과 '은폐'가 있어야 할 것이다. 물론 환한 밝힘은 모든 것이 다 투명하게 드러나는 그러한 것은 아니다. 그것은 언제

---

40) UK, 42쪽 참조. 여기서 열린 한가운데는 "거기에 존재자가 들어서 있으면서도 거기로부터 존재자가 스스로를 자기 자신에게로 물어나 세우는"(UK, 42쪽) 장소, 즉 환히 밝혀진 곳, 다시 말해 열린 장을 말한다.

나 무언가가 은폐되어 있는 환한 밝힘이지 '무제한적인 탈은폐'가 아니기 때문이다. 그래서 존재하는 모든 것들에는 탈은폐와 은폐가 공존하고 있는데, 이를테면 드러나는 것은 언제나 숨겨져 있는 것을 전제하고 있다는 것이다. 존재자는 그런 전제 속에서나 우리에게 나타나 자신을 드러내 보인다는 것이다.[41] 따라서 하나의 존재자에서 우리가 읽어내야 하는 것은 단지 우리 눈앞에 드러나 보이는 것만이 아니라 우리 눈으로 볼 수 없는 은폐되어 있는 것이 될 것이다. 도대체 무엇일까?

우리의 주제인 지리산 전통사찰로 돌아가 보자. 지리산의 전통사찰 각각뿐만 아니라 그 안에 간직되어 있는 문화재들을 우리는 무엇이라고 부를 수 있을까? 그것들 각각은 사실 하나의 존재자이자 사물이다. 그런데 사물이란 무얼까? 사물은 대체로 물질세계에 있는 모든 구체적이며 개별적인 것을 통틀어 이르는 말로서 '지각 가능한 속성들을 갖추고 있는 무엇'[42], '어떤 공간을 채우고 있는 불가입성의 물질, 생명이 없거나 경우에 따라서는 생명이 있는 존재자'로 이해되면서 우리의 인식론적 대상 또는 무언가를 위한 사용수단 내지는 도구로 여겨지고 있다.[43] 그러나 사물이 그렇게만 이해될 수 있는 것은 아니다. 고대 고지독일어에 따르면 '모아들임'이 '사물(thing)'인데,[44] 이것은 '사물'이 '무

---

41) 그렇다면 여기에서 우리는 우리가 우리 눈에 보이지 않아 말할 수 없는 것이 있다는 것을 알 수 있을 것이다(이기상, 『하이데거의 생애와 사상 그리고 그 영향』, 누멘, 2010, 345쪽 참조).

42) M. Heidegger, "Bauen Wohnen Denken", *Vorträge und Aufsätze*, Vierte Auflage, Günter Neske, Pfullingen, 1978, 148쪽 참조(이하에서는 BWD로 표기하고, 번역본 『강연과 논문』(이기상·신상희·박찬국 역, 이학사, 2008)을 참고함).

43) 문동규, 「'이상적인 삶': '본래적인 거주하기」, 『범한철학』 제52호, 범한철학회, 2009, 319~320쪽 참조.

44) M. Heidegger, "Das Ding", *Vorträge und Aufsätze*, Vierte Auflage, Günter Neske,

언가'를 모아들인다는 것을 말하기 때문이다.

물론 사람들은 지리산 전통사찰과 그 안에 간직되어 있는 문화재들 각각을 우리가 보통 알고 있는 하나의 사물, 즉 인식론적 대상이거나 우리가 사용하기 위한 수단 내지는 도구라고 여기지는 않을 것이다. 불국토, 문화재 전시장, 예술작품들이 모여 있는 전시장, 불교도들의 신앙심을 불러일으키는 곳, 지리산권 어느 지역에 있는 사찰, 언제 누가 어떤 배경 하에서 창건한 사찰, 불교의 어느 종단에 소속되어 있는 사찰 등등이라고 말할지 모른다. 옳은 이야기다. 왜냐하면 이러한 것들은 다 지리산 전통사찰을 이해하는데 도움을 줄 수 있는 이야기이기 때문이다. 그러나 우리의 시선을 존재론적인 방향으로 돌리면 다른 이야기가 가능해진다. 도대체 무엇일까?

위에서 보았듯이 사물은 무언가를 모아들이는 것이다. 그런데 우리가 지리산 전통사찰과 그 안에 있는 문화재들을 무언가를 모아들이는 사물로 받아들인다면, 하나의 사물인 지리산 전통사찰과 그 안에 있는 문화재들은 '무언가'를 모아들이고 있을 것이다. 도대체 무엇인가? 그것은 바로 '땅', '하늘', '신적인 것들', '인간'이라는 '넷(die Vier)'이다.[45] 물론 이때 땅은 어떤 새로운 땅이 아니라 우리가 이 세상을 살아가면서 언제나 만나고 경험하는 그런 땅, 즉 하천과 암석 그리고 동물과 식물을 돌보면서 그것들을 떠받치고 있을 뿐만 아니라 그것들에게 자양분을 공급해주면서 열매를 맺게 하는 그런 땅을 말한다.[46] 그리고 하늘

Pfullingen, 1978, 166쪽 참조(이하에서는 Ding으로 표기하고, 번역본 『강연과 논문』 (이기상·신상희·박찬국 역, 이학사, 2008)을 참고함).

45) Ding, 170쪽 참조.

46) 문동규, 「사방-세계와 인간의 거주하기」, 『남도문화연구』 19, 순천대학교 지리산권 문화연구원 남도문화연구소, 2010, 222쪽 참조. "땅은 봉사하면서 떠받치고 있는 것,

은 우리가 보통 천문학적으로 이해하는 천체 또는 '물리학적-기하학적' 공간으로 알고 있는 그러한 하늘이 아니라, 우리가 이 세상을 살아가면서 언제나 만나고 경험하는 생활 세계적인 하늘, 즉 별들이 총총 떠 있으면서 광채가 빛나는 그런 하늘을 말한다.[47] 다음으로 신적인 것들은 신들의 말을 죽을 자들인 우리 인간에게 눈짓으로 알려오는 자, 즉 사자들(Boten)을 말한다.[48] 마지막으로 인간은 죽음을 죽음으로서 흔쾌히 받아들일 수 있는 능력을 지니고 있는 자들인 죽을 자이다.[49]

그런데 이 넷, 즉 '땅, 하늘, 신적인 것들, 인간'은 각각 놀이를 한다. 자신의 모습을 고유하게 펼친다는 것이다. 그러나 그것들은 서로 서로를 헤치는 것이 아니라 함께 어울려 논다. 즉 반영한다. 이때 서로 함께 어울려 놀고 서로를 반영하면서 나타나는 것이 바로 사방(Geviert)으로서의 세계(Welt)다.[50] 그래서 이러한 넷을 불러 모아들이고 있는 지리산

꽃을 피우며 결실을 맺게 해주는 것이며, 암석과 하천 이르기까지 확장되어 있고 식물과 동물에 이르기까지 퍼져 있다."(BWD, 143쪽) "땅은 하천과 암석, 식물과 동물을 보살피면서, 건립하며 떠받치고 있는 것, 길러주며 결실을 맺게 해주는 것이다."(Ding, 170쪽)

47) 문동규, 위의 글, 226쪽 참조. "하늘은 태양의 운행, 달의 진행, 별들의 광채, 사계절, 낮의 빛과 여명이며, 밤의 어둠과 밝음이며, 날씨의 은혜와 궂음이며, 흘러가는 구름과 에테르의 푸른 깊이이다."(Ding, 171쪽)

48) 문동규, 위의 글, 228쪽 참조. "신적인 것들은 신성(Gottheit)을 눈짓하는 使者들이다. 이 신성의 성스러운 주재함으로부터 신은 그의 현재 속으로 나타나거나 혹은 그의 감춤 속으로 스스로 물러난다."(BWD, 144쪽) "신적인 것들은 신성을 눈짓하는 사자들이다. 이 신성의 은닉된 주재함으로부터 신은 현존하는 것과의 모든 비교에서 스스로 물러나는 그런 자신의 본질 속으로 나타난다."(Ding, 171쪽)

49) 문동규, 위의 글, 232쪽 참조. "죽을 자들을 우리가 이제 죽을 자들이라고 부르는 까닭은, 지상에서의 그들의 삶이 끝나기 때문이 아니라, 오히려 죽음을 죽음으로서 흔쾌히 받아들일 수 있기 때문이다. 죽을 자들은 죽을 자들로서 존재의 산맥 안에서 현성하면서 그들 자신으로 존재한다. 죽을 자들은 존재로서의 존재에 대해 현성하는 그런 관계이다."(Ding, 171쪽)

전통사찰과 그 안에 있는 문화재들은 세계를 '펼치고' 있는 것이다. 그런데 '세계를 펼치고 있다'고 할 때, '펼친다'라는 것은 무슨 말일까? 그것은 바로 세계가 세계로서 현성한다는 것을 말한다. 그러나 이러한 것이 지리산의 전통사찰과 그 안에 간직되어 있는 문화재들에서 우리 눈에 보일까? 결코 그렇지 않다. 사실 그러한 것이 그것들에서 현현하고 있지만, 우리의 시각은 각각의 사찰과 각각의 문화재들의 모습에 머문다.

그런데 우리가 또 주목해야 하는 것은 존재자의 존재의 진리가 현성할 때, 즉 세계가 현성할 때, 지리산 전통사찰 각각의 문화재에서 '예술-미'가 현현하고 있다는 사실이다. 도대체 무슨 말인가? 일단 예술작품이란 무엇일까? 예술작품은 하나의 존재자이다. 그렇다고 우리가 사용하는 도구적 존재자와 단순히 우리 눈앞에 있는 자연적 존재자는 아니다. 그것은 '작품'이라는 존재자이다. 그런데 '작품'이란 무엇인가? 우선 작품은 만들어지는 것이다. 이때 작품은 어떤 것을 모사하는 것이 결코 아니다. 그리고 우리의 사용(쓸모)을 위해 만들어지는 것도 아니고, 그저 자생적인 것도 아니다. 그래서 작품은 '도구적 존재'와 '눈앞에 있는 존재'에서가 아니라 '작품존재'에서 자신을 환히 드러낸다. 그러니까 존재자의 존재방식은 다양한데, 이 작품이라는 존재자는 자신의 '작품존재'에서 자신을 드러낸다는 것이다. 그러나 작품이라는 존재자가 작품존재에서 자신을 드러낸다는 것'은 무슨 말인가? 그것은 바로 하나의 존재자가 존재자로서 자신을 드러낸다는 말로서 존재자의 존재의 진리가 드러난다는 것을 말한다.

앞에서 보았듯이 지리산 전통사찰 내에 있는 각각의 문화재는 하나의

---

50) Ding, 172쪽 참조.

사물이자 존재자로서 우리들에게 자신을 내보이고 있다. 즉 거기에는 존재자의 비은폐성이 성하고 있다. 다시 말해 그것들에는 존재자의 존재의 진리가 성하고 있다. 말하자면 지리산 전통사찰 안에 있는 각각의 문화재인 예술작품 속에는 존재자의 존재의 진리가 스스로를 정립하고 있다. 그런데 이때 진리는 그것들 각각에서 빛난다. 다시 말해 알레테아로서의 진리가 그것들 각각에서 환히 밝혀진다. 그러나 이때 우리가 주목해야하는 것은 존재자의 존재가 자신의 빛남(Scheinen)을 그것들 각각에 퍼트리는데, 이렇게 퍼트러진 빛남이 바로 아름다움(Schönheit, 미)이라는 것이다.[51] 그래서 아름다움이란 우리의 미적인 체험의 대상만이 아니라 "진리가 비은폐성으로서 현성하는 하나의 방식"[52]인 것이다. 따라서 지리산 전통사찰의 문화재들에는 '예술-미'가 현현하고 있는 것이리라.

이상과 같은 이야기에 따르면 지리산 전통사찰과 그 안에 간직되어 있는 문화재들은 어떻게 이해될 수 있을까? 지리산 전통사찰과 각각의 문화재들에는 진리가 현현하고 있을 것이다. 그리고 그 문화재들은 예술미의 현현으로서의 예술작품들일 것이다. 그러나 이때 우리가 주목해야 하는 것은 아름다움의 현현인 '빛남'은 단지 우리 눈에 보이는 드러남이 아니라 감춰져 있는 것의 나타남이라는 것이다.[53] 그래서 우리가 감춰져 있는 것과 빛남의 연관을 보지 못한다면, 우리는 우리 눈에만 보이는 존재자에 시선을 고정시키고 미학적인 입장 내지는 일반적인 시각에서 지리산의 전통사찰과 그 안에 간직되어 있는 각각의 문화

---

51) UK, 43쪽 참조.
52) UK, 43쪽.
53) 이기상, 앞의 책, 344~345쪽 참조.

재들을 살펴볼 것이다. 그때 우리는 당연히 그것들 자체에서 발현하고 있는 존재의 진리의 사태를 놓칠 것이고, 단지 우리 눈에 보이는 것만을 말할 것이다. 따라서 그때에는 단적인 예이지만, '화엄사'에서 '화엄', '실상사'에서 '실상', '법계사'에서 '법계'를 보지 못할 것이며, '화엄사 사사자삼층석탑'에서 '실존의 세계'를 보지 못할 것이며, '연곡사 동승탑'에서 '예술-미'를 보지 못할 것이다. 그러나 그러한 은폐된 것을 볼 수 있다면, 우리가 방문하여 그곳에서 드러나는 사태를 만끽할 수 있는 지리산 전통사찰들은 한갓되게 문화재들이 간직되어 보존되고 있는 그러한 공간 내지는 사찰이 아니라 비은폐와 은폐 사이의 근원투쟁 속에서 드러나는 존재의 진리의 사태가 발현하는 곳이자, 그 존재의 진리를 통해 빛나는 아름다움이 현현하는 장소가 될 것이다.

4. 다시 보이는 지리산의 전통사찰

지리산에는 전통사찰, 즉 '지리산의 전통사찰'이 12개 있는데, 그것은 '천은사, 화엄사, 연곡사, 칠불사, 쌍계사, 한산사, 법계사, 내원사, 대원사, 벽송사, 영원사, 실상사' 등이다. 그리고 이 전통사찰에는 국보 8점, 보물 39점, 시도유형문화재 25점, 시도문화재자료 4점이 보유되어 있다. 이러한 문화재들 중 국보 문화재 8점의 명칭은 '구례 화엄사 각황전앞석등, 구례 화엄사 사사자삼층석탑, 구례 화엄사 각황전, 화엄사 영산회괘불탱, 남원 실상사 백장암 삼층석탑, 구례 연곡사 동승탑, 구례 연곡사 북승탑, 하동 쌍계사 진감선사탑비' 등등이다. 이러한 전통사찰과 그 안에 간직되어 있는 문화재, 특히 국보 문화재에 종교적·역사적 가치가 서려 있음은 물론이다. 그래서 지리산 전통사찰은 문화재 전시장이다.

그런데 지리산 전통사찰과 그 안에 간직되어 있는 문화재들은 예술적 가치 또한 가지고 있다. 이때 그것들이 예술적 가치를 가지고 있다는 것은 그것들이 단지 아름다워서 우리에게 아름다움의 대상, 즉 미적 체험의 대상이라고 말하는 것은 아니다. 왜냐하면 사실 아름다움이란 진리의 현현을 통해 드러나는 진리의 빛남이기 때문이다. 그리고 그 진리의 빛남은 감춰진 것, 다시 말해 은폐된 것과의 연관 속에서 드러난 것이기 때문이다. 그래서 우리가 지리산 전통사찰과 그 안에 간직되어 있는 문화재들에서 이러한 은폐된 것을 볼 수 있다면, 그것들은 우리 눈에 보이는 것을 벗어난 새로운 사태들일 것이다. 사실은 새로운 사태가 아니지만 말이다. 물론 이러한 사태는 한갓된 미학적이고 표상적인 사유 방식에서 나타나는 것이 아니라 존재론적인 사태를 직시할 때 나타나는 것이리라.

그렇다고 지리산 전통사찰과 그 안에 있는 문화재들이 종교적, 역사적, 문화적 가치가 없다는 것은 결코 아니다. 그것은 그것들 나름대로 의미가 있는 것들이다. 그러나 그러한 것들은 존재자를 지향하는 시선 속에서 나타난 것이라는 것에 우리는 주목해야 한다. 그렇지만 존재론적인 시각에서는 그러한 것 말고 진리가 현현하고, 그것을 통해 '예술-미'가 드러난다는 것에 또한 우리는 주의를 기울일 필요가 있다. 물론 이것은 우리 눈에 보이지 않아 은폐된 것이지만, 이러한 은폐된 것을 우리가 읽어내지 못한다면, 사실 우리는 우리가 만끽한다고 생각하는 지리산 전통사찰과 그 안에 간직되어 있는 문화재들의 일부분만 보는 것에 불과하리라.

부록 1 : 지리산 전통사찰 문화재 목록

1. 천은사: 전라남도 구례군 광의면 방광리

구분	종류	지정 번호	문화재명	지정시기	소유/관리자
국가 지정	보물	924	천은사극락전아미타후불탱화	1987.07.16	천은사/천은사
		1340	천은사괘불탱	2002.07.02	천은사/천은사
		1546	구례천은사금동불감	2008.03.12	천은사/천은사
전남 지정	시도유형문화재	50	천은사 극락보전	1974.09.24	천은사/천은사
	문화재자료	35	천은사 일원	1984.02.29	천은사/천은사

2. 화엄사: 전라남도 구례군 마산면 황전리

구분	종류	지정 번호	문화재명	지정시기	소유/관리자
국가 지정	국보	12	구례 화엄사 각황전앞석등	1962.12.20	화엄사/화엄사
		35	구례 화엄사 사사자삼층석탑	1962.12.20	화엄사/화엄사
		67	구례 화엄사 각황전	1962.12.20	화엄사/화엄사
		301	화엄사 영산회괘불탱	1997.09.22	화엄사/화엄사
	보물	1040	구례 화엄사 화엄석경	1990.05.21	화엄사/화엄사
		132	구례 화엄시 동오층 석탑	1963.01.21	화언사/하엄사
		133	구례 화엄사 서오층석탑	1963.01.21	화엄사/화엄사
		299	구례 화엄사 대웅전	1963.01.21	화엄사/화엄사
		300	구례 화엄사 원통전앞사자탑	1963.01.21	화엄사/화엄사
		1348	화엄사 서오층석탑 사리장엄구	2002.10.19	화엄사/화엄사
		1363	화엄사 대웅전 삼신불탱	2003.02.03	화엄사/화엄사
		1548	구례 화엄사 목조비로자나삼신불좌상	2008.03.12	화엄사/화엄사
	사적	505	구례 화엄사	2009.12.21	국·사유/화엄사
	명승	64	지리산 화엄사일원	2009.12.21	국·사유/화엄사

전남 지정	시도유형문화재	49	화엄사 보제루	1974.09.24	화엄사/화엄사
		132	화엄사 구층암석등	1986.02.07	화엄사/화엄사

3. 연곡사: 전라남도 구례군 토지면 내동리

구분	종류	지정 번호	문화재명	지정시기	소유/관리자
국가 지정	국보	53	구례 연곡사 동승탑	1962.12.20	연곡사/연곡사
		54	구례 연곡사 북승탑	1962.12.20	연곡사/연곡사
	보물	151	구례 연곡사 삼층석탑	1963.01.21	연곡사/연곡사
		152	구례 연곡사 현각선사탑비	1963.01.21	연곡사/연곡사
		153	구례 연곡사 동승탑비	1963.01.21	연곡사/연곡사
		154	구례 연곡사 소요대사탑	1963.01.21	연곡사/연곡사

4. 칠불사: 경상남도 하동군 화개면 범왕리

구분	종류	지정 번호	문화재명	지정시기	소유/관리자
경남 지정	시도유형문화재	144	칠불사 아자방지	1976.12.20	칠불사/칠불사

5. 쌍계사: 경상남도 하동군 화개면 운수리

구분	종류	지정 번호	문화재명	지정시기	소유/관리자
국가 지정	국보	47	하동 쌍계사 진감선사탑비	1962.12.20	쌍계사/쌍계사
	보물	380	하동 쌍계사 승탑	1963.01.21	쌍계사/쌍계사
		500	하동 쌍계사 대웅전	1968.12.19	쌍계사/쌍계사
		925	쌍계사팔상전영산회상도	1987.07.16	쌍계사/쌍계사
		1364	쌍계사 대웅전 삼세불탱	2003.02.03	쌍계사/쌍계사
		1365	쌍계사 팔상전 팔상탱	2003.02.03	쌍계사/쌍계사
		1378	하동 쌍계사 목조석가여래 삼불좌상 및 사보살입상	2003.08.21	쌍계사/쌍계사
		1696	하동 쌍계사 감로왕도	2010.12.21	쌍계사/쌍계사
		1701	하동 쌍계사 동종	2010.12.21	쌍계사/쌍계사

경남 지정	시도유형문화재	28	쌍계사 석등	1972.02.12	쌍계사/쌍계사
		86	쌍계사 일주문	1974.02.16	쌍계사/쌍계사
		87	쌍계사 팔상전	1974.02.16	쌍계사/쌍계사
		123	쌍계사 명부전	1974.12.28	쌍계사/쌍계사
		124	쌍계사 나한전	1974.12.28	쌍계사/쌍계사
		126	쌍계사 천왕문	1974.12.28	쌍계사/쌍계사
		127	쌍계사 금강문	1974.12.28	쌍계사/쌍계사
		185	쌍계사소장불경책판	1979.12.29	쌍계사/쌍계사
		384	쌍계사 삼장보살탱	2003.04.17	쌍계사/쌍계사
		385	쌍계사 팔상전 신중탱	2003.04.17	쌍계사/쌍계사
		386	쌍계사 국사암 아미타후불탱	2003.04.17	쌍계사/쌍계사
		413	쌍계사 사천왕상	2004.10.21	쌍계사/쌍계사
	기념물	21	지리산 쌍계사	1974.12.28	쌍계사/쌍계사
	문화재자료	46	쌍계사 적묵당	1983.07.20	쌍계사/쌍계사
		48	쌍계사 마애불	1983.07.20	쌍계사/쌍계사
		153	쌍계사 설선당	1985.11.14	쌍계사/쌍계사

6. 한산사: 경상남도 하동군 악양면 평사리

구분	종류	지정 번호	문화재명	지정시기	소유/관리자
경남 지정	문화재자료	286	하동 한산사 탱화	2000.01.25	한산사/한산사

7. 법계사: 경상남도 산청군 시천면 중산리

구분	종류	지정 번호	문화재명	지정시기	소유/관리자
국가 지정	보물	473	산청 법계사 삼층석탑	1968.12.19	법계사/법계사

8. 내원사: 경상남도 산청군 삼장면 대포리

구분	종류	지정 번호	문화재명	지정시기	소유/관리자
국가 지정	보물	1021	석남암수 석조비로자나불좌상	1990.03.02	내원사/내원사
		1113	내원사 삼층석탑	1992.01.15	내원사/내원사

9. 대원사: 경상남도 산청군 삼장면 유평리

구분	종류	지정 번호	문화재명	지정시기	소유/관리자
국가 지정	보물	112	산청 대원사 다층석탑	1992.01.15	대원사/대원사
경남 지정	시도유형문화재	361	산청 대원사 신중도	2001.02.22	대원사/대원사
		362	산청 대원사 강희신사명반자	2001.02.22	대원사/대원사

10. 벽송사: 경상남도 함양군 마천면 추성리

구분	종류	지정 번호	문화재명	지정시기	소유/관리자
국가 지정	보물	474	함양 벽송사 삼층석탑	1968.12.19	벽송사/벽송사
경남 지정	시도유형문화재	314	경암집책판	1997.01.30	벽송사/벽송사
		315	묘법연화경책판	1997.01.30	벽송사/벽송사
		316	벽송당지엄영정	1997.01.30	벽송사/벽송사
	민속자료	2	벽송사 목장승	1974.12.24	벽송사/벽송사

11. 영원사: 경상남도 함양군 마천면 삼정리

구분	종류	지정 번호	문화재명	지정시기	소유/관리자
경남 지정	시도유형문화재	445	함양영원사부도군	2006.07.20	영원사/영원사

12. 실상사: 전라북도 남원시 산내면 입석리

구분	종류	지정 번호	문화재명	지정시기	소유/관리자
국가 지정	국보	10	남원 실상사 백장암 삼층석탑	1962.12.20	백장암/백장암
	보물	33	남원 실상사 수철화상탑	1963.01.21	실상사/실상사
		34	남원 실상사 수철화상탑비	1963.01.21	실상사/실상사
		35	남원 실상사 석등	1963.01.21	실상사/실상사
		36	남원 실상사 승탑	1963.01.21	실상사/실상사
		37	남원 실상사 동·서 삼층석탑	1963.01.21	실상사/실상사
		38	남원 실상사 증각대사탑	1963.01.21	실상사/실상사
		39	남원 실상사 증각대사탑비	1963.01.21	실상사/실상사
		40	남원 실상사 백장암 석등	1963.01.21	백장암/백장암
		41	남원 실상사 철조여래좌상	1963.01.21	실상사/실상사
		420	백장암 청동은입사향로	1965.07.16	백장암/금산사 성보박물관
		421	남원 실상사 약수암 목각아미타여래설법상	1965.07.16	약수암/금산사 성보박물관
	사적	309	남원 실상사	1984.10.19	국유, 사유/ 실상사
전북 지정	시도유형문화재	45	실상사 극락전	1974.09.27	실상사/실상사
		88	실상사위토개량성책	1979.12.27	실상사/실상사
		137	실상사 동종	1992.06.20	실상사/실상사

부록 2 : 지리산 전통사찰의 문화재 종류와 수

사찰/합계	국보	보물	시도유형문화재	시도문화재자료	비고
화엄사	4	8	2		사적 505호 및 명승 64호
연곡사	2	4			
쌍계사	1	8	12	3	경남지정 기념물 21호
실상사	1	11	3		사적 309호
칠불사			1		
천은사		3	1		전남 문화재자료 35호
대원사		1	2		
법계사		1			
벽송사		1	3		경남 민속자료 1
영원사			1		
한산사				1	
내원사		2			
합계	8	39	25	4	

지리산권의 서원과 성리학의 전개

◉

김기주

1. 서원으로 그려보는 성리학 전개의 지형도

주한민(朱漢民)의 『중국서원문화간사(中國書院文化簡史)』에 따르면, 중국에서 서원이라는 명칭이 처음으로 등장한 것은 『신당서(新唐書)』의 「백관지(百官志)」이다. 당(唐, 618~907)나라가 건국된 지 100년 뒤인 현종(玄宗) 개원(開元) 6년(서기 718)에 '여정수서원(麗正修書院)'이라는 명칭이 처음으로 역사에 등장하였고, 7년 뒤인 725년에는 그 명칭을 다시 '집현전서원(集賢殿書院)'으로 고쳤다. 이렇게 등장한 당시의 서원은 정부 도서관과 출판사 외에 황제에게 인재를 천거하거나 정부의 자문기구 역할을 수행하는 정부기관이었다.

이렇게 서원이 정부기관으로 등장한 후, 어느 때인지는 확실하지 않지만, 당나라 때에 이미 민간에 서원이라는 명칭을 사용하는 곳이 생겨나기 시작하였는데, 그 대부분이 유자(儒者)들의 개인적인 독서공간이자 학문연구 공간이었다. 이와 같은 개인 독서공간으로서의 서원에 대한 기록은 『전당시(全唐詩)』와 여러 지방지에서 확인할 수 있다. 먼저 『전당시』의 몇몇 시(詩)에서 당시 서원의 명칭을 확인할 수 있는데, 이

필서원(李泌書院), 이관중수재서원(李寬中秀才書院) 등과 같이 대부분 서원을 세운 인물의 이름으로 서원의 명칭을 삼았다. 또한 이 시기 몇몇 지방지에서도 서원의 명칭이 전해지는데, 절강(浙江) 소흥(紹興)의 여정서원(麗正書院), 복건(福建) 장주(漳州)의 송주서원(松州書院), 호남(湖南) 형산(衡山)의 남악서원(南嶽書院), 호남(湖南) 형양(衡陽)의 석고서원(石鼓書院), 강서(江西) 봉신(奉新)의 오동서원(梧桐書院) 등 20여 곳의 서원 이름이 확인된다.

이렇게 시작된 서원의 역사는 송대에 이르러 큰 전환점을 이루며 발전하게 되는데, 그 계기가 된 것에는 일차적으로 관학의 쇠퇴와 인쇄술의 발달, 사찰을 중심으로 활동하였던 불교의 영향 등을 꼽을 수 있지만 그 중에서 가장 중요한 것은 다름 아닌 성리학의 출현과 서원을 중

무이서원

심으로 한 강학활동이다. 성리학 혹은 성리학파는 서원과 불가분의 관계 속에서 함께 성장했던 것이다. 남송초기 호안국(胡安國)과 호굉(胡宏) 부자는 호남의 형산에 은거하여 벽천서원(碧泉書院)과 문정서당(文定書堂)을 세워 강학하였고, 장식(張栻)은 장사(長沙)에 성남서원(城南書院)을 세웠으며, 악록서원(嶽麓書院)에서 강연하였다. 주희(朱熹)의 경우에도 백록동서원(白鹿洞書院)을 중건하였을 뿐만 아니라, 운곡(雲谷)·한천(寒泉)·무이(武夷)·죽림(竹林) 등의 여러 정사(精舍)와 서원을 세워 강학활동을 하였다.

이밖에 여조겸(呂祖謙)은 금화(金華)의 여택서원(麗澤書院)을 세웠고, 육구연(陸九淵)은 금계(金溪)의 괴당서옥(槐堂書屋)과 귀계(貴溪)의 상산정사(象山精舍)를 세웠다. 명대의 왕수인(王守仁) 역시 용강서원(龍岡書院), 회계서원(會稽書院), 염계서원(濂溪書院) 등을 세우거나 중건하며 강학활동을 하였다.[1] 이렇듯 대부분의 송명시대 성리학자들은 서원을 세워 강학활동을 하였고, 또 그것을 토대로 학파를 형성해 갔다. 이러한 측면에서 보자면 성리학과 서원은 서로 불가분의 연결 고리를 형성하며 전개되었다고 볼 수도 있을 것이다. 고려 말 성리학의 도입과 동시에 우리나라에서 서원의 역사가 본격적으로 시작되지는 않았다. 하지만 성리학에 대한 이해가 깊어갈 수록 성리학자의 강학처인 서원의 건립 역시 필연적으로 요청되었을 뿐만 아니라, 서원이 강학처로 작용하며 학파 활동의 중심무대가 될 수밖에 없었다고 이해할 수 있을 것이다.

이 글은 이와 같이 성리학과 불가분의 관계를 맺으며 역사적인 변천의 과정을 거친 서원에 주목해서, 서원을 통해 지리산권 성리학의 지형

---

1) 朱漢民, 『中國書院文化簡史』, 香港中華出版, 2012, 18~41쪽 참조.

우리나라 최초의 서원 소수서원(백운동서원)

도를 그려보기 위한 실험적인 시도이다. 지리산권 성리학의 지형도란 지리산권역에서 성리학이 어떤 모습으로 전개되었는지 가늠하는 것을 가리킨다. 그런데 본격적인 논의를 시작하기에 앞서 왜 이러한 시도가 필요하며 의미가 있는지, 그리고 서원을 통해서 어떻게 성리학의 전개 과정을 이해할 수 있는지에 대해 앞의 논의에 덧붙여서 살펴보거나 그 의문에 답을 해야 할 것 같다.

우선 첫 번째 물음, 곧 왜 이러한 시도가 필요한지부터 살펴보자. 주지하듯 조선시대의 성리학은 그것이 비록 중국으로부터 수입된 것이 긴 하지만, 이 땅에 뿌리내리며 우리 전통문화의 주요한 토대이자 구성 요소로 자리 잡았다. 이러한 측면에서 성리학에 대한 이해는 우리 전통 문화에 대한 이해의 출발점이 된다고 할 수 있을 것이다. 그런데 서원 은 성리학과 관련하여 간과할 수 없는 하나의 장을 형성하였던 곳으로 앞에서 살펴봤던 것처럼 성리학의 전개와 불가분의 관계를 맺어 왔다.

이러한 측면에서 서원에 대한 이해는 성리학에 대한 이해의 중심축 가운데 하나를 형성한다고 말할 수 있을 것이다. 그리고 또 다른 한편으로 지리산권 서원에 대한 이해는 지리산권 성리학에 대한 이해와 분리될 수 없으며, 더욱 넓게는 지리산권 문화에 대한 이해와도 분리되지 않는다. 즉 지리산권의 성리학적 지형도를 그려봄으로써 지리산권에서 성리학이 어떤 모습으로 전개되었고, 그 내용은 어떤 것인지를 큰 틀에서 이해할 수 있으며, 이것은 곧 전체 지리산권 문화에 대한 이해의 중요한 토대가 되는 것이다.

또 다른 측면에서도 필요성은 제시될 수 있다. 즉 조선시대 성리학의 전개에 대한 새로운 이해의 틀을 제공할 수 있는 것이다. 그 동안 조선시대의 성리학을 우리는 어떤 시각에서 또는 어떤 틀을 통해서 이해하였던가? 특정 학문에 대한 이해는 그 학문의 이론적 구조나 특징을 통해 이해하는 것이 일반적이다. 성리학 역시 이러한 방식의 이해 틀을 제공하고 있지만, 다른 한편으로 조선시대 성리학의 영향력이 단순히 학문적인 영역에만 머물렀던 것이 아니기에 성리학에 대한 다양한 이해방식이 제시되어 왔다. 특히 이러한 이해방식은 성리학의 다양한 분파를 지칭하는 학파의 명칭에서 뚜렷하게 드러나고 있는데, 동일한 학파에 대해 다양한 이름을 부여하고 있는 것에서 학파에 대한 이해방식의 차이를 보여주고 있다. 즉 동일한 학파에 대해 경우에 따라 퇴계학파, 영남학파, 남인학파, 주리파 등으로 부르는가 하면, 율곡학파에 대해서도 기호학파, 노론학파, 주기파로 불렀고, 남명학파에 대해서는 강우학파, 북인학파 등으로 불렀던 것이다.

이러한 명칭으로부터 성리학 혹은 성리학파에 대한 이해에 있어서, 주리/주기라는 학문의 이론적 특징 외에 영남과 기호, 강우라는 지역성, 남인과 노론, 북인이라는 정치적 입장, 퇴계와 율곡, 남명을 중심으로 하는 사승관계 등이 학파나 학파의 학술 내용에 대한 이해에 있어서 주요한 기준이 되었다는 사실을 확인할 수 있다. 그리고 이제 여기에 더하여 우리의 논의를 통해 조선 후기 성리학의 전개와 분리될 수 없는 서원 역시 성리학파 혹은 성리학의 전개과정을 이해하는 주요한 잣대가 될 수 있는지 그 가능성을 확인해 볼 수 있다고 생각된다.

그리고 여기에서 두 번째 물음인 서원을 통해서 어떻게 성리학의 전개과정을 이해할 수 있는지에 대한 답도 찾게 된다. 즉 서원은 성리학자와 학파의 주요한 활동무대가 되었을 뿐만 아니라, 각 서원에서 제향하는 인물을 통해서 그 서원이 다양한 성리학적 지향이나 가치 가운데 무엇을 추구하고, 무엇을 강조하였는지를 보여주고 있다는 사실에서 서원을 통한 성리학의 전개를 이해할 수 있는 길이 열리는 것이다. 이 글은 바로 이러한 토대 위에서 서원에서 확인되는 학파의 지형도, 다시 말해서 서원의 제향인물이나 지역적인 분포 등에서 나타나는 특징을 서원의 전개사와 성리학파와의 관련성을 통해 확인하는 것을 목표로 설정하고 있다. 이러한 목표를 달성하기 위해 먼저 지리산권 서원의 현황에 대한 파악에서 논의를 시작해 보자.

2. 지리산권 서원의 현황[2]

지리산권 서원의 현황을 파악하는 과정에서 무엇보다 먼저 전제하

---

2) '지리산권 서원의 현황'의 내용 대부분은 앞서 발표한 「지리산권의 서원과 사우, 그 현황과 특징」(『남도문화연구』 제22집, 남도문화연구소, 2012)에서 인용하였음.

지 않을 수 없는 점은 특정 지역에 건립되었던 서원의 정확한 현황을 파악하는 것이 쉽지 않다는 점이다. 그것은 복잡하게 전개되어 내려온 조선 후기 서원의 전개사와 무관하지 않다. 지리산권 서원의 현황에 대한 파악 역시 결코 쉽지 않지만, 우선 현존하는 서원을 중심으로 해서, 지금은 훼철되고 없지만 과거에 존재했던 서원까지 가능한 포함해서 살펴보고자 한다. 그런데 지리산권 서원에 대한 논의는 기본적으로 지리산권이라는 지역과 서원의 외연에 대한 공통된 시각을 요청하는 까닭에 우선 지역적인 범위와 서원의 외연부터 살펴보자.

먼저 지역적 범위를 확정할 필요는 '지리산권'이라는 개념 자체가 충분히 모호한 개념이라는 사실에서 연유한다. 그것은 사람에 따라 혹은 시대에 따라 다양한 넓이로 규정되어왔다. 행정적인 지역의 경계 역시 시기에 따라 달리 설정되어왔다. 따라서 우리의 논의 범위를 분명하게 하기 위해서라도, 이 글에서 '지리산권'이 어떤 영역을 지칭하는 것인지 규정해야 한다고 생각된다.

하지만 논의를 위한 권역설정에 있어서 역사 문화적인 당위성이 제시되어야 하는 것은 아니라고 생각하는데, 그것은 이와 같은 필요성이 논의를 효율적으로 진행하기 위한 것일 뿐, 역사 문학적인 검증을 필요로 해서가 아니기 때문이다. 다시 말해서 '지리산권'이란 무엇이어야 하는가라는 물음에 대해 어떤 합리적인 답을 제시하는 것이 이 글의 직접적인 목표가 아니라는 점을 상기한다면 논의진행에 있어서 문제가 될 수 있는 걸림돌을 제거하는 정도의 규정이면 충분하다고 판단된다. '지리산권'의 영역 설정을 합리적으로 설정하는 작업은 또 다른 독립된 연구 논문의 주제가 되기에 충분하다. 여기서는 역사적인 혹은 문화적인 측면에 대한 고려없이, 단지 논의를 효율적으로 진행하기 위해 최대한 단순하고 직접적이며 한정적인 범위를 지칭하는 뜻으로 지리산권을 규정하는 정도면 충분할 뿐이다. 이러한 기준에 따라 이 글에서 '지리산권'은 지리산과 접하고 있는 그 주변지역, 더욱 구체적으로는 지리산과 접하고 있는 현재의 남원, 구례, 하동, 산청, 함양의 5개 시군단위 행정구역을 가리키는 의미로 쓰고자 한다.

'지리산권'을 이렇게 규정한다면 '지리산권의 서원'은 곧 이 5개 지역에 소재해 있는 서원을 가리키게 된다. 그렇다고 논의를 진행하기 위한 준비가 완료된 것은 아니다. '지리산권'이라는 개념이 그 범위를 설정하기 어려운 모호성을 가진 개념이라면, '서원'이라는 개념도 그에 못지 않기 때문이다. 특히 서원과 사우의 관계를 중심으로 서원의 범위를 확정하는 문제는 서원 연구에 있어서 반드시 정리하고 시작해야 할 과제이기도 하다. 사우를 서원에 포함시키는 것에 우려를 표하거나 불쾌해하는 시각을 쉽게 만날 수 있다. 위상이 다르거나 상이한 기능을 수행한다고 생각하는 것이다.

일반적으로 서원은 강학을, 사우는 선현에 대한 봉사(奉祀)를 수행해온 것으로 이해됨으로써 양자는 다른 기능을 가진 상이한 기관으로 분류되기도 한다. 그러나 이것은 성리학이 어떤 학문인지 고려하지 않은 시각이기도 하다. 무엇보다 성리학적 세계관을 전제한다면 서원과 사우는 그 지향하는 목적에서 하나로 통일될 수 있다.[3] 교육과 무관한 듯이 보이는 존현봉사, 곧 제사 역시 사실은 살아있는 자의 행위를 규범하기 위한 교육적 기능을 수행한 것으로 이해할 수 있는 것이다. 이

---

3) 여기에서 말하는 '성리학적 세계관'은 우리의 일상적인 삶에서 긍정 혹은 부정적인 영향을 끼쳤거나 끼치고 있는 '정치적인 이념으로서의 성리학' 또는 '전통문화로서의 성리학'이 보여주는 특징과 구별될 수 있다.

와 같이 존현봉사가 교육적 기능을 수행하였다는 것은 현세 지향적인 유학 자체의 성격에서 뿐만 아니라, 성리학적 세계관으로부터 직접 확인된다.

북송시대의 여러 학자들에 의해 토대가 갖춰지고, 남송에 이르러 체계화된 성리학은 그 이전 시기의 유학, 곧 선진(先秦)시대의 유학이나 한(漢)·당(唐)시대의 유학과 달리 제한적인 혹은 소극적인 의미로나마 남아 있던 인격신적인 요소를 일소하고 무신론적 관점을 철저하게 관철시킨 이론체계이다. 특히 주자학은 인간을 포함한 세계 안에 존재하는 모든 것의 생성과 변화에 대해 신의 의지에 따른 것이라고 말하는 것이 아니라, 리(理)와 기(氣)라는 두 가지 요소의 결합과 분리에 의해 설명한다. 이러한 이론체계 자체는 인간의 사후 세계에 대한 어떤 형태의 종교적인 신앙이나 믿음을 제시할 수 없다. 즉 성리학적 세계관 속에서 보자면 영혼의 불멸이나, 세계에 대해서 인격적인 신, 혹은 초월적인 어떤 존재의 주재를 전제하지 않는다. 결국 성리학적 세계관에서 본다면 엄밀한 의미에서 제사해야 할 대상 자체가 사실상 존재하지 않는 것이다.

그런데 이러한 세계관을 전제하고 있음에도 불구하고 서원이나 사우에서 특정인물에 대해 제향할 뿐만 아니라, 일반 가정에서도 죽은 자 혹은 조상에 대한 제사를 강조하는 것은 일견 자기모순처럼 보인다. 하지만 또 다른 측면에서 그것은 죽은 자의 영혼을 위로하기 위한 의식이 아니라, 죽은 자를 기념하며 그의 덕을 기억하는 일인 동시에, 산자에게 죽은 자가 보여준 삶의 태도와 방식 그리고 내용을 닮도록 권고하는 교육적인 목적을 가지는 것으로 이해할 수 있다. 덕있는 사람은 사후에도 후세 사람들에 의해 기념되고 기억되는 것이니, 너 역시 후세

향사

사람들이 기념할 수 있는 삶을 살아가라는 메시지가 서원이나 사우에서 행해지는 제사라는 형식 속에 담겨져 있다고 이해할 수 있는 것이다. 학문적 이론체계를 전수하는 것만이 교육일 수는 없으며, 삶이 닮아야 할 전형을 세우고, 그 삶을 닮기 위한 노력에서 교육의 근원적인 의미를 찾을 수도 있다. 그리고 바로 이러한 측면에서 선현봉사 역시 충분히 교육적 기능을 가진다고 이야기할 수 있는 것이다.

이렇듯 방법이나 방향은 다르지만, 동일한 교육적 목적을 가진다는 점에서 서원과 사우는 차이가 없다. 이 양자의 차이는 다만 강조되는 교육의 방식 혹은 방향에 있으며, 그것이 서원과 사우, 정사 등의 명칭과 평면구성의 차이를 불러왔던 것이다. 즉 큰 틀에서 본다면, 서원과 사우는 교육적 목적이라는 동질성을 가지면서, 강학과 봉사라는 두 가지 교육 방법 가운데 어떤 측면을 강조하는가에 따라 등장한 변형으로 이해할 수 있다. 따라서 이 글에서는 서원뿐만 아니라 사우까지도 넓은 의미의 교육기관으로 규정하고, 사우 역시 서원의 다양한 변형 가운데 하나로 이해하여 논의를 진행한다.

이밖에 어떤 이들은 학자들이 모여 강학했던 누·정·재까지도 서원에 포함할 수 있다고 주장하기도 한다. 하지만 이러한 건축물은 그 건

남명 조식의 강학처 산천재

립 과정에서 뿐만 아니라 건립 후에도 주로 사적인 의지가 작용한 공간
이라는 점에서 서원과는 구분된다. 그렇다면 이제 지리산권에는 어떤
서원들이 얼마나 건립되었는지 살펴보자.

그런데 16세기 중반 처음으로 서원이 세워지기 시작한 이래, 여러
차례의 전란과 전환기, 혹은 국가 정책과 행정 구역의 변화를 겪으면서
지리산권 서원 역시 수 없이 변화할 수밖에 없었다. 따라서 지금에 이
르러서는 과거 지리산권에 존재했던 서원의 정확한 숫자와 형태, 규모
등을 온전히 확인하는 것도 쉽지 않은 일이 되어 버렸다. 다만 『국역
증보문헌비고』의 「학교고」·『전고문헌(典故文獻)』권14 「원사록(院祠錄)」
을 기초로 하고, 여기에 수록되지 않은 서원들을 『조선승무제현문선
부원향록(朝鮮陞廡諸賢文選 附院享錄)』[4)]과 『서원』[5)], 『한국의 서원』[6)] 등
여러 서적, 그리고 5개 시군의 시지와 군지 등에서 확인되는 자료를

---

4)『朝鮮陞廡諸賢文選 附院享錄』, 朝鮮陞廡諸賢文選出版所, 大正14年, 再版.

5) 이상해·안장현, 『서원』, 열화당, 2004.

6) 최완기·김종섭, 『한국의 서원』, 대원사, 1991.

통합해서 볼 때, 지리산권의 사우를 포함한 서원은 [표 1]과 같이 모두 62개소로 잠정 집계된다.

[표 1] 지리산권의 서원·사우 현황

번호	지역	서원명	배향인물	주향인물의 성격	창건 연도	사액 연도
1	남원	고암서원(高巖書院)	진극순(陳克純), 진준(陳遵), 황신구(黃信龜), 한양오(韓養吾)	문신	1694	
2		구천사(龜川祠)	박춘성(朴春成), 박흥남(朴興男), 박연수(朴延壽)	문신	1856	
3		노봉서원(露峰書院)	김인후(金麟厚), 홍순복(洪順福), 최상중(崔尙重), 오정길(吳廷吉), 최온(崔蘊), 최휘지(崔徽之)	문신/학자	1649	1697
4		두곡서원(杜谷書院)	김인경(金仁鏡), 김충한(金沖漢), 김선(金宣), 신포시(申包翅)	문신	1766	
5		매계서원(梅溪書院)	이정숙(李正淑), 이총(李叢), 이기(李祺), 이계(李桂), 최원(崔遠), 이도(李燾), 김유경(金裕慶), 이여재(李如梓)	문신	1781	
6		십로사(十老祠)	이윤철(李允哲), 김박(金博), 설산옥(薛山玉), 오유경(吳惟敬), 조윤옥(趙潤屋), 안정(安正), 한승유(韓承愈), 설존의(薛存義), 신말주(申末舟), 장조평(張肇平)	문신	1862	
7		어은서원(漁隱書院)	홍관(洪灌), 홍연(洪演) 등	문신	1860	
8		요계서원(蓼溪書院)	김화(金澕), 이상형(李尙馨), 김지순(金之純), 김지백(金之白)	의병	1692	
9		용암서원(龍岩書院)	정몽주(鄭夢周), 박광옥(朴光玉) 등	문신/학자	1702	
10		용장서원(龍章書院)	양능양(梁能讓), 양주운(梁朱雲), 김구용(金九容), 양대박(梁大樸)	문신	미상	
11		용호서원(龍湖書院)	송병선(宋秉璿), 김재홍(金在洪), 김종가(金種嘉)	문신/학자	1926	
12		유천서원(楡川書院)	방사량(房士良), 방귀온(房貴溫), 방응현(房應賢)	의원	1830	

13	남원	창의사(倡義祠)	김성진(金聲振), 김연(金沇), 김광석(金光奭), 김원중(金元重), 이실(李實), 안경달(安景達), 김원건(金元健), 양진번(梁震藩), 김원립(金元立), 김지명(金之鳴)	의병	미상	
14		정충사(旌忠祠)	황진(黃進), 고득뢰(高得賚), 안영(安瑛)	무신	1709	1713
15		창주서원(滄州書院)	노진(盧禛)	문신/학자	1579	1600
16		충렬사(忠烈祠)	이복남(李福男), 정기원(鄭期遠), 임현(任鉉), 김경로(金敬老), 신호(申浩), 이덕회(李德恢), 이원춘(李元春), 오응정(吳應鼎) 등	문신	1612	1653
17		탄보묘(誕報廟)	관우(關羽), 이신방(李新芳) 등	무신	1599	
18		풍계서원(楓溪書院)	황희(黃喜), 오상덕(吳尙德), 황위(黃暐)	문신	1788	
29		호암서원(湖岩書院)	이서(李舒), 침구령(沈龜齡), 안성(安省), 소연(蘇沿), 소산복(蘇山福), 이당(李棠)	문신	미상	
20		환봉서원(環峰書院)	천만리(千萬里), 천상(千祥), 천희(千禧)	무신	1836	
21	구례	남전사(藍田祠)	왕득인(王得仁), 왕의성(王義成), 왕지익(王之翼), 이원춘(李元春), 한호성(韓好誠), 이정익(李廷翼), 양응록(梁應祿), 고정철(高廷喆), 오종(吳琮)	덕행	1786	
22		매천사(梅泉祠)	황현(黃玹)	순국	1962	
23		방산서원(方山書院)	윤효손(尹孝孫), 윤성(尹成), 최연(崔衍), 이경석(李景奭), 최언수(崔彦粹)	문신	1702	
24		봉련사(鳳蓮祠)	장악(張岳), 장희재(張熙載)	문신	미상	
25		죽연사(竹淵祠)	고효시(高效柴), 고원후(高元厚), 안처순(安處順), 정태서(鄭泰瑞)	덕행	1797	
26	함양	구천서원(龜川書院)	박맹지(朴孟智), 표연말(表沿沫), 양관(梁灌), 양희(梁喜), 하맹보(河孟寶), 강한(姜漢), 양홍주(梁弘澍)	문신	1650	
27		남계서원(灆溪書院)	정여창(鄭汝昌), 강익(姜翼), 정온(鄭蘊), 유호인(俞好仁), 정홍서(鄭弘緒)	문신/학자	1552	1566
28		당주서원(塘洲書院)	노진, 정희보(鄭希輔)	문신/학자	1581	1660
29		덕암서원(德巖書院)	우적(禹績), 이지번(李之蕃), 박평(朴坪), 이희안(李希顔), 이유(李維)	문신	미상	

30	함양	도곡서원(道谷書院)	조승숙(趙承肅), 정복주(鄭復周), 노숙동(盧叔仝), 노우명(盧友明), 노사예(盧士豫), 정수민(鄭秀民), 정덕하(鄭德下)	문신	1701	
31		백연서원(栢淵書院)	최치원(崔致遠), 김종직(金宗直)	문신/학자	1670	
32		서산서원(西山書院)	전오륜(全五倫)	문신	1841	
33		송호서원(松湖書院)	이지활(李智活), 이어(李㴽), 이지번(李芝蕃)	문신	1830	
34		용문서원(龍門書院)	정여창, 임훈(林薰), 임운(林芸), 정온	문신/학자	1583	1662
35		정산서원(井山書院)	허주(許周), 허목(許穆), 허방우(許方佑), 허원식(許元栻)	문신	1959	
36		청계서원(靑溪書院)	김일손(金馹孫)	문신/학자	1915	
37		화산서원(華山書院)	임대동(林大仝), 임종인(林宗仁), 임희무(林希戊)	문신	1967	
38		황암서원(黃巖書院)	조종도(趙宗道), 곽준(郭䞭)	문신	1715	1717
39		대포서원(大浦書院)	민안부(閔安富)	문신	1693	
40		덕천서원(德川書院)	조식(曺植), 최영경(崔永慶)	학자	1576	1609
41		도천서원(道川書院)	문익점(文益漸)	문신	1461	1554
42		목계서원(牧溪書院)	이조(李晁), 김담(金湛)	문신	1558	
43		문산서원(文山書院)	권규(權逵), 권문임(權文任)	학자	1843	
44		벽계서원(碧溪書院)	문익점	문신	1511	1566
45		배산서원(培山書院)	이원(李源), 이황(李滉), 조식, 이광우(李侊友)	학자	1771	
46		서계서원(西溪書院)	오건(吳健), 오간, 박문영(朴文瑛), 오장(吳長)	문신/학자	1606	1677
47		서호사(西湖祠)	오장(吳長), 박문영(朴文瑛)	문신	1701	
48		신계서원(新溪書院)	박익(朴翊), 박조(朴調), 박총(朴聰)	문신	1839	1839
49		신안정사(新安精舍)	주희, 송시렬(宋時烈)	문신/학자	1538	
50		용산서당(龍山書堂)	홍성해(洪成海), 홍대해(洪大海), 홍기범(洪箕範)	의병	미상	
51		우계서원(愚溪書院)	이경주, 이세주 등	문신	1562	
52		완계서원(浣溪書院)	권도(權濤), 권극량(權克亮)	학자	1788	
53		청곡서원(清谷書院)	이천경(李天慶), 유지원(柳之遠)	학자	1642	

54	산청	평천서원(平川書院)	배신침(裴愼沈), 배세겸(裴世謙), 배현경(裴玄慶), 이경주(李擎柱)	무신	1694	
55		효산서원(孝山書院)	김자수(金自粹), 김영유(金永濡), 김상례(金商禮)	문신	1991	
56	하동	금남사(錦南祠)	이색(李穡), 권근(權近), 김충한(金沖漢)	문신/학자	1628	
57		덕은사(德隱祠)	주희, 정여창, 김굉필(金宏弼), 김일손, 정여해(鄭汝諧)	문신/학자	1901	
58		영계서원(永溪書院)	정여창, 김성일	문신/학자	1699	
59		옥동서원(玉洞書院)	최영경(崔永慶), 정홍조(鄭弘祚)	문신/학자	1917	
60		옥산서원(玉山書院)	정몽주(鄭夢周)	문신/학자	1820	
61		인천서원(仁川書院)	최탁(崔濯), 최득경(崔得涇), 최기필(崔琦弼), 김성운(金聖運)	무신	1868	
62		종천서원(宗川書院)	하홍도(河弘度), 하진(河晉), 하연(河演)	학자	1677	

    이 표를 통해서 살펴본다면, 남원에는 전체 62개소 서원의 32.2%인 20개소, 구례에는 8%인 5개소, 함양은 20.9%인 13개소, 산청은 27.4%인 17개소, 하동에는 11.2%인 7개소의 서원이 각각 분포되어 있는 것으로 확인된다. 지리산권 서원의 상당수가 남원과 산청 지역을 중심으로

지리산권 최초의 서원인 남계서원 전경

도천서원

분포되어 있는 반면, 지리산의 서남부에 위치한 구례와 하동 지역은 상대적으로 적은 숫자의 서원이 분포되어 있다는 점 역시 확인된다.

서원의 건립시기 역시 다음과 같이 분류해 볼 수 있다. 지리산권 서원 62개소 서원 가운데 건립연대를 확인하기 어려운 6개소 서원을 제외한 56개소 서원은 16세기 이전에 1개소, 16세기 10개소, 17세기 13개소, 18세기 13개소, 19세기 11개소, 20세기 8개소가 각각 건립되었다. 지역별 서원의 분포와 건립시기를 분류해 보면 다음 [표 2]와 같이 정리할 수 있다.

[표 2] 지리산권 서원·사우의 시기별/지역별 건립현황

시기 \ 지역	남원	구례	함양	산청	하동	합계
16C이전				1		1
16C	2		3	5		10
17C	4		2	4	3	13
18C	5	3	2	3		13

19C	5		2	2	2	11
20C	1	1	3	1	2	8
	17(3)	4(1)	12(1)	16(1)	7	56(6)

* ( ) 속의 숫자는 건립연대 미상인 서원의 숫자임

전체적으로 본다면 16세기에 서원 건립이 본격적으로 시작되어 17~8세기에 절정을 이루다가 점차 감소하는 추세를 보여준다. 이제 이 62개 지리산권 서원이 성리학과의 관련 속에서 어떤 특징을 보여주고 있는지를 확인해 보자.

3. 지리산권 서원의 분류와 학파

앞에서 우리는 지리산권 서원이 언제부터 세워지기 시작하여, 현재 파악되는 서원에는 어떤 것이 있는지를 확인하였다. 그렇다면 이러한 서원의 현황으로부터 지리산권 성리학 혹은 그 전개 상황을 어떻게 이해할 수 있을까? 도대체 이러한 서원의 현황이 우리에게 보여주는 것은 무엇일까? 기존의 서원을 분류하는 시각을 살펴보는 것에서 우리의 논의를 계속해 보자.

서원에 대한 연구는 무엇보다 역사학과 건축학에서 먼저 이루어졌다. 그런 까닭에 서원에 대한 분류 방법 역시 이러한 시각에서 먼저 제시되었다. 그런 의미에서 이상윤이 제시하고 있는 시각은 그것 자체로 이미 건축학적이다. 이상윤은 논문 「조선시대 서원의 공간구성특성 및 변화과정에 관한 연구」에서 사당을 중심 건물로 삼아 제향기능이 강조되는 평면 구성을 사당중심형으로, 그리고 강당을 중심 건물로 하

며 강학기능이 강조되는 평면 구성을 강당중심형 서원으로 구분하였
다.7) 아울러 그는 이 논문에서 시기별 혹은 지역별로 이 두 가지 형태
의 서원 건립이 유행되었음을 설명하고 있다. 이러한 시각은 서원의
평면 구성과 그 기능을 결합하여 이해한 것으로 그것 자체만으로 본다
면 이해 방식에 있어서 별다른 문제가 없는 것처럼 보인다.

하지만 서원의 전개사와 함께 자세히 살펴보면, 그의 이러한 시각과
구분에는 해결하기 어려운 문제 역시 함축되어 있음이 밝혀진다. 그것
은 다름 아닌 복잡하게 전개되어 온 서원전개사에 기인한다. 다시 말해
서 훼철과 복설의 복잡한 과정을 겪으면서 전개된 서원의 역사에서 현
재의 평면구성이 그 서원의 본래 모습이라는 사실을 장담하기 어려워
져 버렸다는 점이다. 물론 대원군의 서원철폐령이 내려졌을 때에도 훼
철되지 않고, 또 6.25전쟁 등을 무사히 지낸 서원이 없는 것은 아니지
만, 그것은 전체 서원의 극히 일부에 불과할 뿐이다. 따라서 현재 확인
되는 서원의 평면구성을 통해 과거 서원의 역할과 기능을 온전히 단정
하는 것은 충분한 만큼의 설득력을 가졌다고 보기 어려운 것이다. 또한
이러한 평면구성을 통해 이해한 서원에서는 사실상 직접적으로 성리학
과의 관련성을 논할만한 것도 없다.8)

반면에 이상해는 『궁궐 유교건축』에서 서원을 평면구성이 아닌, 제
향 인물의 성격이나 서원의 작용을 가지고 다음과 같이 3가지로 구분
하였다. 즉 "유학의 도를 진흥한 인물을 중심으로 건립된 도학서원, 국

---

7) 이상윤, 「조선시대 서원의 공간구성특성 및 변화과정에 관한 연구」, 『한국정원학회
   지』 17(2), 1999년, 15~16쪽 참조.
8) 물론 이러한 평면 구성에서 불교의 사찰 등과 대비되는 성리학적 이념의 건축학적
   의미를 읽어낼 수 있지만, 이것을 성리학적 이념의 직접적인 표현이라고 보기는 어
   렵다.

가에 충의를 바친 인물을 기리기 위하여 건립한 충절서원, 친족결속력 강화를 배경으로 확대되는 문중 활동의 구심점으로 건립된 문중서원"9) 이 그것이다.10)

이러한 구분은 앞의 평면구성에 근거한 시각보다는 좀 더 설득력을 가진 것이 사실이지만, 몇 가지 점에서 문제를 제기할 수 있다. 먼저 조선 후기 서원의 건립이 특정 문중 단독 혹은 독단적으로 이루어질 수 있었는가 하는 문제다. 우리나라에서 서원이 건립되는 과정을 살펴보면 초기에는 지방관이 서원건립을 주도하였고, 이어서 지방관과 지역 유림이 공동으로 건립에 참여하는 쪽으로 바뀌었다가, 마침내 지역 유림이 건립에 주도적으로 참여하는 방향으로 전개된 것이 사실이다. 이러한 과정이 시사하는 것은 우리나라에서 서원의 건립은 사적인 공간과 구별되는 공공성과 함께 그 건립은 공적인 명분을 필요로 하였다는 것이다. 그래서 비록 한 지역의 유력한 문중이라고 하더라도 최소한 형식적으로나마 지역 유림의 의사결정 과정을 거쳐 명분을 세운 뒤에야 서원을 건립할 수 있었다. 또 서원 건립의 명분을 만들고자 문중 인물은 배향자로 내세운 반면, 주향자의 경우 지역 유림이라면 누구도 반대하기 어려운 인물을 내세우는 과정을 거쳐서 문중서원의 이미지를 지워간 경우 역시 흔히 발견된다. 물론 대원군의 서원 철폐령에 의해 훼철되었던 서원을 중건하는 과정, 특히 20세기 중후반에 중건한 서원들의 경우 특정 문중에서 주도적인 역할을 담당함으로써 사실상 문중

---

9) 이상해, 『궁궐 유교건축』, 솔출판사, 2004, 208쪽.

10) 또 하나 가장 일반적인 서원에 대한 분류는 앞에서 이미 논했던 서원의 기능 혹은 교육 방법의 차이에 따라 서원과 사우로 구분하는 방식이다. 하지만 이것은 앞에서 논했던 것처럼 동일한 교육적 목적을 가졌다는 점에서 근원적인 차이점을 찾을 수 없고, 단지 규모의 차이를 보여주고 있을 뿐인 것으로 이해할 수도 있다.

서원이라고 부를 수 있는 것이 양산되었다고도 할 수 있을 것이다. 하지만 이들 서원이 처음으로 세워졌을 때도 동일한 양상이었다고 보기는 어려운 것이다.

특히 이러한 분류방식에서 문제가 되는 것은 도학과 충절이라는 두 가지 기준과 문중이라는 세 번째 기준이 서원을 구분하는 동등한 차원의 범주가 아니라는 점이다. 문중서원이라는 것이 서원 건립과 관리의 주체가 문중일 뿐만 아니라, 서원의 제향자 역시 문중 출신이라는 특징을 가지고 그러한 복합적인 성격을 통해 구분되는 것인데 반해, 도학과 충절서원은 제향자의 성격만으로 구분되기 때문이다. 이러한 이유뿐만 아니라, 일반적으로 이러한 문중서원에서 제향되고 있는 인물들이 도학이나 충절보다는 관료로 성공한 인물들이 많다는 점에서 문중이라는 기준 대신 관료를 서원 분류의 기준으로 삼는 것이 더욱 온당한 것으로 여겨진다.

이러한 측면에서 보자면 이상해가 서원을 분류하는 기준으로 제시한 도학, 충절, 문중은 도학, 충절, 관료로 구분할 수 있게 된다. 그리고 이러한 기준들이 중복되는 경우, 도학이면서 관료인 경우에는 도학자로 분류하고, 충절이면서 관료로 분류되는 경우에는 충절로 분류할 수 있다. 관료보다는 도학이나 충절이 더욱 성리학적 가치를 실현한 삶이라고 여겨지기 때문이다. 이렇듯 이상해의 관점을 수정하여 도학, 충절, 관료라는 기준으로 서원을 분류하는 것은 서원의 주향자가 가진 성격을 기준으로 서원을 분류하고 있다는 측면에서 일관된 시각을 가지게 한다. 이렇게 본다면 서원은 크게 성리학자를 제향하는 도학서원, 전쟁이나 정변 등에서 국가나 국왕을 위해 목숨을 바친 사람들을 위한 충절서원, 관료로 성공한 그 지역의 인물이나 문중의 인물을 배향한 관료서원으로 구분되어 지는 것이다.

이렇게 서원들을 분류해 놓고 보니, 우리들이 논하고자 하는 성리학과의 관련성이 어떤 서원으로 이어지고 있는지 그 방향이 드러나고 있다. 그리고 이러한 기준을 위의 [표 1]에 대입해 본다면, 지리산권의 서원 가운데 가장 많은 비중을 차지하고 있는 서원은 관료서원으로 모두 31개이며, 그 뒤를 이어서 도학서원은 21개, 충절서원은 10개로 파악할 수 있다. 특히 도학서원은 조선 중후기 이래 각 학파의 학술활동에 있어서 지역적인 기지이자 토대가 되었다는 점에서 성리학과의 연관성을 확인할 수 있는 것이다. 그럼 앞에서 성리학의 전개와 관련 있는 것으로 현황이 확인된 21개의 도학서원에는 어떤 것이 있는지를 살펴보면 다음의 [표 3]과 같이 정리된다.

[표 3] 지리산권의 도학서원

번호	지역	서원명	배향인물	성격 분류
1	남원	노봉서원	**김인후**, 홍순복, 최상중, 오정길, 최온, 최휘지	도학서원(사림)
2		용암서원	**정몽주**, 박광옥 등	도학서원(사림)
3		용호서원	**송병선**, 김재홍, 김종가	도학서원(율곡)
4		창주서원	**노진**	도학서원(사림)
5	함양	남계서원	**정여창**, 강익, 정온, 유호인, 정홍서	도학서원(사림)
6		당주서원	**노진**, 정희보	도학서원(사림)
7		백연서원	**최치원**, 김종직	도학서원(사림)
8		용문서원	**정여창**, 임훈, 임운, 정온	도학서원(사림)
9		청계서원	**금일손**	도학서원(사림)
10	산청	덕천서원	**조식**, 최영경	도학서원(남명)
11		문산서원	**권규**, 권문임	도학서원(남명)
12		서계서원	**오건**, 오간, 박문영, 오장	도학서원(남명)

13	산청	신안정사	**주희**, 송시렬	도학서원(율곡)
14		완계서원	**권도**, 권극량	도학서원(남명)
15		청곡서원	**이천경**, 유지원	도학서원(남명)
16	하동	금남사	**이색**, 권근, 금충한	도학서원(사림)
17		덕은사	**주희**, 정여창, 김굉필, 김일손, 정여해	도학서원(사림)
18		영계서원	**정여창**, 김성일	도학서원(사림, 퇴계)
19		옥동서원	**최영경**, 정홍조	도학서원(남명)
20		옥산서원	**정몽주**	도학서원(사림)
21		종천서원	**하홍도**, 하진, 하연	도학서원(남명)

위의 [표 3]에 따르면 지리산권의 도학서원은 대체로 전체 서원 62개 가운데 약 삼분의 일에 해당하는 21개로 집계할 수 있다. 그리고 이들 서원에서는 사림파의 선구인 정몽주·이색과 같은 성리학 도입기의 학자들로부터 시작하여, 김종직·정여창·김일손·김인후·노진 등과 같은 사림파의 인물들, 그리고 조식과 최영경·오건 등의 남명학파가 주를 이루고 있으며, 이외에 율곡학파의 송병선과 같은 인물들이 있는데

서계서원

완계서원

비록 주향자는 아니지만 송시열 역시 제향되고 있다. 그리고 역시 주향
자는 아니지만 이황·김성일·권극량 등의 퇴계학파 인물 역시 확인되
고 있다.

지역적으로 본다면 남원은 4개의 도학서원 가운데 사림파의 서원이
3개이고, 나머지 한 곳은 율곡학파의 서원이다. 반면에 함양의 경우에
는 다섯 개의 도학서원이 모두 사림파의 서원으로 분류될 수 있으며,
산청의 경우에는 5개의 남명학파 서원과 율곡학파의 서원이 하나 위치
해 있다. 그리고 하동의 경우에는 모두 6개의 도학서원 가운데 사림파
의 서원이 4곳, 남명학파의 서원이 2곳으로 파악된다.

전체 숫자에서 본다면 사림파의 인물들이 가장 많은 12개 서원에서
제향되고 있고, 그 뒤를 남명학파의 인물들이 7곳의 서원에서 제향되고
있다. 남원의 용호서원과 산청의 신안정사가 율곡학파의 서원으로 분
류될 수 있다면, 퇴계학파는 산청의 완계서원과 배산서원, 하동의 영계
서원과 일정부분 관련되어 있는 것으로 이해할 수 있다. 이렇게 본다면

용호서원

지리산권의 도학서원은 사림파와 남명학파의 서원이 주를 이루고 있고, 율곡학파와 퇴계학파의 서원 역시 교두보를 형성하고 있는 것으로 이해할 수 있다. 이제 아래에서는 지리산권 서원의 분포가 왜 사림파, 남명학파, 율곡학파, 퇴계학파의 순으로 다수를 차지하고 있는지, 그리고 그 각 학파가 어떻게 지리산권역에서 뒤섞여 활동하게 되었는지와 함께 각 학파의 학문적 지향에 대해 이해해 보자.

4. 지리산권 성리학의 전개

앞에서 우리는 지리산권 서원의 현황에 대한 파악에서 시작하여, 그렇게 파악된 서원 가운데 성리학의 전개 상황과 연결하여 이해할 수 있는 도학서원 22개소를 구분해 보았다. 이 가운데 가장 많이 분포되어 있는 서원은 사림파의 인물을 제향하는 서원들이고, 그 다음에는 남명과 그 제자들을 제향하는 서원들이 대부분을 차지하고 있다.

지리산권 서원의 분포가 보여주고 있는 이러한 특징은 다른 지역의 서원 분포와 비교해 볼 때 더욱 뚜렷하게 드러난다. 서울·경기도와 강원도 서원의 현황을 먼저 살펴보면서 비교해 보자. 이상해의 『서원』에 따르면 서울·경기와 강원도의 서원은 다음과 같이 파악된다.

[표 4] 서울·경기, 강원도의 서원과 그 성격

번호	지역	서원	제향인물	성격
1		고산서원	이존오, 조한영	관료서원
2		구암서원	정성근, 이양중, 정엽, 오윤겸, 임숙영, 이집	관료서원
3		기천서원	김안국, 이언적, 홍인우, 이원익, 정엽, 이식, 홍명구, 홍명하	도학서원(사림)
4		남파서원	홍우원	도학서원(율곡)
5		노강서원	박태보	관료서원
6		대보서원	양성지	관료서원
7		덕봉서원	오두인	관료서원
8		덕기서원	김장생	도학서원(율곡)
9		도봉서원	조광조, 송시열	도학서원(율곡)
10		매곡서원	송시열	도학서원(율곡)
11		매산서원	이색, 문익점	도학서원(사림)
12		명고서원	조익, 조복양, 조지겸	도학서원(율곡)
13	서울·경기	문봉서원	민순, 남효온, 김정국, 기준, 정지운, 홍이상, 이신의, 이유겸	도학서원(사림)
14		미강서원	허목	도학서원(퇴계)
15		미원서원	조광조, 김식, 남언경, 이제신, 김육, 김창흡, 박세호, 이원충, 남도진, 이항로, 김평묵, 유중경	도학서원(율곡)
16		민절서원	박팽년, 성삼문, 이개, 유성원, 하위지, 유응부	충절서원
17		사충서원	김창집, 이이명, 조태채, 이건명	도학서원(율곡)
18		석실서원	김상용, 김상헌, 김수항, 민정중, 이단상, 김창협, 김원행, 이상순	도학서원(율곡)
19		설봉서원	서희, 이관의, 김안국, 최숙정	관료서원
20		수곡서원	권경우, 권경유	관료서원
21		수곡서원	이의건, 조속, 이후원	관료서원
22		신곡서원	윤선거	도학서원(율곡)
23		심곡서원	조광조, 양팽손	도학서원(사림)
24		안곡서원	박세훈, 박세희, 홍섬	관료서원
25		옥병서원	박순, 이의건, 김수항, 김성대, 이화보, 윤봉양	관료서원

26	서울·경기	용강서원	박서, 박순, 조상동	관료서원
27		용연서원	이덕형, 조동	관료서원
28		용주서원	백인걸, 조감, 김행, 신제현, 백유함	도학서원(사림)
29		우저서원	조헌	도학서원(사림)
30		운계서원	조욱, 조성, 신변, 조형생, 조문형	도학서원(사림)
31		임강서원	안향, 이색, 김안국, 김정국	도학서원(사림)
32		임장서원	주희, 송시열	도학서원(율곡)
33		자운서원	이이, 김장생, 박세채	도학서원(율곡)
34		잠곡서원	김육	도학서원(율곡)
35		충열서원	정몽주, 정보, 이시직, 오달재	도학서원(사림)
36		충현서원	강감찬, 서견, 이원익	충절서원
37		파산서원	성수침, 성수종, 성혼, 백인걸	도학서원(사림)
38		학산서원	이단상, 이희조	관료서원
39		한천서원	이재	도학서원(율곡)
40		현암서원	김조순	관료서원
41		호계서원	조종경, 조속	관료서원
42		화산서원	이항복	관료서원
43	강원	경행서원	김효원, 허목	도학서원(퇴계)
44		구봉서원	박항	관료서원
45		노동서원	최충, 최유선	관료서원
46		도천서원	허후, 김창일	도학서원(퇴계)
47		도포서원	신숭겸, 신흠, 김경직	관료서원
48		동명서원	조인벽, 조사	관료서원
49		문암서원	김주, 이황, 이정향, 조동	관료서원
50		산양서원	황희	관료서원
51		송담서원	이이	도학서원(율곡)
52		오봉서원	공자, 주희, 송시열	도학서원(율곡)
53		용산서원	이세필	관료서원
54		장열서원	이제현	관료서원
55		창절서원	박팽년, 성삼문, 이개, 유성원, 하위지, 유응부, 김시습, 남효온, 박심문, 엄흥도	충절서원

56		충열서원	홍명구	충절서원
57	강원	칠봉서원	원천석, 원호, 정종영, 한백겸	관료서원
58		풍암서원	이색, 김인후	도학서원(사림)
59		한천서원	이이, 한원진, 박주순, 홍인현	도학서원(율곡)

앞에서 살펴본 바에 따르면, 지리산권 서원에서 가장 많은 비중을 차지한 것은 관료서원으로 62개 서원 가운데 30개 서원이 여기에 해당한다. 그리고 도학서원 22개와 충절서원 10개가 나머지의 반을 차지하고 있다. 그런데 서울과 경기 그리고 강원 지역의 59개 서원을 중심으로 제향인물의 성격에 따라 서원을 분류해 보면 대체로 위의 [표 4]와 같은 결과를 얻게 된다. 즉 서울·경기·강원의 서원에서 가장 많은 비중을 차지하고 있는 것은 도학서원으로 59개 서원 가운데 30개 서원이 여기에 해당하고, 그 뒤를 25개의 관료서원과 4개의 충절서원이 따르고 있다.

또한 30개 도학서원 가운데 반이 넘는 16개 서원이 율곡학파 계열의 서원이고, 11개 서원이 사림파나 그 선구를 제향하는 서원으로 분류할 수 있다. 퇴계학파 계열의 서원은 서울, 경기와 강원 전체에 겨우 3곳에 불과하다. 이러한 서원의 구성비율은 지리산권 서원이 보여주고 있는 구성비율과 많은 부분에서 대비되며 또 시사하는 바가 있다. 이렇듯 다른 지역과의 비교에서 확인되는 지리산권 서원의 특징은 대체로 다음과 같이 두 가지로 요약된다.

① 지리산권 서원에서 관료서원과 충절서원의 비중이 상대적으로 높다.
② 도학서원 가운데 사림파 서원의 비중이 상대적으로 높다.

그런데 이 두 가지 특징 가운데 첫 번째 특징은 지리산권 성리학의 전개와는 무관한 것처럼 보이지만, 자세히 살펴보면 간접적으로나마 이러한 특징들이 나타나게 되는 계기를 우리는 지리산권 성리학의 전개과정에서 확인할 수 있다. 이제 이러한 지리산권 서원의 전개사에서 나타나는 특징들 하나 하나가 어떠한 배경에서 유래하였는지 살펴보면서 지리산권 성리학의 전개과정을 읽어보자.

먼저 지리산권 서원에서 관료서원의 비중이 상대적으로 높다는 사실부터 살펴보자. 앞에서 살펴봤듯이, 서울·경기·강원지역에서 가장 많은 비율을 차지하고 있는 서원은 관료서원이 아니라, 도학서원이었다. 그런데 지리산권 서원에서는 도학서원이 아니라 관료서원이 가장 많은 비중을 차지하고 있다. 이것은 어떤 원인을 가지며, 무엇을 보여주는 것인가? 지리산권 서원에서 관료서원의 비중이 높다는 사실은 여러 가지로 해석할 수 있겠지만, 무엇보다 다른 지역에 비해 학파 활동이 강하게 진행되지 못했다는 사실을 반영해 보여준다고 판단된다.

그것은 다음과 같은 평안도의 사례를 살펴볼 때 더욱 뚜렷하게 확인된다. 조선시대 성리학의 전개과정에서 등장했던 3대 학파, 즉 퇴계학파와 율곡학파 그리고 남명학파의 활동영역으로부터 일정한 거리를 확보하고 있었던 평안도의 경우 많지 않은 27개 서원 가운데 18개 서원이 관료서원으로 구분될 수 있다는 사실은 지리산권 서원에서 관료서원의 비중이 높은 사실에 대한 이해의 길을 열어준다.[11] 즉 평안도의 경우에는 학파 활동의 중심지와는 이미 건립된 서원의 숫자에서도 현격한 차이를 보여주고 있을 뿐만 아니라, 그렇게 세워진 서원의 구성에 있어서

---

11) 이상해·안장헌, 『서원』, 열화당, 2004, 409~410쪽.

도 다른 지역과 차별성을 보여주고 있는 것이다.

그런데 주지하듯 지리산권, 특히 산청과 하동 지역이 남명학파의 주요한 활동무대였다는 사실에서 보자면 지리산권과 평안도를 비교하는 것이 적절한 것인지 의문스러울 수도 있을 것이다. 하지만 남명학파가 인조반정을 겪으며 중앙정계에서 정치적 기반을 상실한 후 학파활동이 극도로 위축되었고, 또 1728년 무신난을 계기로 지역에서 학파활동의 토대마저 마련할 수 없는 최악의 상황이 전개되면서, 다른 지역에 비해 특정 학파의 활동이 강하게 진행되지 못했다는 사실을 이해할 수 있게 된다. 지리산의 동남 지역이 남명학파의 중심 활동지이면서 남명학파의 서원보다 사림파의 서원이 더 많은 원인도 바로 여기에서 찾을 수 있다고 생각된다.

다음으로 지리산권 서원에서 충절서원의 비율이 상대적으로 높게 나타나는 것은 무엇 때문이고 이러한 현상은 무엇을 보여주고 있는가? 겉으로 드러나 있는 사실에서 보자면, 무엇보다 지리산권 특히 진주와 남원이 임진왜란의 격전지였음을 주목할 수 있다. 주지하듯 임진왜란

진주성

당시 진주성과 남원에서는 대규모 전투와 함께 수많은 사상자가 발생하였다. 전쟁이 끝난 뒤 전투에서 전공을 세우고 사망한 이들뿐만 아니라, 지역민에게도 위로와 위안이 필요한 지역이기도 하였던 것이다.

그런데 이러한 표면적인 것 이외에 좀 더 깊이 숨겨져 있는 사실에 접근해 보면, 이 지역이 전쟁의 격전지가 될 수밖에 없었던 이유를 우리는 그 지역 특유의 깊은 자부심에서도 찾을 수 있을 것이다. 이 두 지역에서 벌어진 전투에 관군만이 참전했던 것이 아니라 지역민이 적극적으로 참전하였다는 점에서 이것은 더욱 분명하게 드러난다. 다시 말해서 진주와 남원전투에서는 그 지역의 뿌리 깊은 전통과 그것에 대한 자부심이 토대가 되어 그것을 지켜내려는 의식이 표현되어 나온 것이라고 이해된다. 그리고 그러한 의식의 근저에는 사림이나 남명이라는 실천지향적인 성리학의 전통 역시 일정부분 영향을 끼치고 있다는 점을 부정하기는 어려울 것이다. 한마디로 말해서 깊은 성리학적 전통이나 자부심이 토대가 되어 지역민의 적극적인 참전이 이루어졌고, 그것은 다시 이 지역에 충절서원이 많이 세워지는 원인이 되었던 것이다. 정리한다면, 지리산권에 특별히 충절서원이 많은 비중을 차지하고 있는 것은 임진왜란과 정유재란 등에서 지리산권, 특히 진주와 남원에서 주요 전투가 치러졌던 사실과 무관하지 않으며, 그러한 전투와 지역민의 참전은 다시 이 지역의 문화적 전통과 무관하지 않다고 생각된다.

마지막으로 지리산권에 왜 사림파의 인물들을 제향하는 서원이 많을 수밖에 없는지 그 이유를 살펴보면 최소한 다음과 같은 두 가지 측면에서 그 직접적인 원인을 찾을 수 있다. 먼저 지적할 수 있는 것은 지리산권과 김종직(1431~1492)의 인연이다. 주지하듯 김종직은 초기 사림의 영수였고, 또 뿌리가 된 인물이다. 그런데 그는 1470년에서 1475

청계서원

년까지 함양군수로 재직하면서 함양을 비롯한 지리산권 일대에 정여창을 비롯한 수많은 문하생을 낳았다. 또한 그가 남긴 『유두류록(遊頭流錄)』은 당시 제자들과 함께 지리산을 오른 기록이기도 하다. 이렇듯 김종직과 지리산의 인연은 지리산권에 사림파의 서원이 많이 세워지는 직접적인 계기가 되었을 것이라 짐작된다.

그리고 또 다른 하나는 이러한 김종직을 통해 배출된 정여창·유호인(俞好仁) 등이 모두 함양 출신이라는 점이다. 이러한 측면에서 부자면 김종직·정여창·김일손·김인후·노진 등과 같은 사림파의 인물들이 여러 서원에서 제향되는 까닭을 충분히 이해할 수 있는 것이다. 아울러 사림파의 전단계라고 할 수 있는 정몽주·이색과 같은 인물에 대한 관심 역시 사림파에 대한 관심의 깊이에서 동시에 이해할 수 있다고 판단된다. 그리고 이들 사림파의 인물들에 의해 지리산권에 성리학이 튼실하게 정착하였다고 생각할 수 있을 것이다.

이렇듯 지리산권의 도학서원 가운데 가장 많은 숫자를 차지하고 있

덕천서원

는 사림파서원에서 보자면 지리산권의 성리학적 지형도에서 사림파가 차지하는 비중이 그만큼 클 뿐만 아니라, 깊은 영향력을 행사하였다는 것을 알 수 있다. 그리고 그 내용에서 보자면 퇴계학파나 율곡학파에 비해 남명학파가 실천을 강조하는 사림파의 지향에 근접해 있는 것으로 이해할 수도 있으며, 그것은 그만큼 사림파의 영향권으로부터 가까웠다는 것을 의미한다고 생각된다. 여기에서 사림파와 남명학파의 친연성은 다음과 같은 사림파의 지향 혹은 전통의 계승여부에서 확인되는 것이기도 하다.

사림파의 학문적 전통은 잘 알려져 있듯『소학』을 출발점으로 삼고 있다. 사림파의 종장이라 할 수 있는 김종직과 그 이전의 김숙자와 길재 등으로부터 시작하여 김굉필과 정여창 등 주요 사림파의 인물에 이르기까지 모두가 강조한 것은『소학』이었다.『소학』이라는 책이 표명하고 있는 것은 다름 아닌 성리학에 대한 깊이 있는 이론적 탐구가 아니라, 실천적 규범에 대한 강조였다. 이것을 달리 표현한다면 실천에

대한 강조이기도 하다. 이러한 측면에서 보자면 퇴계학파나 율곡학파
는 모두 사림파의 전통으로부터 한 걸음 더 나아간, 혹은 빗겨선 것으
로 이해할 수 있으며, 이점에서 상대적으로 사림파의 정신에 가까운
학파가 바로 남명학파라고도 말할 수 있을 것이다. 이렇게 본다면 사림
파의 정신이 큰 영향력을 행사하고 있던 지리산권에 퇴계학파나 율곡
학파에 비해 실천을 강조한 남명학파가 등장할 수 있었던 것은 어쩌면
우연이 아닐 것이다. 이밖에 지리산권 서원이 보여주고 있는 특징에는
퇴계학파나 율곡학파의 서원이 그 숫자에 있어서 상당히 제한적으로
확인되고 있으며, 그 중에서도 퇴계학파는 같은 영남지역에 기반을 두
고 있으면서도 지리산권으로의 접근은 충분하지 못한 것이 분명하게
드러나고 있다.

이와 같은 서원의 전개와 분포 등에 근거해서 보자면 지리산권의 성
리학은 사림파의 영향력이 강하게 작용한 것으로 이해되며, 넓은 지향
에서 볼 때 남명학파에서 다른 학파에 비해 강한 영향관계를 분명하게
확인할 수 있다. 또한 잘 알려져 있듯, 남명학파는 임진왜란 기간 동안
활발한 의병활동으로 정치적 발언권을 확장하였고, 1608년 광해군의
즉위와 1613년이 계축옥사(癸丑獄事)를 거친 이후에 중앙 정치권력을 확
실히 장악하였다. 이렇게 정치 세력화한 남명학파는 북인(北人)정권으
로, 그 안에서도 대북(大北)과 중북(中北) 등의 계파를 형성하고 있었다.
하지만 북인정권은 1623년 인조반정과 함께 중앙정계에서 실권하였
고, 그로부터 100여년이 지난 1728년의 무신난(戊申亂)을 통해 최후의
심각한 타격을 입음으로써 북인정권의 학문적 토대가 되었던 남명학파
역시 더 이상 학파로써 존속하기 어려운 심각한 상황에 처하게 되었다.
그리고 이러한 남명학파의 정치적 타격은 곧바로 서원 전개사에도 그

신안정사

대로 반영되어 산청과 하동 등을 중심으로 하는 지리산권역이 남명학
파의 본산임에도 불구하고 조선후기 가장 많은 서원과 사우가 세워졌
던 18세기 이래에 남명학파 서원의 건립은 더 이상 진행되지 못함으로
써 서원의 숫자를 늘리지 못하였던 것이다.

반면에 이렇게 인조반정으로 남명학파가 약화된 이후, 중앙정계를
장악한 서인 노론계열(율곡학파 송시열계열) 서원의 건립이나 기존 서원
의 노론화가 전국적으로 이루어지게 되는데, 지리산권에서는 대표적
인 곳이 산청의 신안정사이고, 함양의 남계서원 역시 제향자에는 변동
이 없었지만 이 시기를 전후하여 노론화된 것으로 알려져 있다. 반면에
남인계열(퇴계학파)은 중앙권력의 충분한 배경을 확보하지 못한 관계로
경상좌도를 제외한 다른 지역에서의 거점 확보는 제한적이었는데, 그
것은 앞에서 살펴본 서울, 경기, 강원 지역과 평안도에서도 공통으로
드러나고 있는 특징이다. 그리고 이러한 특징은 지리산권에서도 분명
하게 확인되는 것이기도 하다.

5. 의의와 한계

　순수하게 학문적 특징이나 이론적 구조에 주목하는 것이 아니라, 서원과 성리학, 그리고 학파의 상호 관계에 주목하여, 서원을 통해 지리산권 성리학의 전개 내용을 이해하려는 것이 우리의 목표였다. 이것은 곧 서원의 지역적 분포와 각각의 서원에서 제향하고 있는 인물들의 성격에 대한 분석을 통해 학파의 활동 반경과 영향관계, 그리고 지리산권 성리학의 기본적인 지향과 성격을 확인하기 위한 노력이기도 하다.

　이러한 목표로 진행된 우리의 논의에서 대체로 다음과 같은 몇 가지 사실을 확인할 수 있었다. 무엇보다 지리산권 성리학의 전개에서 다른 지역에 비해 사림파의 역할이나 영향력이 상당하였다는 사실이 서원의 분포에서 확인되고 있다. 아울러 지리산권이 본산이라고 할 수 있는 남명학파의 경우 최소한 지리산권에 제한하여 봤을 때 일반적인 예상과 달리 그 영향력에 있어서 매우 제한적이었다는 사실 역시 확인된다. 그리고 이러한 까닭에 직간접적으로 율곡학파와 퇴계학파의 서원이 지리산권 특히 경상도 강우지역에 교두보를 마련할 수 있었다고 생각된다. 그리고 전체적으로 본다면 지리산권 서원에서 도학서원이 차지하고 있는 비중은 상대적으로 높지 않게 나타난 반면, 남원과 구례 등을 중심으로 충절서원의 비중이 높게 나타나는 특징을 확인할 수 있다. 이러한 특징에서 보자면, 지리산권의 성리학은 『소학』을 중심으로 실천을 강조하는 사림파의 정신이 핵심으로, 이러한 정신은 남명학파로까지 이어진 것으로 이해된다.

　하지만 앞의 논의에서 이미 짐작되듯, 우리의 논의 혹은 결론은 일정부분 한계를 가진다고 생각된다. 특히 현재 지리산권역에 산재해 있는 서원의 현황이 서원의 전개사 전체를 반영해 보여주는지 여부를 단정할 수 없다는 점에서 우리의 논의가 가지는 의미는 제한될 수밖에 없다. 조선 후기 복잡하게 전개된 서원의 역사는 지금에 이르러서 건립된 서원의 정확한 숫자마저도 확인하기 어렵게 만들었다. 이러한 측면에서 보자면 서원의 현황에 대한 이해를 토대로 진행한 우리의 논의는 그만큼 굳건한 토대를 가졌다고 볼 수는 없는 것이다.

이뿐만 아니라 더욱 문제가 될 수 있는 것은 서원과 무관하거나 서원의 전개사에서 벗어나 있는 성리학의 전개를 이러한 서원에 대한 이해를 통해서는 접근할 수 없다는 점이다. 예를 들어 활발하게 서원을 건립하지는 않았지만 여전히 적극적으로 활동한 18세기 이래의 남명학파의 후예들, 그리고 18세기 후반 지리산권을 중심으로 왕성하게 활동했던 노사학파와 한주학파의 경우 서원을 통해서는 그 활동양상을 충분히 확인하거나 보여주지 못하고 있다.

하지만 이러한 한계에도 불구하고 지리산권 서원에 대한 연구는 지리산권 성리학의 연구와 불가분의 관계를 가진다고 생각된다. 그 만큼 서원은 성리학의 전개와 밀접한 관계를 맺고 있을 뿐만 아니라, 지역에서 성리학의 영향관계를 충실히 반영해 보여주는 거울과도 같기 때문이다. 특히 앞에서 제시한 서원을 통한 지리산권 성리학의 이해가 가지는 일정한 한계를 전제한 상태에서 지리산권의 성리학을 이해하는 새로운 혹은 보조적인 틀로 서원을 바라볼 수 있다면 그것 나름의 의미와 가치를 충분히 가질 수 있다고 판단된다.

지리산권 유학자의 영호남 학문 교류

●

김봉곤

1. 머리말

한반도 남부 영남과 호남은 지리산에 가로막혀 있어서 왕래가 쉽지 않다. 1,915m의 천왕봉을 비롯해서 1,732m의 반야봉, 구례지역의 1,507m의 노고단 등 1,000m가 넘는 20여 개나 되는 높은 산봉우리들이 거대한 장성처럼 영호남을 가르고 있기 때문이다. 지금도 구례에서 남원, 남원에서 함양을 가기 위해서는 해발 500m가 넘는 밤재나 여원치, 팔량치 등을 넘어가야 한다. 그리고 구례에서 하동, 함양에서 산청으로 가는 길도 깊은 협곡 사이를 흐르고 있는 섬진강이나 남강을 따라 내려가야 한다.

그러나 전통시대에 이들 지역 간에 왕래가 없었던 것은 아니다. 남원과 구례, 진주 일대는 우리나라에서 가장 비옥한 지대에 속하였기 때문에,[1] 예로부터 이 지역은 물산이 풍요로웠으며, 생산품의 교역을

---

1) 『택리지』에서는 전라도 南原과 求禮, 경상도의 星州, 晉州를 우리나라에서 가장 비옥한 지역으로서 손꼽고 있다(『擇里志』卜居總論,「生利」). 함양도 택리지에서 토지고 기름지며 함양은 山水窟이라고 칭할 정도로 이름난 곳이라고 하였다(『擇里志』八道

위해 산을 넘거나 강을 따라 왕래하였다. 또한 16세기 경에는 이 지역
일대에도 사림세력이 성장하여 주자학의 이념적 동질성을 바탕으로 서
로 왕래하고 혼인이 이루어졌다. 그리고 18,9세기에는 섬진강 수운이
발달하면서 지리산 자락의 비옥한 토지를 배경으로 구례와 하동일대에
도 사족들의 성장이 두드러졌다. 이에 구례-화개-하동-진주로 이어
지는 길을 따라 사족의 왕래가 잦았다.

　이러한 지리산권 사족들의 교류에 대해서는 일찍이 김현영에 의해
남원의 순흥안씨 가문과 함양의 풍천노씨 가문 사이에 통혼권이 형성
되었다는 것이라든가,[2] 정재훈에 의해 함양의 노진이 남원의 안처순
의 학문적 영향을 받았다는 점이 언급되었다.[3] 주로 16세기 지리산권
사족의 혼인관계나 학문적 특성에 대해서 고찰된 것이다. 그러나 두
지역 사족이나 유학자간의 상호 교류에 대해서는 충분히 고찰되지 않
았다. 그리고 19세기의 지리산권의 영호남 유학자들의 학문교류에 대
해서도 김봉곤에 의해 영호남지역 노사학파의 형성과 활동이 분석되기
도 하였으나,[4] 지리산권 유학자들의 전체를 망라하지 못하였고, 20세
기의 지리산권의 영호남 사족간의 교류에 대해서는 깊이 천착하지 못
하였다.

　이에 본고에서는 지리산권에서 유학사상이 발달하기 시작한 16세기
이후부터, 유학사상이 크게 꽃을 피운 19세기와 20세기 초까지의 사족
들의 형성과정이나 유학사상의 특징 등을 영호남 사족들의 상호 교류

　　總論, 卜居總論, 「慶尙道」).
　2) 김현영, 『朝鮮時代의 兩班과 鄕村社會』, 집문당, 1999, 45~49쪽.
　3) 정재훈, 「玉溪 盧禛의 정치사회적 활동 -명조, 선조 연간을 중심으로-」, 『韓國思想
　　과 文化』 45, 2008, 164쪽.
　4) 김봉곤, 「蘆沙學派의 形成과 活動」, 한국학대학원 박사학위논문, 2007.

를 중심으로 살펴보고자 한다. 16세기에는 주로 남원과 함양을 대상으로, 19세기에는 진주, 하동, 구례 지역을 대상으로 이들 지역에 어떻게 사족이 성장하였으며, 학문적 교류가 어떻게 진행되었는가, 그리고 그 학문적 특질은 어떠한가를 구명해보고자 한다. 그리하여 두 지역의 역사와 문화는 상호 밀접한 교섭 속에서 발전하였으며, 시대 상황에 따라 다양한 유학사상이 전개되었고, 정치사회적으로도 동일한 유교문화권으로서 강인하게 결합되어 있음을 밝히고자 하는 것이다.

2. 지리산권 사족의 성장

1) 16세기 남원과 함양지역 사족의 성장

지리산권은 통상 지리산이 위치한 경상남도의 함양, 산청, 하동, 전라북도의 남원, 전라남도의 구례 지역을 지칭한다. 높은 산들 때문에 왕래하는데 불편함을 주고 있지만, 수 많은 산봉우리와 계곡에서 흘러내리는 물은 지리산 주변의 비옥한 땅을 적셔주고 있다. 특히 남원과 함양 일대는 평야가 비교적 널리 발달되어 있어서 사람들이 살기에 적합한 곳이 많다.5) 따라서 인구도 다른 지역에 비해서 적지 않았다. 조선 정조 때인 1789년 남원은 총 47개 방에 마을이 411개나 되었다. 16세 이상의 인구도 남자는 23,489명, 여자는 19,982명으로 도합 43,411명이나 되었다. 이는 전주의 72,505명, 나주의 57,782명에 이어 전라

---

5) 『擇里志』에서도 "지리산은 계곡이 구불구불 깊고 크며, 토성이 두텁고 비옥하여 온 산이 모두 사람 살기에 적합하다"고 하였다. 『擇里志』卜居總論, 「山」. "(智異山)洞府 盤互深鉅 土性又肉厚膏沃 一山皆宜人居".

도에서 세 번째로 큰 지역이다. 함양도 4개 면에 132리나 되었고, 총 인구는 24,100명이나 되었다.[6]

이들 지역은 운봉을 통해서 연결되어 있었다. 운봉은 고원지대이지만,[7] 면적이 246.13㎢로서 남원 전체면적인 752.02㎢의 1/3이나 된다.[8] 인구도 1789년 『호구총수(戶口總數)』를 기준으로 남 3,754명, 여 3,301명 도합 7,055명이었다. 또한 이 지역은 인구뿐만 아니라 두 지역을 연결하는 관방으로서 중요하였기 때문에,[9] 일찍이 현을 설치하고 제한역과 인월역을 설치하여 두 지역을 연결하도록 하였다. 조선 세종 때를 기준으로 함양에서 운봉까지는 20리[10], 운봉에서 남원까지는 22리 정도였기 때문에,[11] 대체로 하루정도 소요되는 일정이었다. 길은 우마가 서로 왕래할 정도의 크기였는데, 도로의 폭을 유지하기 위해[12] 관청에서도 도로의 상태를 자주 점검하였다.[13] 이 길을 따라 관리들이나 상인들이 공무를 처리하거나 교역을 위해 부지런히 왕래하였던 것

---

6) 서울大學校奎章閣, 「『戶口總數』 해제」, 『戶口總數』(1789년 간행), 서울대학교 규장각, 1996, 〈표6〉, 〈표7〉 참조.

7) 함양읍에서 남원으로 가는 八良峙의 해발 고도는 높이 513m, 다시 운봉에서 남원으로 넘어가는 여원치의 해발고도는 477m이다. 운봉의 북쪽은 磻岩으로 넘어가는 柳峙이며, 동남쪽으로는 지리산으로 이어지고 있어서 높은 고원지대를 형성하였던 것이다(신운성지편찬위원회, 「지리」, 『新雲城誌』, 1997).

8) 같은 책, 86쪽.

9) 『擇里志』에서도 운봉현은 팔량치 위에 위치하여 전라, 경상도를 통행하는 대로가 된다고 하였다(『擇里志』, 八道總論, 「全羅道」. "東踰一嶺 卽雲峰縣 在智異山北八良峙上 卽全慶通行之大路").

10) 『世宗實錄地理志』 慶尙道 晋州牧 咸陽郡

11) 『世宗實錄地理志』 全羅道 南原都護府

12) 鄭慶雲, 『孤臺日錄』, 1595년, 7월 21일, "중국 사신이 南原에 머물다가 雲峰에 이르렀다. 짐바리와 수레를 먼저 보내어 郡에 도착했다. 수레가 6대이며, 말이 백여 필이다."

13) 같은 책, 1595년 6월 30일(辛未), "都事가 八良에 가서 도로의 상태를 살펴보았다".

이다. 예종 1년(1489)에는 전라도 상인들이 운봉을 넘어 함양지역에서 대거 면포(綿布)를 구입하였던 탓에 면포의 값이 2, 3두(斗)로 폭락할 정도로14) 경제적 교류가 이루어지기도 하였다. 또한 왜란 때에는 수많은 관군과 의병, 관리들이 운봉으로 연결되는 길을 지나갔고, 영호남 사족들도 이 길을 따라 남원과 함양 지역으로 피난을 가기도 하였다.15)

이처럼 함양과 남원 사이에는 운봉을 경유하는 교통로가 개설되어 많은 이들이 왕래하였으며, 15세기 말부터는 함양과 남원의 사족들이 크게 성장하여 자주 왕래하였다.16) 조선은 15세기 말부터 훈구파세력의 견제책으로 지방에 근거를 둔 사림들을 등용하기 시작하였기 때문에, 영호남 지역에 사림세력이 크게 성장하였으며, 지리산권에도 서로 간의 왕래를 통해 학문적인 심화가 이루어졌다. 예컨대 김종직(金宗直)과 노진(盧禛), 김성일(金誠一) 등 영남 사림의 전라도 지역의 지방관 부임이나 김굉필(金宏弼), 노수신(盧守愼) 등의 유배 등으로 호남 사림과의 교유가 이루어지도 하고, 이황(李滉)과 기대승(奇大升)의 경우처럼 장기간에 걸친 서신 교환을 통해 학문적 심화가 이루어지기도 하였다.17) 지리산권에서도 이미 15세기 후반 남원 중방 출신의 윤효손(尹孝孫,

---

14) 『睿宗實錄』 卷3, 예종 1년(1469) 2월 28일.

15) 『孤臺日錄』을 살펴보면 전쟁이 시작된 1592년부터 전쟁이 끝난 1598년까지 매년 많은 관군과 의병, 사족들이 왕래하였던 사실이 기록되어 있다.

16) 당시 이 지역 사족들의 왕래에는 평소 교분이 있었던 사족의 도움을 받기도 하였지만, 이 지역에 흩어져 살고 있었던 노비들의 도움을 받기도 하였다. 예컨대 『고대일록』에 의하면 정경운은 운봉과 남원, 부안 일대에 노비가 거주하고 있었다. 이에 정경운은 함양에서 남원을 가는 길에 1594년 11월 8일, 1596년 1월 23일과 2월 5일에 남원의 彦金의 집에서 유숙하였으며, 1597년 2월 4일에는 운봉의 노비 집에서 투숙하였다.

17) 고영진, 「호남사림의 학맥과 사상」, 『韓國儒學思想大系 Ⅱ: 哲學思想編 (上)』, 한국국학진흥원, 2005.

방산서원 – 추계 윤효손 배향

1431~1503)이 영남 사림의 대표적인 인물이었던 김종직이나 정여창, 김일손 등과 교유하였다.[18) 그리고 함양의 정여창은 악양에 전장을 마련하였기 때문에 남원과 구례를 거쳐 하동에 자주 왕래하였다.[19) 그리고 이들의 교류에 이어 16세기에 들어서서는 혼인관계를 통해 보다 밀접한 관계가 형성되었다.

지리산권인 함양은 15세기에 이르러 최덕지(崔德之), 조상치(曺尙治), 정종소(鄭從韶), 김종직(金宗直), 조위(曺偉) 등 성리학자들이 함양군수로 부임하여 지방교육을 진흥시킨 결과 정여창(鄭汝昌), 표연말(表沿沫), 유호인(俞好仁) 등을 배출하여 영남사림파의 중심지역이 되었다. 조선시

---

18) 윤효손은 1477년(성종 8)에 경상도관찰사가 되어 김종직, 김일손으로 하여금 효경과 주례를 발간케 하여 반포하였다(尹孝孫, 『楸溪先生遺集』 卷3, 附錄, 「年譜」).

19) 정여창은 1482년(성종 13) 화개에서 남원의 중방리의 윤효손을 찾아가 함께 朱書를 강론하였다(鄭汝昌, 『一蠹遺集』 卷2, 附錄, 「事實大略」).

대 대표적인 사족가문이었던 하동정씨, 풍천노씨, 함안조씨, 진주강씨 등도 15세기에 차례로 함양에 옮겨왔다.[20]

남원 지역도 고려시대 이래 토성(土姓)이었던 남원양씨(南原梁氏), 거녕이씨(居寧李氏), 남원양씨(南原楊氏), 장수황씨(長水黃氏), 남원윤씨(南原尹氏) 등을 비롯해서 여말 선초에 경주김씨(慶州金氏), 흥성장씨(興城張氏), 진주소씨(晉州蘇氏), 남양방씨(南陽房氏), 나주진씨(羅州晉氏), 창원정씨(昌原丁氏) 등의 성씨들이 입거(入居)하여 성장하였다. 그리고 15세기 후반에는 서울 사족인 순흥안씨(順興安氏)와 삭녕최씨(朔寧崔氏), 전주최씨(全州李氏) 등이 처가를 배경으로 남원에 차례로 입거하였다.

이들 성씨 중에서도 16세기에 함양과 남원 지역간에 혼인관계를 형성하였던 가문으로는 남원의 순흥안씨, 남양방씨, 삭녕최씨, 남원양씨(南原楊氏) 등과 함양의 풍천노씨, 하동정씨 등을 들 수 있다. 먼저 순흥안씨는 안기(安璣, 1451~1497)가 능성현령(綾城縣令)을 지낸 임옥산(林玉山, 1432~1502)[21]의 딸과 혼인한 뒤 남원으로 이거하였다. 안기는 부친이 전주부윤 안지귀(安知歸)였으며, 어머니는 형조참판 박이창(朴以昌)의 딸 사이에서 태어났으며, 그의 형제들 모두 현달하였다. 큰 형 안호(安瑚)는 문과에 급제하여 공조참판을 지냈으며, 둘째 형 안침(安琛)은 공조판서, 셋째 형 안선(安璿)은 제용감부정(濟用監副正)을 지냈으며, 넷째

---

20) 李樹健, 『嶺南士林派의 形成』, 嶺南大學校出版部, 1979, 128쪽.

21) 임옥산은 본관은 兆陽, 자는 仁甫, 호는 菊軒이다. 부친은 곡성훈도 士綱이며, 모친은 開城高氏로 이조참판을 지낸 淳의 딸이다. 임옥산은 효행에 뛰어나 성종 때에 크게 발탁된 인물이다. 그는 南原 사람으로 進士로서 武科에 합격하여 軍器直長에 제수되었는데, 부모의 喪事를 당하자 『家禮』에 의해 극진히 상례를 치렀으며(『睿宗實錄』 睿宗 1年(1469) 7月 28日), 이 사실이 성종에게 알려져서(『成宗實錄』 卷10, 成宗 2年(1471) 6月 23日) 1474년(성종 5) 선전관과 장수현감에 임명되었으며, 1496년(연산군 2)에는 능성현령을 지내기도 하였다(한국역대종합인물정보시스템(http://people.aks.ac.kr)).

형 안종(安琮)은 임실현감을 지냈다. 안기는 이러한 가문적 배경하에 부유했던 임옥산의 딸과 혼인하였고, 흑성산 일대에 있었던 조양임씨의 땅을 물려받아 그의 후손들이 세거하게 되었다.

또한 남양방씨는 조선 초에 방한걸(房漢傑)의 증조부되는 행정산현감(行定山縣監)을 지냈던 방구성(房九成)이 남양(南陽)에서 남원의 주포촌(周浦村)에 옮겨와서 세거하였다.22) 남원 양씨는 고려말 집현전 대제학을 지낸 양수생(楊首生)의 아들 양사보(楊思輔)가 어머니 광산(光山) 탁광무(卓光茂)의 딸을 따라 남원에서 순창으로 이거하여 양연(楊淵), 자첨(楊子瞻), 양배(楊培), 양홍(楊洪), 양사형(楊士衡) 등 저명한 사림 출신을 다수 배출하였다.

또한 남원지역은 삭녕최씨의 성장이 두드러졌다. 삭녕최씨는 입향조 최수웅이 사화를 피해 처가를 따라 남원의 둔덕에 내려온 뒤, 손자 최언수가 이미 중종 때 문과에 급제하여 조정에 진출하였다. 최언수의 아들 영(穎)은 좌승지, 옹(顒)은 문과에 급제하여 경상도관찰사, 정(頲)은 사헌부 지평, 넷째 적(迪)은 목천현감을 지냈다 또한 영의 아들 최상중은 남원 중방의 윤효손의 손녀와 혼인하여 지리산에서 가장 비옥한 구례 구만리 일대에 터전을 마련하였다. 뿐만 아니라 그는 미암 유희춘의 문인으로서 문과에 급제하고 권율의 종사관으로서 행주대첩에 큰 전공을 세웠다.23) 이후로도 삭녕최씨는 이 지역에서도 가장 많은 학자와 관리를 배출한 가문으로 발달해갔다.

---

22) 盧守愼, 『穌齋先生文集』 卷十, 碑碣, 「有明朝鮮國南原房君墓碣銘幷序」, "曾祖諱九成。奉列大夫。行定山縣監。徙龍城周浦村。遂爲世居。祖諱詢文。奉直郎京畿水運判官。考諱貴和。選司馬薦。授職通訓大夫。行戶曹佐郎。外祖。臨陂縣令姓諱李奉孫"
23) 『朔寧崔氏世譜』(1967年 刊行) 甲編上下.

남계서원 - 일두 정여창 배향

　함양의 경우도 하동정씨의 족세(族勢)가 크게 번창하였다. 정초(鄭招) 가문과 정인지(鄭麟趾) 가문은 조선 초에 상경하여 훈척세력(勳戚勢力)으로 발전하였지만, 정여창 가문은 조선 초에 정여창의 증조부인 정지의(鄭之義)가 보성선씨(寶城宣氏)와 혼인하여 함양에 이거하였다. 이후 정여창 가문은 정여창의 부친인 함길도 병마우후(咸吉道兵馬虞候)였던 정육을(鄭六乙)이 이시애(李施愛)의 난에 죽고 가정대부 한성부좌윤(嘉靖大夫漢城府左尹)에 증직되었으며,24) 정여창은 정종의 손녀이자 종실인 도평군(桃平君) 이말생(李末生)의 딸과 혼인하여 가문을 빛냈다. 정여창은 김종직의 문인으로서 김굉필, 김일손 등과 함께 영남사림을 대표하는 사림으로서 활약하였다. 그는 무오사화 때 경성으로 유배되었으나, 중종 때에 신원되고 1610년(광해군 10)에는 김굉필, 조광조·이언적·이황 등과 함께 오현(五賢)의 한 사람으로 문묘에 배향되는 경사가 이루어지

---

24) 鄭蘊, 『桐溪集』卷4, 碑銘, 「文獻公一蠹鄭先生神道碑銘并序」.

기도 하였다.[25)

노진가문은 옥계(玉溪) 노진(盧禛)의 증조부 노숙동(盧叔仝)이 함양출신의 경주김씨 김점(金點)의 딸과 혼인하면서 창녕에서 함양의 개평으로 옮겨 정착하게 되었다. 김점은 당시 만석군으로서 무남독녀의 딸을 노숙동에게 혼인시킴으로서 노숙동의 후손들이 함양에 정착할 수 있는 경제적 기반을 마련해주었다.[26) 또한 김점은 함양 출신의 정복주(鄭復周)의 사위이기도 하였는데, 정복주는 일두 정여창의 조부였다. 따라서 노숙동의 후손들은 김점의 외손봉사를 하면서 일찍부터 정여창 가문과 깊은 관계를 맺으면서 함양의 대성으로 발전하게 되었던 것이다.

노숙동은 대사헌, 삼도관찰사를 거쳤으며 청백리에 녹선되기도 하였으며,[27) 그의 아들 분 역시 1462년(세조 7)에 문과에 급제하여 예문관 교리에 올랐다. 노분의 아들 우량, 우명, 우영도 모두 과거에 합격하는 등 뛰어난 인물들이었다. 특히 정여창의 문하에서 수학한 노우명은

---

25) 鄭蘊, 『桐溪集』 卷4, 碑銘, 「文獻公一蠹鄭先生神道碑銘并序」.

26) 예컨대 노숙동의 손자 노우명은 할머니 김씨에게 사랑을 입어 넉넉하게 토지와 재산을 주고자 하여도 사양하였다는 점으로 보아(盧禛, 『玉溪先生文集』 卷三, 墓碑誌, 「有明朝鮮國從仕郎行顯陵參奉贈資憲大夫吏曹判書兼知義禁府事府君墓誌」, "少被鞠愛于王母貞夫人金氏。屢欲優賜田産。卒辭不受"), 김점의 재산이 상당하였음을 알 수 있다.

27) 노숙동은 25세인 1427년(세종 9) 문과에 급제하여 승문원 박사를 시작으로 校理·사헌부감찰, 집현전 修撰을 역임하였으며, 1436년 文科重試에 급제한 이후로는 호조참판, 예조참판, 한성부윤, 춘추관, 시강원빈객, 예문관, 홍문관 제학(提學), 대사헌, 삼도관찰사를 제수받는 등 청환직을 두루 거쳤다. 그리고 세종 때에 『資治通鑑訓義』, 『治平要覽』, 문종 때에 『고려사』의 紀·志·연표 집필에 참여하였다. 또한 그는 문망이 높아 예조참판으로서 1457년(세조 3) 明의 頒詔使 陳鑑과 高閏을 맞아 接伴使로 활약하였으며, 1462년(세조 8)에는 同知中樞院事)로서 명에 謝恩使를 다녀왔다. 그는 세종, 문종, 단종, 세조의 4朝를 거치면서 부정이나 청탁, 이권을 멀리하여 세조 때 청백리에 錄選되었으며, 후손들에게 修己治人의 요체를 담은 誠信廉公謹簡和惠 8자 유훈을 남겼다(한국역대종합인물정보시스템(http://people.aks.ac.kr)).

1518년 경상도 관찰사 김안국(金安國, 1478~1543)에 의해 천거되어 현릉 참봉(顯陵參奉)에 제수됨으로서,[28] 사림들의 이념을 실현시킬 인물로 기대되었다. 김안국은 조광조·기준(奇遵) 등과 함께 김굉필의 문인으로서 향교에 『소학』을 권하고, 향약을 시행하여 향촌 교화에 힘썼는데,[29] 노우명은 그러한 소학과 향약의 이념을 실현시킬 수 있었던 인물로 간주되었던 것이다. 이후 함양의 풍천노씨 가문은 사림가문으로서 발전해갔으며, 노우명에 이어 노진이 학문적으로 대성하게 되었다.

남원과 함양에 자리잡은 이들 가문들은 서로 혼인관계를 통해 연결되었다. 먼저 15세기 후반 남원의 남양방씨와 함양의 하동정씨 사이에 혼인이 이루어졌다. 즉 남양방씨 방귀화의 딸이 함양의 하동정씨 정여창의 아들 희직과 혼인하였다. 이어 남원의 순흥안씨와 함양의 풍천노씨 사이에서도 혼인이 이루어졌다. 안지귀의 다섯째 아들 안기가 노숙동의 손자 노우명과 혼인하고, 노우명의 아들 노진이 안기의 다섯 째 아들 안처순의 딸과 혼인하여 연혼관계를 형성하였던 것이다. 두 지역 간의 혼인관계는 16세기 후반 함양의 정여창의 현손 정홍서(鄭弘緖)가 남원양씨 양사형(楊士衡)의 딸과 혼인하였으며, 정홍서의 누이는 남양방씨인 방원진과 혼인하였다. 그리고 풍천노씨 노척은 최상중의 딸과 혼인하였다. 이처럼 두 지역 사족들은 15세기 말부터 16세기에 이르러서도 줄곧 혼인관계로 연결되었던 것이다.[30]

---

28) 盧禛, 『玉溪先生文集』 卷3, 行狀, 「考從仕郎行顯陵參奉 贈資憲大夫 吏曹判書 兼知義禁府事 府君[盧友明]行狀」

29) 『한국역대종합인물정보시스템』(http://people.aks.ac.kr).

30) 김봉곤, 「15, 16세기 지리산권(남원·함양) 사족의 혼인관계와 정치·사회적 결속」, 『歷史學研究』 49, 2013, 87~91쪽.

2) 19세기 진주, 하동, 구례 일대의 신흥 사족의 성장

19세기에 이르면 진주, 하동, 구례 일대에 신흥 사족이 크게 성장하였다. 이들 지역에서 먼저 주목되는 바는 18,9세기에 인구가 크게 증가하였다는 점이다. 예컨대 1789년 조사된 『호구총수』에 따르면 구례는 8면 81개 마을이 있었다. 인구도 총 호수 1,788호에 8,831명(남 4,692, 여 4,139)이나 되었다. 이는 인근 곡성의 3,504호에 8,453명(남 4,506, 여 3,947) 등에 비해 인구가 상대적으로 훨씬 많다. 이는 구례지역이 토지가 비옥하여 인구를 부담할 능력이 다른 지역보다 상대적으로 컸던 것을 의미한다. 『택리지』에서도 구례는 전라도의 남원이나 경상도의 성주·진주와 함께 우리나라에서 가장 비옥한 곳으로 손꼽고 있다. 벼 1말에 볍씨를 뿌리면 140두를 수확할 수 있고, 적게 나도 80말은 수확할 수 있다고 하였다.31) 하동도 이 무렵 4,221호에 20,549구(남 10,084, 여 10,465)로서 인구가 크게 늘었다. 호당 구수도 4.9명으로 구례 지역과 동일하다. 하동 지역 역시 그만큼 토지가 비옥하였으며, 인근에 바다가 있어서 물산이 풍요로웠던 것을 반영하는 것이다.

이러한 경제적 성장이나 인구 증가를 바탕으로 19세기에 들어서서는 진주, 하동, 구례지역 일대에 기존의 사족 외에 새로운 사족들이 성장하였다. 예컨대 진주의 경우 새로운 사족들이 성장했다는 것은 17, 18세기의 과거합격자와 비교해보면 잘 드러난다. 진주 출신의 과거합격자를 모은 『진주연계재연혁(晉州蓮桂齋沿革)』의 기록을 검토해보면, 진주지역 과거합격자가 17세기에는 문과 8명, 생진과 47명이며, 18세기에는 생진과가 47명, 26명이었는데, 19세기에 들어와서는 문과 25명,

---

31) 『擇里志』 卜居總論, 「生利」.

생진과 57명으로 증가하였다. 문과나 생진과 모두 이전 시기보다 크게 늘고 있었다.[32]

또한 성관별로도 19세기는 그 이전 시기와 다른 경향이 나타난다. 15세기 진주지역 문과 합격자는 총 60명이었는데, 그 중에서도 진양하씨나 진양강씨, 진양정씨 등 3개 토성이 33명으로 과반수가 넘는다. 생진시 합격자도 총 129명에서 이들 3개 토성의 합격자가 50명이나 된다. 그러나 19세기에 이르면 문과의 경우 진양하씨나 진양강씨, 진양정씨 보다는 외부에서 이주해온 해주정씨, 성주이씨, 밀양박씨, 함안조씨 등이 합격자를 더 많이 배출하였으며, 생진시도 해주정씨, 전주최씨, 삭녕최씨, 남원양씨, 재령이씨, 김해허씨 등의 외부에서 이주해온 가문에서 합격자를 더 많이 배출하였다. 이처럼 19세기에는 진주지역에서 과거합격자가 증가하고 새로운 사족의 성장이 두드러지고 있음을 알 수 있다.

또한 이러한 신흥 사족층은 자신의 가문의 격을 높이기 위한 노력을 계속하였다. 예컨대 노사 기정진의 제자 조성가(趙性家)는 1857년 1월 28일 자손과 동생, 숙부와 협의하여 과계(科契)를 결성하였으며, 2월 1일에는 여러 사촌 형제들과 과계(科契)를 결성하였다.[33] 과거에 응시하기 위해서 비용이 많이 들어가기 때문에 경제적인 뒷받침을 해야 했기 때문이다. 이후 조성가 가문의 경제적인 지원을 받아 자주 상경하였다. 예컨대 1866년 3월 조성가의 동생 조성주(趙性宙)가 경시(慶試)에 응시하기 위해 상경하였고, 1867년 2월 26일 경시에 응시하기 위해 조성가의 아들 조종규와 동생 조성주가 상경하였다. 1870년 2월에는 아들 조

---

32) 김준형, 『晉州蓮桂齋沿革』, 가람출판사, 2007, 39쪽 〈표 2〉와 40쪽 〈표 3〉 참조.
33) 『趙性家日記』, 「丁巳年日記」 1月 28日 및 2月 1日條.

종규(趙宗奎)가 생원시 회시(會試)에 응시하기 위해 상경하였고, 1873년 2월에는 동생 조성주가 회시에 응시하기 위해 상경하였다.[34] 이처럼 조성가 집안에서는 과계를 결성한 이후 과거 설행 시 자주 상경하였으며, 이를 통해서 과거에 합격하려고 했던 것이다.

또한 이 무렵 진주 일대에는 19세에 들어와서 많은 서재와 누정이 세워져서, 유생들이 자주 모여 시를 짓고, 학문을 토론하였다.[35] 남인이나 노론 등 당색을 따지거나 어느 지역에 사는가는 지역을 따지기보다는 그 사람이 갖고 있는 문장이나 학문 등을 더 중시하는 경향이 있었다. 또한 자신들의 경지에 만족하지 못한 유생들은 지역을 벗어나 저명한 성리학자나 문장가를 찾아가 자신들의 학문적 역량을 높여 나갔다. 이에 진주나 산청, 하동 등에서 구례를 거쳐 호남을 찾거나 반대로 호남 쪽에서 진주나 산청 등으로 공부하러 가는 학자도 많아졌다.

예컨대 지리산을 거쳐 호남 하동 옥종의 월횡에 살았던 월촌(月村) 하달홍(河達弘, 1809~1877)은 섬진강과 지리산을 따라 연결되어 있는 길을 따라 전라도 장성에 찾아가서 기정진과 교유하였고, 조성가와 최숙민도 기정진에게 수학하기 위해 지리산의 고갯길을 넘고 섬진강을 따라서 장성으로 나아갔다.

---

34) 『趙性家日記』, 「丙寅年日記」, 「丁卯年日記」, 「庚午年日記」, 「癸酉年日記」 참조.

35) 서재나 누정이 지어져서 자주 창화하는 모습은 『조성가일기』에 자주 등장한다. 예컨대 『조성가일기』 중 1876년 4월 22일부터 5월 10일까지의 기사를 보면, 4월 22일부터 4월 25일까지는 새로 과거 급제한 인물인 함안의 족질인 진사 昞奎가 와서 曲會를 村齋에서 열기도 하고, 崔孝淑과 그 재종질이 진사시에 합격하여 조성가에게 인사차 다녀갔으며, 정태원을 방문하여 과거에 떨어진 것을 위로하였다. 또한 5월부터는 村塾을 수축하여 경서나 사서를 읽기도 하고, 茶亭에 가서 梁注書 致默을 만나서 이야기하고 돌아왔다. 이러한 내용을 통해서 볼 때, 당시 진주출신의 유생들이 과거 급제를 얼마나 소중히 여겼으며, 공부나 연회의 장소가 서재나 누정이었음을 알 수 있다.

칠의사

또한 이들이 거쳐갔던 섬진강이나 지리산 자락에는 18, 9세기 경에 많은 사족들이 형성되고 있었다. 예컨대 구례 지역의 경우 광의와 용방을 관통하는 서시천 주변의 넓은 평야지대를 배경으로 영조 때 무신란 진압에 참여한 개성왕씨와 전주이씨를 비롯해서 18세기 말부터는 청주한씨, 제주양씨, 제주고씨, 보성오씨 등도 성장하고 있었다. 즉 정유재란 때 이들의 선조인 왕득인(王得仁)·왕의성(王義成)·이정익(李廷翼)·한호성(韓好誠)·양응록(梁應祿)·고정철(高貞喆)·오종(吳琮) 등 칠의사가 의병을 일으켜 구례와 하동 경계인 석주관에서 싸우다 순절하였다는 사실이 알려지게 됨에 따라[36] 1804년 국가에서 이들에게 관직을 내리고 포상함에 따라 이들 가문은 구례지역을 대표하는 사족가문으로서 성장하였던 것이다. 이들은 1814년에는 광의면 남전리 일대에 순절하였던

---

36) 1798년 2월 화엄사 대웅전 중수시 천정에서 「寄華嚴寺和尙僧弘○橄文」과 「華嚴寺僧丁酉日記」가 우연히 발견되어 정유재란 때의 7의사 행적이 널리 알려지게 되었다.

인물들을 합사하는 충효사를 건립하여 사족가문간의 단합을 꾀하기도 하였다.

이처럼 19세기에는 하동에서 구례, 곡성 등으로 이어지는 지리산 자락과 섬진강가에 사족이 크게 성장하였으며, 이러한 사족을 배경으로 조성가의 경우 하동에서 장성으로 나아가는 동안 하동의 밀양박씨, 구례의 개성왕씨, 곡성의 순흥안씨(順興安氏), 창평의 장택고씨(長澤高氏), 담양의 전주이씨(全州李氏) 등을 도움을 받아 차례로 스승이 거처하였던 장성에까지 나아갈 수 있었던 것이다.

3. 16세기 남원, 함양 지역 유학자간의 학문교류

지리산권은 원래 불교가 유행한 지역이었으나, 조선이 건국된 이후 국가적으로 불교 대신 유학을 장려함에 따라 점차 유교적 예속이 널리 보급되고 곳곳에 많은 유학자들이 배출되었다. 특히 남원과 함양은 15세기 중엽 이후 유교적 지식인의 지방관 파견이나 서울이나 진주 등지의 사족 가문이 다수 유입됨에 따라 유학의 기풍이 크게 일어나게 되었다. 남원의 윤효손이나 함양의 정여창은 효행과 실천으로서 이 지역 일대의 사림들의 모범이 되었고, 16세기에는 기묘명현인 남원의 안처순, 이조판서의 지위까지 오른 함양의 노진, 왜란 때 남원 의병장이었던 변사정 등에 의해 영호남간의 학문교류가 촉진되었으며, 경세와 실천을 중시하는 유학의 기풍이 성행하였다.

먼저 안처순은 안기의 다섯째 아들로 남원 흑성방에서 태어났으나, 다른 형제들과는 달리 어린 시절 서울에서 중부인 판서 침(琛)의 집에서 자랐다. 이에 그는 당시 서울의 많은 사림파 인물들과 교유하게 되었으므로, 중종 9년(1514) 별시문과에 급제하자 곧바로 홍문관에서 조광조, 김정(金淨), 표빙(表憑), 기준, 정응(鄭應) 등 당대의 사림들과 새로운 정치를 실현하기 위해 노력하였다. 그는 대학의 경세론과 근사록의 성리설을 중시하여, 국왕과 학문을 토론하는 경연에서 국왕이 덕성을 함양하고 모범을 보이는 수기치인의 정치를 주장하였으며, 훈구파의 전횡을 비판하고 사림의 등용을 촉구하였다.[37]

또한 안처순은 남원이나 구례 일대에 유학을 장려하고 유교적 예속의 보급을 위해 노력하였다. 그가 1518년 구례현감에 제수되자 국왕이나 조광조·김정·기준·최산두 등의 기묘사림들은 안처순에게 효제 충신의 실천적인 교육을 당부하였다. 이에 안처순은 구례에 향교를 세웠으며, 『근사록(近思錄)』을 간행하여 학문과 도(道)에 들어가는 방법을 제시하였다.

중종 14년(1519) 기묘사화로 인해 조광조 일파로 지목되어 파직되었으나, 모친 조양임씨가 별세하자 삼년상을 극진히 치루는 등 유교적 예속의 실천에 솔선수범하였다.[38] 뿐만 아니라 그는 조정에서의 경연, 고을 수령으로서의 경험, 향촌사회에서의 생활을 바탕으로 상·하(上下) 두 책으로 되어 있는 『세제편(思齊篇)』을 만들어 후손들에게 전하였다. 안처순은 명나라에서 간행된 『사서대전(四書大典)』의 내용 중에서 학문과 일상 생활에 필요한 글을 뽑아 새롭게 책을 재구성하였다. 사제편

---

37) 김봉곤, 「16세기 지리산권 유학사상(1) −남원·함양의 安處順, 盧禛, 邊士貞을 중심으로」, 『韓國思想史學』 12, 2012, 187~190쪽.

38) 실록에서도 안처순에 대해 안처순이 광조의 일로 파직되어 시골에 살았는데, 어머니가 죽자 侍墓살이를 하면서 죽만 먹었고 3년 동안을 울기만 하였으므로 온 고을이 칭찬이 자자했다고 평하였다(『中宗實錄』 卷55, 중종 20년(1525) 10월 12일).

죽연사 – 사제당 안처순 배향

상편(上篇)에서는 요순과 다름없는 심성을 바탕으로 덕성을 함양하고 기질을 변화시키는 공부 방법을 제시하였고, 하편(下篇)에서는 이러한 학문을 바탕으로 삼강오륜의 실천, 향당에서의 일상생활의 원칙을 제시하였다.[39]

이러한 대학의 경세론과 실천적인 유학에 바탕을 둔 안처순의 유학의 학풍은 그의 사위인 함양 출신의 노진(盧禛)에 의해서 계승되어갔다. 노진은 노우명과 노우명의 둘째 부인 안동권씨 시민의 딸 사이에서 태어났다. 6세 때에 부친 노우명이 타계하였으나, 이복형인 노희와 어머니 안동권씨의 극진한 보살핌을 받아 학문에 몰두할 수 있었다. 그는 13살 때에 남원의 안처순을 찾아가 학문의 자질을 받았으며, 삼년 뒤에는 안처순의 딸과 혼인하였다.

이후 노진은 처가인 남원 등을 왕래하며 과거공부에 힘썼다. 1537년

---

39) 김봉곤, 앞의 글, 2012, 190~191쪽.

생원시에 합격한 이후로는 성균관에서 하서(河西) 김인후(金麟厚)를 비롯해서 소재(蘇齋) 노수신(盧守愼), 치재(恥齋) 홍인우(洪仁祐) 등 당대의 학자들과 교류하였다. 그리고 1546년 문과에 합격한 이후로는 사헌부와 홍문관의 직책을 제수받아 경연과 근시(近侍)의 반열에 참여하였고,40) 이조좌랑, 형조참의, 이조참의 등 요직을 거쳐 1575년(선조 8)에는 예조판서, 1578년(선조 11)에는 병조판서, 대사헌, 형조판서, 이조판서 등을 제수받았다.

노진의 교유관계는 중앙이나 지방 두루 걸쳐 있다. 그는 함양의 정희보에게 수학하였기 때문에, 이후백·양희·오건·강익·정복현·임희무 등 함양이나 산청 일대의 지리산권 사족들과 깊은 교분을 맺었다. 또한 성균관 수학시에는 김인후·홍인우·노수신 등과 교분이 깊었다. 그리고 자형(姊兄) 신잠의 권유로 문과에 급제한 이후에는 김안국의 추천을 받아 조정에 진출하여 당대 사림을 대표하는 인물들이 노진의 후원자가 되었다. 그리고 그는 조정이나 학계에서 기대승·이항·김계휘·방응현 등 기호사림, 이황·조식·오건·양희·임훈·정유명 등 영남사림과 두루 친하였다. 이러한 대외적인 명망과 함께 노진은 많은 문인을 배출하였다. 그 중에서도 변사정·김익복(金益福)·양사형·신명수(申蓂秀)·조종도·하맹보(河孟寶)·임희수(林希秀)·임희영(林希榮) 등은 남원과 함양 지역의 대표적인 문인들이다.41)

이처럼 노진은 함양 출신이지만, 처향인 남원지역을 자주 왕래하였

---

40)『明宗實錄』卷27, 明宗16년 3월 19일. "臣以孤寡餘喘 生長草野 叨被聖眷 出入經幄近
　　侍之列"

41) 정재훈,「玉溪 盧禛의 정치사회적 활동 – 명조, 선조 연간을 중심으로」,『韓國思想과
　　文化』45, 2008 ; 김봉곤, 앞의 논문, 2012, 183~184쪽.

창주정사 – 옥계 노진 배향

으며, 두 지역의 많은 인물들과 교유하였다. 문인들도 다수 배출하였
다. 이에 그가 선조 11년(1578) 타계하자 남원과 함양 지역에서는 곧바
로 노진을 제향하기 위한 서원건립이 추진되었다. 남원에서는 방응현
(房應賢)·장급(張伋)·변사정(邊士貞) 등 노진과 교유하였거나 문인들이
중심이 되어 선조 12년(1579) 남원부사 이경(李璥)의 지원을 받아 다음해
가을 고룡서원(古龍書院)을 건립하였다.[42] 이후 이 서원은 선조 33년
(1600)에 창주서원(滄洲書院)으로 사액되기도 하였다.[43] 또한 함양에서
도 선조 12년(1578) 조종도(趙宗道)·변사정·정유명(鄭惟明)·성팽년(成彭

---

[42] 『龍城誌』 卷3, 書院, 「古龍書院」.

[43] 『玉溪先生續集』 卷4, 外集, 「古龍書院事蹟」. 고룡서원이 창주서원으로 사액된 것에
관해서는 다소 논란이 있다. 창주서원은 후일 함양의 신계서원이 현종 1년(1660) 당
주서원으로 사액되면서 이후 창주서원은 사액서원으로 인정받지 못하였다. 이에 『용
성지』에서도 당주서원이 사액되었기 때문에 고룡서원은 사액되지 못하였다고 기술
하였다(『龍城誌』 卷3, 書院, 「古龍書院」). 이 때문에 노진의 후손들이 반발하여 예조
와 관찰사에 글을 올려 창주라는 액호를 다시 내려주도록 계속 청원하였다(「南原儒生
盧堉盧錫孝盧光勛等泣血仰籲于巡相閣下」, 盧甲煥氏所藏古文書).

年) 등 노진과 교유하였거나 문인들이 갈천(葛川) 임훈(林薰)에게 품정하여 서원건립을 논의하였다. 이에 선조 14년(1581)에 신계서원(新溪書院)이 건립되었으며, 현종 1년(1660) 당주서원(溏洲書院)으로 사액되었다.

노진은 김인후 등의 영향을 받아 성리설에서 기(氣)보다는 리(理)를 중시하고 인륜의 실천을 중시하였다. 그는 노수신이 1559년 진도에서 「인심도심변(人心道心辨)」을 지어 명(明)의 나흠순(羅欽順)이 『곤지기(困知記)』에서 주장한 인심도심체용설(人心道心體用說)에 동의하자, 1562년 담양 용천사(龍泉寺)에서 이항과 회동하고 노수신의 학설을 반박하였다. 순임금 때에 체용의 설이 있을 수 없으며, 체용을 말할 때에는 체를 먼저 말한다는 것, 그리고 체용에 대해서 위태롭다거나 은미하다는 것을 적용할 수 없다는 점을 들어서 노수신처럼 인심, 도심을 체용관계로 볼 수 없다고 주장한 것이다.44) 이후 그는 기대승이 인심도심설에 관해 형기와 성명의 관계로 풀이하고, 이기일물설(理氣一物說)은 도,기의 구분이 없게 된다고 주장하자 이에 찬동하였다.

또한 노진은 정치적으로 안처순처럼 간언을 중시하였으며, 군자와 소인의 엄격한 분별을 주장하였다. 그는 명종 14년(1559) 언로를 넓히라고 주장하였으며,45) 조정변(調停辨)46)을 지어 소인들 등용하면 그 세력을 모아 끝내 군자를 없애게 될 것이라고 하여47) 소인의 등용을 적극

---

44) 같은 글, "整庵旣以人心道心爲體用 則當舜之時 果可有體用之說 而若言體用 則先用而後體 無奈倒了耶 且至變之用不可測兩言 其於釋危微二字之義 果穩貼而無所病耶 若果如是 則所謂精之者何物耶 於體用 亦可着精字耶"

45) 명종 14년 기미 / 명 嘉靖 38년 1월 29일(신축) 1번째 기사: 정재훈도 노진이 임금에게 간언을 받아들이는 것의 중요성을 역설하였는데, 이는 성리학에 기반을 둔 실천이라고 주장하였다(정재훈, 앞의 글, 165쪽).

46) 노진, 『玉溪先生文集』 卷5, 雜著 「調停辨」.

47) 같은 글, "況小人之性 必邀結朋比 以援其數 夤緣和圖 以固其勢 如鬼如蜮 千歧萬轍

반대하였다. 이러한 노진의 주장은 훈구파에서 사림들로 정권이 바뀌는 과정에서 언로를 통해 사림정권의 확립에 공헌하였음을 보여주는 것이다.

노진은 군자의 잘못에 대해서도 비판하였다. 그는 「관과지인론(觀過知仁論)」을 지어 군자의 잘못은 치우침(偏)에서 생기고, 소인의 잘못은 사사로움(私)에서 생긴다고 하였다.[48] 예컨대 인과 지는 천리에서 나온 것이어서 소인의 인욕과는 구별되어야 하지만, 군자 역시 마음가짐을 불편불의의 리(理)에 두어 지와 인을 지나치게 해서는 안 된다고 하였다.[49] 노진이 이처럼 지와 인이 지나치게 되었을 때 나타나는 문제점을 언급한 것은 그가 1575년(선조 8)이래 사림정권이 동, 서로 분당되면서 서로 군자당을 자처하여 극단적인 대립으로 치달았기 때문이라고 할 수 있다. 이에 노진은 아무리 군자라고 해도 지와 인이 지나칠 수 있다는 점을 들어 동, 서의 화합을 꾀하였다고 할 수 있는 것이다. 그러나 노진의 기대와는 달리 당쟁이 극심해지자, 노진은 조정의 복잡한 정치에서 벗어나 조용히 은거를 결심하기도 하였다. 그는 1575년 임훈을 만나 은거터를 상의하였고, 변사정으로 하여금 운봉의 도탄에서 먼저 살게 하였던 것이다.[50]

이러한 노진의 대표적인 문인이 변사정이다. 변사정은 1529년(중종

必至於勝君子而去之然後已"

48) 노진, 『玉溪先生續集』 卷3, 論, 「觀過知仁論」, "君子之過 生於偏 小人之過 生於私"

49) 같은 글, "淸明剛果之過也 則有硜硜狷介之病 忠厚仁愛之過也 則有柔異優游之失 以至施爲之際 酬酢之間 亦或有詿繆舛錯之患"

50) 노진, 『玉溪先生文集』 卷5, 「年譜」, "(先生五十七歲)是年春 會曹南冥於獐項 議定築室之地 又會林葛川於玉山 卜地拓基 又送門下士邊士貞 使先居于雲峯桃灘上 而自後家患連仍 又遭大故 竟不得就焉". 1575년에 조식과 장항동에서 만나 집을 지을 땅을 議定하였다 하나, 조식은 1572년(선조 5)에 타계하였으므로, 사실과 다르다.

24) 변호(邊灝)와 초계정씨 정옥견(鄭玉堅)의 딸 사이에서 서울에서 태어났으나, 20세에 남원의 경주김씨 김점(金點)의 딸과 결혼한 이후 남원으로 내려왔다. 그는 21세에 인척이 되는 노진을 뵙고 성리학을 배웠으며, 25세 이후에는 완전히 남원으로 이주하였다. 이후 그는 운봉에 도탄정사를 짓고 학문에 몰두하였으며, 영호남의 많은 학자들과 사귀었다. 영남쪽 인물로는 함양의 하맹보(河孟寶), 강익(姜翼), 산청의 조식(曺植), 안음의 임훈(林薰), 정유명(鄭惟明) 등과 교유하였고, 호남쪽 인물로는 안전(安瑑)이나 안창국(安昌國) 등 안처순의 후손이나 김천일(金千鎰), 기효간(奇孝諫) 등 이항의 문인, 광주출신의 기대승(奇大升), 박광옥(朴光玉), 화순의 최경회(崔慶會), 남원의 정염(丁焰), 양대박(梁大撲), 최상중(崔尙重), 양사형(楊士亨), 김점(金玷), 오수성(吳遂性), 안문보(安文寶) 등 많은 인물들과 교유하였다.

변사정은 노진과 이항의 영향을 받아 성리학에서 도통을 중시하고 이기일물설을 주장하였다. 그는 태극의 리를 궁구하고 인의중정(仁義中正)에 정(靜)을 주장한 것은 주염계(周濂溪)의 학문이고, 주염계의 학문을 배워 물리(物理)에 일(一)을 주장한 것은 정명도(程明道)의 학문이며, 위로 사우의 도움과 아래로 부형의 어짐을 힘입어 경(敬)으로서 주장을 삼은 것은 정이천(程伊川)의 학문이며, 격물치지로써 공을 삼고 사물에 임하여 근외(謹畏)한 것은 주자(朱子)의 학문이라고 하여[51] 주염계 – 정명도, 정이천 – 주자로 이어지는 성리설에서 도통을 중시하였다.

---

51) 변사정, 『桃灘集』 卷1, 策, 「問四先生氣象」, "究太極之理而主靜乎仁義中正者 元公之學也 學元公之學而主一乎物理者 伯子之學也 上有師友之益下賴父兄之賢 亦以敬爲主者 叔子之學也 以格物致知爲功而臨事物謹畏者 遯翁之學也": 元公은 周敦頤(호는 濂溪)의 시호, 伯子는 程顥(호는 明道), 叔子는 程頤(호는 伊川), 遯翁은 朱熹의 호임.

그는 이기설에서는 이기(理氣)는 태극속에서 혼연히 하나의 물(物)을 이루고 있다고 주장하였다. 변사정은 '기(氣)에 있는 것이 수(水)이나 기는 리 가운데에 있고, 말을 타는 것은 사람이 말을 타고 있는 것처럼 리가 기위에 있다'[52]고 하여 리기가 함께 유행한다고 보았다. 변사정이 이처럼 이기를 혼연한 일물로 간주한 것은 심성과 이기를 혼연한 일물로 보아 리의 근원성과 기의 운동성을 동시에 파악하고자 한 이항의 견해를 따른 것이다.[53] 이항의 견해는 이기가 구분되지만 일체가 되고 있다는 점을 중시한 것으로서, 리를 형이상학적인 실체가 아니라 기의 조리에 불과하다고 하는 나흠순의 견해와도[54] 다른 것이다. 그는 유학 외에 다른 사상에 대해 배척하였다. 그가 말년에 운봉의 도탄에서 후학들을 가르치고 있을 때, 실상사의 철불이 영험하다고 사람들이 신봉하자, '성인의 도는 천지의 도이니 천지의 밖에 무슨 도가 있겠는가. 불도는 사특한 것이다. 허무하고 적멸하여 한갓 우속(愚俗)만 현혹시킬 뿐이다.'[55]고 하여 불교를 배척하였던 것이다.

변사정은 정치적으로는 당쟁의 격랑을 피해가지 못하였다. 그는 안처순이나 노진처럼 정치적으로는 직간(直諫)과 『대학』의 통치이념을 중시하여 사림으로서의 모습을 보여주고 있으나, 당쟁이 격화되자 서인을 표방하고 서인정권 수립을 위해 노력하였다. 예컨대 그는 1583년 서인인 이이와 성혼이 탄핵되어 쫓겨나자 이들을 변호하는 상소를 올렸고, 1590년에는 인군의 정치는 『대학』의 정심(正心)만한 것이 없음을

---

52) 같은 글. "在氣者水 而氣在理中 乘馬者人 而理乘其上"

53) 오항녕, 「一齋 李恒의 生涯와 學問」, 『南冥學研究』 3, 1993, 91~92쪽.

54) 陳來/안재호 역, 『송명성리학』, 예문서원, 1997, 421쪽.

55) 변사정, 『桃灘集』 卷2, 「上一齋李先生」. "聖人之道 亦天地之道也 而天地之道外 更何有他道理乎 所謂佛家之術云者 是邪也 虛無寂滅 徒惑愚俗 天下豈有二道哉"

강조하고56) 선인(善人)과 악인에 대한 조치는 순 임금 때의 사흉(四凶)처럼 물리치고, 선인은 팔원(八元)을 중용하듯 하여야 기강이 확립된다고 하였다.57) 즉 동인에 대한 철저한 응징과 서인의 중용을 촉구한 것이다. 이 무렵 변사정 외에도 최상중이 1583년 동인들에게 곤경을 당하고 있었던 이이를 신구하기 위해 호남 유생을 이끌고 상소를 올렸다.58) 점차 지리산권은 당쟁으로 인해 남원은 서인, 함양은 동인으로 개편되어 간 것이다.

그러나 두 지역은 1580년대 당쟁으로 인해 관계가 완전히 단절되지는 않았다. 여전히 사족들의 혼인관계가 이루어지고 있었고, 많은 인물들이 학문적으로 서로 왕래하였다. 전술하였듯이 함양의 정여창의 증손 정대민(鄭大民)의 아들 정홍서(鄭弘緒)는 양사형의 딸과 혼인하였으며, 정대민의 딸은 남양방씨인 방원진과 혼인하였다. 또한 함양의 노진의 손자 철(蕆)은 남원의 최상중의 딸과 혼인하였고, 노진의 형인 노희의 손자 반(胖)의 딸은 남원의 방명훤(房明烜), 노진의 동생인 노관의 손자 굉(肱)의 딸은 안처순의 현손 안수항(安壽恒)과 각각 혼인하였던 것이다.59)

뿐만 아니라 함양 지역에서는 점차 서인이 되어가는 인물이 많아졌

---

56) 변사정, 『桃灘集』 卷2, 「庚寅疏」. "夫人君爲治之要 莫如正心 心一正則衆理具而萬事應焉 大學所謂欲治其國者 先正其心者也"

57) 변사정, 같은 글. "臣子人君之喉舌也 而言路閉塞於左於右 無直諫爭死之忠 之南之北 無敷化濟泉之功 此由於殿下善善而不能用 惡惡而不能去……殿下特加赫然一怒 斷自聖衷 如大舜之去四凶舉八元 能盡惡惡之極"

58) 崔尙重, 『未能齋集』 下, 附錄, 「行蹟」. "癸未間 栗谷李先生爲群小搆捏 事將不測 先生倡率湖南儒生 詣闕抗章".

59) 김봉곤, 「15, 16세기 지리산권(남원・함양) 사족의 혼인관계와 정치・사회적 결속」, 『歷史學研究』 49, 2013, 87~90쪽.

다. 예컨대 노희의 아들 노사예(盧士豫, 1538~1594)는 1578년 정철에 의
해 동몽교관·선공감역에 추천되었는데, 1594년 영남유림들이 기축옥
사의 위관이었던 정철을 추죄하기 위해 노사예를 소수(疏首)로 추천하
자, 노사예는 이를 거절하고 오히려 정철을 옹호하였다. 이에 노사예
와 그의 문인인 정홍서는 북인인 정인홍이나 그의 문인들에게 미움을
받아 서로 대립하였다.[60] 이후 정홍서의 아들 광연은 1635년 성균관에
서 이이와 성혼의 문묘종사를 주장하였으며,[61] 정여창의 후손들은 서
인으로 자정하였다.[62]

4. 19세기 이후 진주, 하동, 구례 유학자간의 학문교류

지리산권에서는 16세기에 이어 19세기에 영호남 유학자간에 다시 크
게 교류가 일어났다. 17, 18세기에도 남원과 함양 지역은 정여창이나
노진 후손과 삭녕최씨 최언수의 후손, 순흥안씨 안처순의 후손 사이에
서로 혼인관계가 맺어지기도 하고, 학문적으로도 상당한 교류가 있었

---

60) 노사예, 『弘窩盧先生實記』, 年譜.

61) 정홍서의 아들 정광한은 인조 11년(1633) 생원 3등 6위로 합격하였으며, 동생 정광
연 역시 그 해에 진사 2등 14위로 합격하였다. 이후 정광연은 1635년에 대다수 영남
사림들과는 달리 朴以熹와 함께 이이와 성혼의 문묘종사를 청하였다(鄭光淵, 『滄洲
集』卷4, 家狀. 乙亥遊大學 時館中 將疏請栗牛二先生從祀 嶺儒率多立異 公與朴上舍
以熹 定議聯名). 정광연은 이이의 도덕문장은 청천벽일과 같아서 이이가 한 때 불교
를 배웠다고 하여 문묘종사를 하지 못한 것은 옳지 못하다고 하였다(정광연, 『滄洲
集』卷3. "李珥道德文章 如靑天白日 無可指點改 但拈學禪一事 以爲頰舌之資 有識聞
之 不滿一哂耳).

62) 예컨대 정광연의 증손 鄭重獻이 老論인 李縡에게 及門하였다. 그리고 정중헌의 족제
鄭鎭望은 兪拓基와 이재를 師事하였으며, 이재로부터 鄭世楨, 鄭熙運의 行狀을 받았
던 것이다(李在喆, 「18世紀 慶尙右道 士林과 鄭希亮亂」, 『大邱史學』 31, 24쪽 참조).

지만, 두 지역 간에 학문적 교류가 크게 일어난 것은 19세기 후반의 일이다.

조선 후기 서부 경남 지역은 인조반정으로 인해 북인이 몰락하면서 남인과 서인으로 분열되었고, 다시 무신란(戊申亂) 이후 남인보다 많다고 할 정도로 서인이 증가하였다.63) 이에 이들 지역에서는 당색보다는 개인의 학문적 성취나 가문의 성장을 위해 학파의 선택이 비교적 자유로워졌다. 특히 18, 9세기에 들어서 크게 성장하였던 새로운 유학층(幼學層)은 기존의 당색과는 무관하였기 때문에, 굳이 당색에 따라 학파를 선택할 필요가 없었다. 이 때문에 과거합격이나 성리학 공부에 있어서 가문이나 개인 간의 경쟁을 촉발하여 19세기에 이르러 경상 우도 일대의 학문적 수준이 크게 높아진 것이다.64)

영남지역의 노사학파도 바로 이러한 배경에 의해 형성되었다. 노사학파는 호남 장성의 노사 기정진의 학설을 추종하여 형성된 학파인데, 1840년대부터 기정진은 중앙 정계로부터 산림학자로서 주목을 받았으며, 1850년대에는 영남의 노론학자들로부터 동방 도학의 정통을 계승한 인물로 추앙되었다. 뿐만 아니라 기정진의 일족이나 문인들이 세도정치기와 대원군 집권기에 중앙정계와 향촌사회에 두각을 나타내었다. 이 때문에 영남의 많은 학자들이 기정진을 찾아가 수학하여 학문 수준을 높이는 한편, 기정진의 문인이나 일족과의 교유를 통하여 중앙과 향촌에서의 사회적 위상을 제고하려고 하였던 것이다.65)

---

63) 김준형, 『晉州蓮桂齋沿革』, 가람출판사, 2007.

64) 김봉곤, 「趙性家와 崔琡民을 통해서 본 경상우도 지역에서의 蘆沙學의 전개양상」, 『남명학연구』 30, 경상대학교남명학연구소, 2010, 5~9쪽.

65) 김봉곤, 「嶺南地域 蘆沙學派의 成長과 門人 鄭載圭의 役割」, 『남명학연구』 29, 경상대학교남명학연구소, 2010, 33~40쪽.

당시 지리산권을 비롯한 영남지역에서 기정진을 찾아간 인물들은 대부분 노론가문 출신이다. 영남지역은 단성에서는 남명 조식의 후손과 상암 권준의 후손, 산청에서는 농은 민안부의 후손, 진주에서는 모산 최기필의 후손과 어계 조려의 후손, 삼가에서는 서정 정옥윤의 후손, 초계에서는 강양군 이요의 후손 등이 중심이 되었다. 특히 정치적으로는 산청의 민치완(閔致完, 1838~1910)과 민치량(民致亮, 1844~1932) 형제가 현달하였다. 민치완은 고종이 왕이 되기 전부터 함께 수학하였으며, 대원군 정권에서 크게 활약하였다. 기정진은 민치완의 권유로 1866년 프랑스의 침략을 받자 내수외양의 방책을 담은 「병인소(丙寅疏)」를 올림으로써,[66] 대원군 정권하에서 조야에 명성을 떨치는 계기가 되었다. 민치완의 동생 민치량 역시 1870년 문과에 장원급제하여 대원군 정권에서 사간원 사간을 역임하였다.

학문적으로는 조성가, 최숙민(崔琡民, 1837~1905), 정재규(鄭載圭, 1843~1911), 김현옥(金顯玉, 1844~1910) 등이 저명하였다. 조성가(1824~1904)는 하동 옥종 회신리, 최숙민은 하동 옥종의 두방리, 김현옥은 산청 출신으로 정재규를 제외하고는 모두가 지리산 자락에 거주하였다. 조성가는 27세 때인 1851년에 가장 먼저 문인이 되었고, 이후 1864년 정재규, 최숙민은 1869년, 김현옥은 1870년에 기정진을 찾아뵙고 문인이 되었다. 이들은 기정진을 통해 성리학의 깊은 요체를 터득하였으며, 자신들의 거주 지역을 중심으로 활발한 강학활동을 전개하기도 하였다. 최숙민은 1880년대 이후 단성의 산천재와 신안 일대를 중심으로 활동하였으며, 김현옥은 함양에서 하동 화개로 이거하여 1890년대 이후 많은

---

66) 김봉곤, 「嶺南地域 蘆沙學派의 成長과 門人 鄭載圭의 役割」, 『남명학연구』 29, 경상대학교남명학연구소, 2010, 43~44쪽.

「외필(猥筆)」을 본격적으로 강론하면서 기정진의 학설을 계승해갔다.

또한 영남지역의 노사학파에서는 기정진의 학설을 체계적으로 이해하기 위해 1890년 총 15책의『답문류편』을 만들었으며, 1901년에는 기정진의 문집이 목판본으로 간행되었다. 그러나 목판본 간행시 영남 지역에서는 기정진이 지은 「외필」이 이이의 학설을 훼손하였다고 영남지역의 연재 송병선 문인들이 문제를 제기하였다. 특히 의령의 신번 출신의 권봉희(權鳳熙, 1837~1902)[71]는 「외필」이 이이의 학설과 다르다고 하여 기정진의 글을 사설(邪說)로 규정하고, 최동민(崔東敏) 등과 함께 기정진의 문집을 불에 태워야한다고 진주와 의령 일대에 통문을 돌렸다.[72] 호서 지역의 송병선, 송병순, 전우도 이에 동조하고,[73] 기정진의 학설을 주자나 율곡의 설과 배치되는 것으로 규정하였다.[74]

이러한 연재나 간재문하의 공박으로 인해 정재규의 문인 이도복(李道復), 조성가의 문인인 한유(韓愉) 등은 노사학파와 결별하고 연재 송

---

70) 鄭載圭,『老柏軒先生文集』卷39,「祭蘆沙先生墓文」, "(上略) 然惟諸子不克發揮 其所論辨或倍師說 未喪已乖 後賢嗟惜 矧玆小子 質菲才薄 飮河之日 猶未充腹 各自離索 其何能縠 奉繹遺書 豈不反復 毫釐易差 燕越其縠"

71) 權鳳熙,『石梧集』卷5, 附錄,「家狀」.

72) 扶鬪錄,「嶺儒通文」, 壬寅(1902) 6月 25日 宜寧鄕校都會所發文(前校理權鳳熙 等 57人).

73) 權鳳熙,『石梧集』卷3,「上宋淵齋秉璿」,「答宋心石秉珣」,「與田艮齋愚(壬寅)」.

74) 송병선은 기정진의「猥筆」은 사림들이 공분해야 할 일로 마땅히 성토해야 했는데, 권봉희가 먼저 성토한 것은 존현의 지극함에서 나온 것이었다고 권봉희를 두둔하였다(宋秉璿,『淵齋集』卷11,「答權校理鳳熙·尹達瑞敬植」, 壬寅(1902) 7月. "凡在士林 孰無憤慨之心 其於衛闢之道 宜有此聲討之擧 而諸君子先發之 若非尊賢之至 烏能如是"), 송병순도 주자와 율곡의 도를 밝히려는 행위는 선조인 송시열의 행위와 다름없는 것이라고 칭송하였다(宋秉珣,『心石齋集』卷6,「答權校理鳳熙」, 壬寅六月十二日). 전우도 기정진의 학설은 공맹과 정주에 어긋난 학설이니 그릇된 점을 낱낱이 변박해야 한다고 답변하였다(田愚,『艮齋私稿』卷2,「答權聖岡鳳熙」壬寅).

병선의 문인이 되기도 하였다.[75] 이에 정재규는 변무문(辨誣文)을 작성하여 기정진이 이이를 계승하여 「외필」을 저술하였음을 밝혔다.[76] 또한 정재규는 「외필변변(猥筆辨辨)」과 「납량사의기의변(納凉私議記疑辨)」을 지어 기정진의 학설을 적극적으로 옹호하였다. 즉 「외필변변」에서 정재규는 이이나 기정진의 입장이 모두 리의 주재를 주장하는 것이며, 이황과 주희 역시 리에는 조작의 준칙과 작용의 절제가 있기에 리가 동정하고 기를 명령한다는 설을 주장하였다고 하였다. 만약에 유행변인 기자이(機自爾)를 중시하여 인심 곧 마음이 타는 바의 기틀이 도를 넓히는 것이라고 파악한다면 리기의 상하관계가 혼란해지고, 심(心)의 리(理) 측면인 성(性)의 작용을 무시하게 된다는 것이다.[77] 또한 정재규는 「납량사의기의변」에서 기정진의 학설을 옹호하였다. 즉 인물의 편전은 리의 분으로서, 인물성이 오상을 갖추었다는 점에서는 동일하지만 각각의 소이연과 소당연의 실리(實理)의 차이가 있다고 하여, 간재 전우가 기질의 차이에서 인물을 구분하는 측면을 반박하였다.[78]

정재규는 다른 문인들에게도 변무문을 작성할 것을 부탁하여 지리산권을 중심으로 기정진의 학설을 변호하는 많은 글이 나오게 되었다. 예컨대 하동 북천의 최숙민은 「변간재우양의기의(辨艮齋愚凉議記疑)」, 초계의 이직현은 「술외(述猥)」, 단성의 권운환은 「납량사의기의소차(納凉私議記疑小箚)」, 「외필변소차(猥筆辨小箚)」 등을 각각 지었다. 그리고 호남지역에서도 노백헌 문인인 능주의 황철원이 「납량사의기의변(納凉私

---

75) 같은 글.

76) 鄭載圭, 『老柏軒先生文集』 卷29, 「辨誣文示諸同志」.

77) 김봉곤, 「蘆沙學派의 形成과 活動」, 한국학대학원 박사학위논문, 2007, 179~182쪽.

78) 같은 글, 182~184쪽.

議記疑辨)」과 「외필변변(猥筆辨辨)」을, 양회락은 「납량사의기의변(納涼私議記疑辨)」을 각각 지어 전우의 주장을 반박하고 학파 내부의 결속을 다지려고 하였다.[79]

또한 1905년 을사늑약으로 일제에 의해 국권이 침탈되자, 정재규는 지리산권의 문인들을 대동하고 1905년 12월 3일 충청도 정산에 거주하고 있었던 최익현을 찾아가 의병운동을 모색하였다. 그리고 다시 1906년 1월에는 호남의 기우만과 함께 의병운동을 일으키기 위해 곡성(谷城)의 도동사(道東祠)에서 회합하였다. 이들 의병운동은 무기가 열세하고 의병이 제대로 모집되지 않아서 실패하고 말았지만,[80] 한말 국가적 위기를 당하여 국권을 수복하기 위한 의병운동을 전개했다는 점에서 큰 의의가 있다.

정재규 이후 지리산권 유학자의 교류는 일제시기에 합천에서 구례로 이주한 정기에 의해 적극 추진되었다. 정기는 본관은 서산(瑞山), 초명은 재형(在赫)이며, 자는 경회(景晦), 호는 율계(栗溪)이다. 1879년 합천군 율곡면 율전리에서 태어났다. 그는 21세 때인 1899년 정재규의 문인이 되었고, 1914년부터 합천의 태암산(泰巖山) 아래 무산정사를 짓고 스승인 정재규처럼 학규를 정하여 강학에 힘썼다. 그가 마련한 학규는 1)추향을 바르게 한다(正趣向) 2)방심을 수습한다(收放心) 3)과정을 세운다(立課程) 4)언행을 삼간다(謹言行) 5)명절에 힘쓴다(勵名節) 6)복식을 삼간다(愼服飾) 7)욕심을 적게 한다(寡嗜慾) 8)과실을 살핀다(省過失) 9)이

---

79) 기정진의 「猥筆」에 대한 田愚나 宋秉璿 문인들의 비판, 그리고 이에 대한 기정진이나 정재규 문인들의 재반박한 글에 대해서는 박학래, 「蘆沙奇正鎭의 性理說을 둘러싼 기호학계의 논쟁 – 猥筆을 중심으로–」, 『민족문화연구』 48, 고려대학교민족문화연구소, 2008, 412~415쪽 참조.

80) 崔濟學, 앞의 글, 12月 25日, 26日, 27日條 ; 鄭琦, 『栗溪集』, 「溪上隨錄」 乙巳.

단을 배척한다(闢異端) 10)붕우를 가린다(擇朋友) 등으로서 성인의 학문에 뜻을 두어 마음과 행실을 바르게 하고, 잘못을 살피며 이단을 배척하는데 문인들의 교육목표를 삼았다.[81]

그는 1921년 이후 3번이나 요서지방을 들어가고자 하였으나 여의치 못하자, 그는 가족을 이끌고 1927년 10월 지리산 아래 구례군 토지면 오미리(五美里)로 이주하였다. 이때 김기추(金琪錘), 주기인(周基仁), 정태규(鄭泰圭), 김봉운(金琒雲) 등이 정기에게서 수학하고 있었던 정하종(鄭河鍾), 김문옥(金文鈺), 주우석(周禹錫), 정현복(鄭鉉福)과 정민규(鄭敏奎), 김규태(金奎泰) 등의 가족을 거느리고 함께 옮겨왔던 것이다.[82] 이후 이들을 중심으로 지리산권에서는 영호남간에 많은 학문적 교류가 이루어진 것이다. 정기는 문인들과 함께 오원재(五爰齋)와 덕천정(德川亭)을 짓고 강학과 학문에 힘썼다. 그는 문장뿐만 아니라 성리설에서도 탁월하였기 때문에, 많은 인물들이 찾아와 수학하였다. 『노사선생연원록』에 의하면 정기의 문인들은 고흥(3) 광주(3) 구례(28), 낙안(1), 남원(1), 담양(1), 순천(2) 의령(3), 합천(21)의 문인이 수록되어 있다. 구례와 합천 일대에 가장 많은 문인들이 분포하였음을 알 수 있다.

정기의 문인들은 그 중에서도 소위 효당(曉堂) 김문옥, 하당(荷堂) 정하종, 고당(顧堂) 김규태 등 삼당과 경당(絅堂) 오주석(吳杜錫) 홍암(弘庵) 김규상(金圭祥), 구암(久庵) 김재봉(金在峰), 유당(惟堂) 정현복(鄭鉉福), 오당(吾堂) 심진택(沈鎭宅), 겸산(兼山) 안병탁(安秉柝) 등이 저명하였다.[83]

김문옥은 본관은 광산, 자는 성옥(聖玉), 호는 효당(曉堂)이다. 그는

---

81) 鄭琦, 『栗溪集』 卷10, 「學規十條示從遊諸君」丙辰(1915).

82) 曉堂先生記念事業會, 「曉堂 金文鈺先生 事蹟」, 1993. 2쪽.

83) 朴金奎, 「曉堂 金文鈺의 生涯와 詩」, 『漢文教育研究』 6, 1997. 238쪽.

덕천정사 – 율계 정기 배향

1901년 합천군 용주면 이사리(伊沙里)에서 김기수와 현풍 곽씨 사이에서 차남으로 태어났다.[84] 원래 김문옥의 선조들은 줄곧 광주 각화동 일대에서 세거하였는데, 부친이 결혼한 이후 합천으로 이주하였기 때문에 김문옥이 합천에서 태어난 것이다. 이후 김문옥은 14세(1913)에 정기에게 나아가 문인이 되었으며, 19세(1918) 때부터는 곽종석의 문인인 김수(金銖)의 권유로 김창협과 한유의 문장을 익혀 명성이 사우(士友)들에게 자자하였다. 그는 1927년 10월 구례로 이주한 이후 스승인 정기의 강학활동을 돕는 한편, 당대의 문장가들인 정인보, 안재홍, 변영만, 홍명희 등과 교유하였다. 이에 그의 명성이 전국에 떨쳐 정인보, 이현규(李玄圭) 등과 더불어 당대의 3대 문호로 손꼽히기도 하였다. 그러나 그는 독립운동을 한 혐의로 1933년 5월에 체포되어 임실과 순창 등지에서 6개월간 옥고를 치룬 이후, 1934년 10월 광산 김씨 동족들이 살고

---

84) 김문옥에 관한 기사는 曉堂先生記念事業會, 「曉堂 金文鈺先生 事蹟」, 1993을 참조.

있는 동복의 남면 절동(節洞)에 이거하였다. 그는 동복 외에도 이양면 오류리(五柳里), 장흥군의 부산면과 장평면, 보성군 복내면 일대에서 강학활동에 전념하다가 1960년 타계하였다. 『연원록』에 의하면 김문옥의 문인은 58명이다. 강진(3), 고창(1), 고흥(1), 구례(3), 나주(3), 담양(1), 나주(3), 담양(1), 무안(1), 보성(17), 보은(1), 승주(2), 장성(2), 장흥(11), 진주(1), 화순(11)에 분포하고 있으며, 김문옥의 문인들은 보성과 장흥, 화순 등 전남 동부 지역 전역에 분포하였음을 알 수 있다. 대표적인 문인으로는 구철수(具喆壽), 조민승(曺敦承), 윤정복(尹丁鍑), 위계도(魏啓道), 나갑주(羅甲柱), 김영재(金永栽), 박태환(朴泰桓), 민병재(閔丙宰), 황응규(黃應圭), 손평기(孫平琦), 이효갑(李孝甲), 이백순(李栢淳), 양동하(梁東廈) 등을 들 수 있다.

이어 정기의 문인 중 김문옥과 함께 구례에서 큰 활약을 한 인물이 김규태이다. 김규태는 본관이 서흥으로 김굉필의 후손이며, 자는 경로(景魯)이며, 호는 고당(顧堂)이다. 그는 현풍의 지동(池洞)에서 태어나 1919년 합천의 이사(伊泗)로 이사한 후 그 해에 부친의 명으로 정기에게 나아가 문인이 되었다.[85] 이어 그는 1927년에는 스승 정기를 따라 김문옥 등과 함께 구례로 이주하였고, 그곳에서 스승인 정기와 함께 강학활동에 전념하였으며, 1966년에 타계하였다. 그는 특히 서예에 능하여 주변에 많은 작품들을 남겼다. 김규태의 문인으로는 『연원록』에 31명이 기재되어 있는데, 그 중에서도 구례 출신이 24명이며, 나머지는 장흥이 4명, 보성 2명, 승주 1명 정도에 불과하다. 따라서 김규태의 문인들은 주로 구례에 활동하였음을 알 수 있다.

---

85) 金奎泰, 『顧堂文集』 卷16, 「先考止堂府君家狀」.

일제 강점기에도 지리산권의 노사학파에서는 위정척사 운동을 계속 강인하게 실천해 나갔다. 척사론을 견지하면서 서학을 배척하고, 단발에 반대하였으며, 성리학을 변호하고자 하였던 것이다. 또한 고종이나 순종이 죽자 대한제국의 신민으로서 3년 상의 의리

장천사 – 고당 김규태 배향

를 주장하기도 하였다. 구례에 정착한 정기는 사설(邪說)이 유학에 해를 끼치는 것은 마치 피가 곡식에 해를 끼치는 것과 같아서 피가 무성하면 곡식이 자라지 않으므로 곡식을 잘 자라게 하려면 피를 제거하지 않을 수 없는 것처럼 이단을 배척하는 것이 바로 유학을 밝히고 행하는 것이라고 하여 위정척사의 정당성을 주장하였다.[86] 이러한 정기의 위정척사설은 이미 1908년 10월에 「답객설시동지(答客說示諸同志)」[87]라는 글을 통해 그 기틀이 마련되었다. 정기는 이 글에서 이적(夷狄)의 복장을 입고 이적의 행동을 하여 이적이 되어간다고 단식하고 정도(正道)를 회복할 것을 주장하면서 객(客)의 말을 빌려 당시 유학에 대한 비판적인 견해를

---

86) 김규태, 『顧堂文集』別集, 卷1, 『經學提要』「斥邪說篇」: 邪說之吾道 猶稊稗之於嘉穀也 稊稗盛則嘉穀不長 欲培嘉穀 不除稊稗 可乎 (中略) 不斥異端 吾道不明 不斥邪說 吾道不行也(出栗溪集)

87) 정기가 「答客說示諸同志」에서 글 말미에 戊寅之陽月이라고 밝혔기 때문에 1908년 10월에 작성된 것을 알 수 있다(『栗溪集』 卷10, 「答客說示諸同志」 戊寅10月). 이 기사는 후일 김규태가 그의 저서인 『經學提要』의 「斥邪說篇」에서 거의 그대로 인용하였던 것으로 보아, 정기와 그의 문인들의 척사론의 구체적인 지침이 된 것으로 이해된다.

제시한 다음 자신의 견해를 밝히고 있다.[88]

정기는 이 글에서 첫째, 공자나 주자의 학문이 기술이나 무기를 가르치지 않아서 쓸모가 없다는 비판에 대해서 사람에게 가장 귀한 것은 인의(仁義)로써 이 도리가 무너지면 인리(人理)가 무너지고 인리가 망하면 나라의 치란을 논할 것이 없다고 반박하였다. 그는 정도가 사기(邪氣)를 이기는 것은 리(理)의 상(常)이며, 사기(邪氣)가 정도를 범하는 것은 기수(氣數)의 변(變)이기 때문에 오랑캐의 도가 세상에 성행하는 것은 운기(運氣)가 뒤집힌 일시적인 것이지만, 인의의 도가 한번 굽혀지면 천지가 무너지고 만물이 길러지지 않으며 인류가 멸절될 것이라는 것이다. 따라서 누구나 요순이 될 수 없으나 요순의 도를 행해야 인기(人紀)를 닦을 수 있고, 천지를 세울 수 있으므로 인의(仁義)에 바탕을 둔 공자와 주자의 학문을 배워야 한다는 것이다. 또한 정기는 한법(漢法)과 한문(漢文)을 쓰면 사람이 되고 이것을 쓰지 않으면 금수가 되는데, 어찌 아녀자들도 원한을 품고 있는 원수인 왜놈들에게 금수의 도를 배워 백성들에게 가르쳐야 하냐고 당시 세태를 한탄하였다.

둘째, 모든 나라가 부국강병을 숭상하고 생산력에 치중하는데 우리나라가 그리하지 않다고 하는 비판에 대해서는 명분이 바르지 않으면 말이 순조롭지 못하고 일이 이루어지지 않는다고 반박하였다. 원나라 때 허형(許衡, 1209~1281)이나 명말 청초 때의 위희(魏禧, 1624~1681), 고염무(顧炎武, 1613~1682)가 명분이 바르지 못해 끝내 욕을 당한 실례를 들고, 지금도 안으로 공맹을 주장하고 밖으로 신학(新學)으로 보완하여 나라를 회복할 계책을 꾀하자고 하였던 자들도 1,2년 내에 머리를 깎고

---

88) 『栗溪集』 卷10, 「答客說示諸同志」

오랑캐 옷을 입고 저 충성스러운 종이 된다고 비판하였다. 지금 세상에 나아가면 온갖 신기한 물건들이 심지(心知)를 좀 먹고 보고 듣는 것이 현란하여 끝내 동화되어 몸을 보존하지 못하게 되어 오랑캐의 옷을 입고 머리를 깎게 되어 예악과 경학을 모두 버리게 된다는 것이다. 이리 되면 군부(君父)의 원수를 잊고 이적(夷狄)을 충성을 다해 섬기게 되어 결국 우리의 산천을 그들의 보고(寶庫)로 삼고 우리의 부녀자들을 그들의 약탈 대상으로 삼게 하여 종묘사직을 팔고 군왕과 부모를 시해하게 된다는 것이다. 이러한 정기의 척사론은 기정진의 「병인소」와 정재규의 「척사소」 등에서 서양과의 통상과 개화가 우리의 인의도덕을 멸절시키고, 우리 땅을 그들의 보고(寶庫)로 만들며 우리나라의 부녀자들을 약탈대상으로 삼으며, 우리들을 그들의 노예로 만들려고 한다는 주장을 그대로 계승한 것이기도 하다.

셋째, 이적들의 학문을 배우고 그들의 행실을 배워야 목숨을 보존할 수 있다는 지적에 대해서 정기는 정도를 지키는 것이 반드시 죽는 것이 아니며, 만약 하늘이 착한 자를 이적에게 죽게 하는 것은 이는 절사(節死)이지 헛되이 죽은 것은 아니므로 단발하여 금수가 될 수 없다고 주장하였다.

넷째, 두발이 별로 중요하지 않다는 비판에 대해서는 선성(先聖)이나 선왕(先王)이 '즐쇄계총(櫛縰笄總, 머리 빗고 비단으로 머리 감싸고, 비녀 꽂고 상투 짜는 것)이나 '신체발부(身體髮膚)'를 감히 훼손하지 않는다.'고 한 것은 신체의 일부인 두발을 철저히 보호하기 위함이었다고 주장하였다. 그는 머리를 깎으면 우리가 이적이 되는데, 이는 우리를 낳아주고 길러주고 가르쳐주신 부모와 열성조(列聖朝), 성사(聖師)를 배반하는 것이 되며 결과적으로 천명을 어기게 되어 사람의 대열에 설 수가 없다고 주장하였다.

다섯째, 산림에 은거하여 옛날의 도리를 강구하는 것이 무슨 소용이 있느냐는 비판에 대해서는 현달하면 천하를 겸하여 선(善)하게 하고, 궁하면 홀로 그 몸을 선하게 하는 것이 고금의 공통된 의리인데, 선비는 국가의 원기이며 천지의 양맥(陽脈)이 붙이고 있는 바이므로 지금 겨우 남아 있는 한 줄기 양맥을 붙잡아 다른 날의 태평(太平)의 근기(根基)를 여는 것이 선비 된 자의 막중한 책임이라고 주장하였다. 결코 화복을 두려워하거나 이해를 계교해서는 안 된다는 것이다.

이러한 기정진과 정재규를 계승한 정기의 척사론은 일제강점기 이후로도 자신뿐만 아니라 문인인 김문옥이나 김규태, 안병탁 등이 계속 계승해갔다. 김문옥은 두발을 깎으려고 하자 '우리나라 5백년 정신이 이 두발에 있는데, 네가 한국 사람으로서 왜경(倭警)이 되어 우리나라의 정신을 없애려고 하니 내가 두발을 보존하는 정신이 될지언정 두발 없는 사람이 되지는 않을 것이다.'라고 물리쳤으며, 끝내 두발을 보존하였다. 또한 김규태는 유학의 도통을 확립하고 이단과 서학을 배척하였으며, 관혼상제의 예나 육예를 복구하고자 하였다. 그는 「도통편(道統篇)」89)을 지어 요순과 공맹, 정주로 이어지는 유학의 정통성을 확립하고, 「벽이단(闢異端)」과 「척사설(斥邪說)」을 지어 양주, 묵적, 불교 등의 이단과 서학이나 서양물건을 배척하고자 하였다. 또한 「복의발편(復衣髮編)」을 지어 의발을 복구하고, 「육예(六藝)」편을 지어 예악사어서수(禮

---

89) 김규태의 「道統篇」은 이황이 작성한 屛銘에 경서와 근사록 등에 나타나 있는 글을 통해 그 근거를 제시한 것으로 김규태의 도통관이 잘 드러나 있다. 도통의 연원은 다음과 같다. 堯欽 → 舜恭 → 禹祗 → 湯慄 → 文翼翼 → 武極 → 周乾惕 → 孔憤樂 → 曾省戰兢 → 顔克復 → 思戒懼愼獨 → 孟操存集義 → 周主靜 → 程吟弄 → 伊川主一 朱博約 (『顧堂文集』別集, 卷1, 『經學提要』, 「道統篇」).

樂射御書數)의 기예를 익히고 「이륜편(二倫篇)」을 지어 형제와 붕우뿐만 아니라 종족이나 사제간의 관계를 회복하고자 하였던 것이다. 또한 정기와 교분이 두터웠던 황철원도 일제 강점기에 공자와 주자를 없애자는 주장에 대해 공자는 천지와 같고, 주자는 별과 같은데, 이를 배척하는 것은 천지를 속이고 해와 달을 등지는 행위로 배격하고[90] 공맹과 정주로 이어지는 성리학을 변호하고자 하였다. 안병탁은 1933년 장흥에서 구례 문척 토금리로 이주하여 정기에게서 수학하였으며, 1994년 타계할 때까지 평생 두발을 보존하고 선비 복장을 고집하였다. 문인들에게 마음속에 피리춘추가 있어야 한다고 주장하였으며, 평생 세로쓰기를 하고, 남녀유별을 철저히 지켰다. 학덕 또한 훌륭하여 근세에 유례를 찾아볼 수 없을 정도로 600여 명에 달하는 문인집단이 배출되었다.

지리산권의 노사학파에서는 구례의 정기와 그의 문인들 외에도 단성의 권재규 등에 의해 영호남간의 유학자의 교류가 이루어졌다. 예컨대 능주의 황철원의 고종에 대한 삼년복을 권재규가 찬동하였다. 당시 고종이 승하하자 영남의 심재(深齋) 조긍섭(曹兢燮, 1873~1933) 등은 망국의 군주는 복을 입는 것이 마땅하지 않다는 이른바 무복론(無服論)을 주장하였다. 조긍섭은 고종이 승하하자 망국의 임금으로 종묘사직의 죄인인 고종에게 상복이란 있을 수 없다고 하였던 창강(滄江) 김택영(金澤榮, 1850~1927)의 견해에 동조하여 고종황제에 대한 복제가 근거가 없으며, 일제로부터 이태왕의 작위를 받았기 때문에 군왕으로 받들 수 없다고 주장하였다.[91] 이에 대해 황철원은 1)고종에 대해 기년복을 입자는 설은 단지 명·청(明淸)의 제유(諸儒)들의 의논에 근거한 것으로서, 오히

---

90) 황철원, 위의 책, 「三從叔重軒先生行錄」(黃采五撰).

91) 서동일, 「1919년 儒林의 服制논쟁과 파리長書運動」, 『역사와 실학』 34, 2007.

려 정현(鄭玄)의 주(註)와 가공언(賈公彦)의 주(註)의 고례(古禮)에서는 상황(上皇)과 금황(今皇)을 나누지 않고 모두 3년으로 말하였다는 것 2)송(宋) 고종(高宗)이 상황(上皇)이 되었을 때 3년 복을 입었다는 것 등을 예로 들어 고종에 대한 3년 복의 정당성을 주장하였다. 또한 고종이나 순종을 군왕으로 받들 수 없다는 주장에 대해『통감강목(通鑑綱目)』을 근거로 1)한 헌제(漢獻帝)가 죽었을 때 '위(魏)의 산양공(山陽公)이 죽었다'라고 특서(特書)한 것은 대개 그 사직을 위해 죽지 않고 공(公)의 지위에 봉해진 것을 달게 받았던 것을 폄하하기 위해서였으나, 장사한 곳에서 '위(魏)가 효헌황제(孝獻皇帝)를 선릉(禪陵)에 장사지냈다'라고 특서한 것은 대개 조씨(曹氏)들이 제위를 찬탈함을 토벌하고 헌제가 천자와 같음을 드러내기 위한 것으로 여기에서 춘추의 의리를 볼 수 있다는 것 2)한 헌제는 동탁(董卓)이 세웠으나 강목에서 제(帝)로 썼고, 진(晉) 공제(恭帝)도 유유(劉裕)가 세웠으나 또한 제(帝)로 썼다는 것을 들어 고종이나 순종을 군왕으로 받들어야 하며, 삼년 복을 입는 것이 마땅하다고 주장하였다.92)

이처럼 황철원은 3년복을 주장하였던 바, 같은 노사학파였던 단성의 송산(松山) 권재규도 평소 친분이 두터웠던 담산(澹山) 하우식(河祐植, 1875~1943)에게 편지를 보내 고종의 승하는 사직이 망한 날이라고 개탄하고, 삼년복이 마땅하다고 주장하였다.93) 그리고 상복을 입지 않아야 한다고 주장한 것에 대해서는 간리(奸吏)가 붓을 왜곡되게 놀리는 것으

---

92) 황철원, 앞의 글.

93) 權載奎,『而堂先生文集』卷11,「答河聖洛」己未正月, "太皇賓天 遺民無歸之痛 又是屋社之日 際承惠狀 滿紙縷縷 無非此話 不覺執書涕泗也 國服有三年三月之異論 而以愚之見 吾儕是韓國遺民 則當服韓國五百年先王之制 古禮三月 恐非所論也 不知尊意以爲如何"

인곡서당 – 송산 권재규 강학처

로서, 무도한 지경에 이르게 되는 것을 모르는 행위라고 개탄하였
다.[94] 더욱이 권재규는 일제 통치를 오랑캐들의 노예 치하라고 규정하
고,[95] 일제의 통치가 오천 년 역사의 우리나라 강토를 약탈하고 예의
를 말살하였다고 하였다. 그는 문인들에게 예의는 우리의 정신이고 강
토는 우리의 혈육이라고 할 수 있는데, 예의가 없으면 우리 몸이라고
할 수 없고 혈육이 없으면 정신을 담을 수 없으므로, 결코 일제치하에
서도 우리의 정신을 잃지 않아야 우리 강토를 회복할 수 있다고 하였던
것이다.[96] 이러한 견해를 갖고 있었던 권재규는 일제에 무력으로 항거

---

94) 權載奎,『而堂先生文集』卷17,「答張子平志衡」己未三月,"某人不服 論雖多援據而恰是
   奸吏舞文手段 且全不識太皇之苦心 時義之異古 張皇立論 不自知其歸於無道之科 可駭
   而可惜也"

95) 權載奎,『而堂先生文集』卷5,「聞乙酉七月八日之報志喜」五絶,"三十六年讎虜隸"

96) 權載奎,『而堂先生文集』卷24, 雜著,「泉上問答」,"蓋禮義疆土俱是祖國五千年傳授之
   舊物 而禮義其所傳之神髓也 疆土其所傳之血肉也 二者孰輕孰重 無血肉 則神髓固無載
   處 而無神髓而徒有血肉 則這箇血肉 便非吾身矣 吾輩今日立義 須要不失吾神髓 而以復
   吾血肉也"

하는 대신 우리의 정신과 예의를 고수하여 유학에 근본을 둔 국맥이 끊이지 않게 하려고 하였다. 그는 일제가 패망할 때까지 인곡서당(仁谷書堂)과 신안정사에서 강학을 멈추지 않았으며, 문인들에게 주리설에 바탕을 둔 위정척사사상을 교수(敎授)하고 유교적 예속을 철저히 실천하였던 것이다. 이처럼 일제강점기에도 노사학파에서는 기정진과 정재규를 뒤이어 척사론을 계속 견지하고 서학이나 단발에 반대하였으며, 군왕에 대한 의리를 강조하는 등 위정척사운동을 강인하게 전개하였다고 할 수 있다.

지리산권에는 이러한 노사학파 외에 한말과 일제시기에 산청과 거창 일대에 활동하였던 면우(俛宇) 곽종석(郭鍾錫, 1846~1919)의 영향이 컸다. 곽종석은 1896년 의병운동이 실패한 이후 유학 외에도 신학문에 많은 관심을 보이고 있었다. 그러다가 일제가 러일전쟁에 승리하고 1905년 을사늑약을 강제하자, 국권회복을 위해서는 신학문을 수용해야 한다고 주장하였다. 즉 곽종석은 1905년 을사늑약이 체결되자 상경하여 고종에게 상소하였으나 아무런 효과가 없자, 거창의 다전에 돌아와서 함양 백전의 이병헌(李炳憲)이나 하동 옥종의 하겸진(河謙鎭) 등의 문인들에게 유학은 실무에 어두워 시국에 대처하지 못한다고 병폐를 지적하였다. 그리고 유학을 보존하기 위해서는 시세의 변화에 따라야 하며, 공법(公法)이나 외교관계(外交關係), 물리(物理), 병제(兵制) 등을 알아야 하며, 농공이나 기예가 있는 사람도 재주에 따라 교육해야 한다고 주장하였다. 그는 1909년 함양의 권도용(權道鎔)에게도 성인이 태어난다면 오늘날 사용하는 기기(機器)를 사용할 것이며, 서양의 법도 성인이 쓰게 되면 성인의 법이 된다고 하여 서양의 기술과 제도를 긍정하였다.[97)

이동서당 – 면우 곽종석 강학처(문화재청 자료)

　이러한 곽종석의 동도서기적 인식은 그의 문인들에게 확산되어 구
례의 김택주(金澤柱, 1855~1926), 함양의 이병헌(李炳憲, 1870~1940) 등도
구학과 신학을 겸비한 학교를 세우려고 하였다. 김택주의 경우를 예로
들면, 김택주는 1895년 을미사변 이후 1896년 기우만이 의병을 일으키
자 동조하였으나 의병운동이 실패하자 구례의 산동에 은거하였다. 이
후 그는 곽종석을 만나고서 점차 동도서기론적(東道西器論的) 인식을 갖
게 되었다. 이에 그는 구본신참(舊本新參)의 취지에서 결성된 대동학회
취지에 찬동하여 1908년 대동학회에 가입하고,98) 서양의 지리나 역사,

---

97) 權道鎔, 『秋帆文苑原集』 卷16, 「程曆下○叢文十四」, “首以新學爲戎 余問今日學校與四
　　代學校無異乎 曰然 然則世人奚爲不欲使子弟入學耶 曰以不務實學而先換心腸也 不然
　　奚而不可學耶 又問使聖人生於今日則諸般機器皆用之乎 曰然 然則夷狄之法聖人且用之
　　乎 曰何爲其然也 自古機器之興 豈皆出於聖人乎 雖出於夷狄 聖人用之 卽爲聖人之法
　　不可更謂夷狄之法也”

98) 김택주는 1908년 2월 간행된 대동학회의 『大東學會月報』 창립호에 이름이 등재되어
　　있다(『大東學會月報』 1호(1908.2)).

산술, 체조, 자연과학, 공학, 어학 등을 체계적으로 배워야 한다고 주장하였다. 1910년에는 「사립지산학교취지서(私立智山學校趣旨書)」를 작성하여 나라의 흥망이 학교의 흥폐에 관련이 되어 있으며,[99] 공자의 육예(六藝)의 가르침에는 내수와 외양의 방책이 함께 마련되어 있다고 주장하였다.[100] 국력 배양과 인격 완성을 위해서는 오늘날의 교육제도를 따르는 것이 시의에 맞는 처신이라고 보았던 것이다.[101]

5. 맺음말

지금까지 남원과 함양 등 지리산권 북부 지역과 진주와 하동, 구례 지역 등 지리산권 남부 지역을 대상으로 16세기와 19세기 이후 영호남 유학자간의 상호 교유와 사상적 특징에 대해서 고찰해보았다.

남원과 함양 지역은 지리산에서 흘러내리는 물이 비옥한 땅을 적셔주고 있기 때문에 사람들이 살기에 적합한 곳이 많다. 이에 15세기 후반부터는 다른 지역 못지 않게 사족들이 크게 성장해갔다. 특히 남원의 순흥안씨, 남양방씨, 삭녕최씨, 남원양씨(南原楊氏) 등과 함양의 하동정씨, 풍천노씨는 세조 대에 공신을 배출한 가문으로서 이 지역의 유력한 사족들과 혼인관계를 통해 정착하였다. 이들은 점차 성리학적 이념과 예학을 수용하여 사림가문으로 전환되어 갔으며, 서로 간에 혼인도 잦

---

99) 김택주, 「私立智山學校趣旨書」, "國之盛衰 實關於校之興廢也"

100) 같은 글, "夫子六藝之敎 文武必備 可以內修 可以外攘"

101) 같은 글, "地誌當看作古之禹公 體操看作古之舞蹈 銃丸看作古之射御 則雖先聖復起 必不得專捨新制矣 況六洲汽舶往來如隣 以體智德三育相尙 生乎今世者 稍有醒悟 則 安得膠瑟守株乎"

았다.

그리고 19세기에는 진주에서 하동, 구례로 이어지는 지리산권 남부 지역에 섬진강의 수운이 발달하고 인구가 크게 증가하였으며, 과거에 응시할 수 있는 유학층이 성장하여 기존의 사족층 외에 새로운 사족층이 다수 성장하였다. 이들은 종래의 당색에 구애되지 않고 과거급제자나 뛰어난 학자를 배출하기 위해 노력한 결과 이 지역에 유학의 기풍이 크게 일어났다. 특히 이 지역에서는 당대의 대학자였던 장성의 노사 기정진에게서 수학하였던 인물이 많았다. 이들은 18,19세기 경에 새롭게 형성된 사족들의 분포지를 따라서 하동에서 섬진강을 따라 구례를 거쳐 장성까지 자주 왕래하였던 것이다.

16세기에는 이 지역의 유학은 기묘사림의 전통을 계승하여 소학의 실천과 대학의 경세론을 동시에 추구하는 학풍이 발달하였다. 이러한 학풍은 안처순 등 기묘사림의 영향에서 비롯된 바가 크다고 할 수 있다. 남원출신의 안처순은 어린 시절부터 서울에 거주하여 조광조나 김준 등 기묘사림과 친분이 두터웠으며, 문과에 급제한 이후 사림들과 함께 홍문관에서 경연을 담당하였으며, 대학이나 중용에 근거하여 국왕의 심성의 도야와 도덕에 기반한 통치철학을 제시하였다. 구례에 향교를 세우고 근사록을 간행하였으며, 사제편을 저술하여 향촌사회에 유학의 기풍이 크게 일어나게 하였던 것이다.

이러한 안처순의 학풍은 사위인 함양의 노진이 이어 받았다. 노진은 대학의 통치 이념을 중시하였으며, 소인과 군자의 엄격한 분별을 주장함으로서 사림정권 확립에 기여하였다. 성리설에 있어서는 주리설의 입장에서 나흠순의 인심도심체용설을 비판하였다. 사림정권이 들어선 뒤에는 동인과 서인의 극심한 대립 속에서 중도에 입각한 정치 철학을 제시하였으며, 문인들도 다수 배출하였다. 이에 그가 타계하자 남원과 함양 지역에서는 곧바로 노진을 제향하기 위한 서원건립이 추진되어 남원에는 고룡서원, 함양에는 신계서원이 건립되었으며, 그의 문인들이나 후손들이 노진의 뜻을 이어갔다.

특히 남원의 변사정은 노진의 문인으로서 안처순이나 노진의 뒤를 이어 소인과 군자의 분별을 주장하고 통치에서 대학의 이념을 중시하였다. 그는 이항이나 노진의 영향을 받아 성리설에서 도통을 중시하였으며, 이기설에 있어서도 이기일물설을 찬동하였고, 불교를 이단으로 배척하였다. 이에 지리산권 유학은 점차 소학과 대학의 실천적이고 경세론적인 유학에서 점차 사변적이고 이단론적인 성리학의 색채를 강하게 띠게 되었다.

이후 지리산권은 19세기에 이르러 영호남 유학자 간의 교유가 심화되었다. 특히 장성의 기정진은 1840년대부터 중앙 정계로부터 산림학자로서 주목을 받았으며, 1850년대에는 영남의 노론학자들로부터도 동방 도학의 정통을 계승한 인물로 추앙되었다. 이에 세도정치기와 대원군 집권기에 영남의 많은 학자들이 기정진에게서 수학하여 학문 수준을 높이면서, 기정진 일족이나 문인들과의 교유를 통하여 사회적 위상을 높이고 중앙에 진출할 수 있는 발판을 마련하고자 하였다.

특히 기정진의 문인들은 단성과 산청, 진주 일대에 많이 분포하였는데, 이들은 대체로 노론 가문출신이며, 산청의 민치완 형제처럼 대원군 정권과 깊은 관계를 맺는 인물도 있었다. 이들은 기정진 생전뿐만 아니라 사후에도 기정진의 주리설과 위정척사 사상을 고수하여 학문적으로 깊이 결속하였다. 기정진 사후 이들은 합천의 노백서사 외에도 단성의 지곡이나 신안정사와 같은 지리산 지역에서 자주 회합하여 학문을 심화시켜 나갔다. 이들은 강회에 기우만이나 정의림과 같은 호남 지역의 인물도 초대하여 함께 강학하기도 하고, 때로는 지리산에서 영호남 문인들간에 대규모 회합을 통해 서로간의 학문적 성취를 시험하기도 하였다.

또한 노사학설에 대한 체계적인 이해를 위해 기정진의 저술이 지리산에서 간행되기도 하였다. 1890년에는 합천의 정재규와 산청의 김현옥 등이 노사학설을 체계적으로 분류하여 총 15권의『답문유편』을 만들었고, 1901년에는 기정진의 문집이 단성의 신안정사에서 목판본으로 중간하기도 하였다. 특히 목판본 간행 시에는 영남지역의 연재 송병선 문인이나 간재 전우 등이 노사학설에 대해 문제를 제기하였으나, 지리산권의 기정진의 문인들은 기정진의 학설이 율곡 이이의 주장을 본지에 맞게 주리설로 발전시킨 것이라고 주장하고, 학파내의 굳은 결속을 이루었다.

또한 노사학파에서는 1896년과 1905년에 의병운동을 일으켰다. 1896년에 일어난 의병운동은 명성황후 시해사건과 단발령, 고종의 아관파천 등에 반발하여 일어난 것으로서 정통유학과 국권을 동시에 지키기 위한 것이었다. 그리고 1905년 전개된 의병운동은 을사늑약으로 일제에 의해 외교권을 뺏기자 정재규 등이 면암 최익현 등 충청도 내지 경기도 지역의 유생들과 공동으로 국권회복을 모색한 것이었다.

일제강점기에도 노사학파는 지리산 일대에 위정척사운동을 지속적으로 전개하였다. 정재규의 문인으로서 합천에서 구례에서 이주한 정기와 단성의 권재규가 그 대표적인 인물이라고 할 수 있다. 정기는 정재규 사후 합천 등지에서 강학활동을 전개하다가 1927년 10월에 문인들과 함께 지리산 아래 구례군 토지면 오미리로 이주하였다. 정기는 이곳에 은거하여 강학과 학문에 힘썼으며, 호남의 많은 인물들을 교육시켰다. 정기의 문인 중에서는 김문옥과 김규태, 안병탁 등이 저명하였다. 김문옥은 정기를 따라 합천에서 구례로 이주하였으며, 당대의 문장가과 교유하면서 문명(文名)을 크게 떨쳤다. 김규태 역시 정기를 따라 구례로 이주하였으며, 1966년 타계할 때까지 많은 문인을 배출하였다. 그는 특히 서예에 능하여 많은 작품을 남겼다. 안병탁은 1933년 장흥에서 구례 문척 토금리로 이주하여 1994년 타계할 때까지 훌륭한 학덕으로 600여 명에 달하는 많은 문인들을 배출하였으며, 항상 자기정신을 가져야한다고 하여 세로쓰기를 고집하시고 남녀유별을 강조하였다. 권재규는 고향인 단성을 떠나지 않고 일제 강점기에 척사론을 견지하면서 서학을 배척하고, 단발에 반대하였다. 그는 일제강점기에 지리산을 대표하는 지식인으로서 고종과 순종이 타계하자 3년 상의 의리를 주장하였으며, 기정진과 정재규로 이어지는 노사학을 고수하였다.

노사학파 외에도 지리산권에는 한말과 일제시기에는 산청과 거창 일대에 거처한 곽종석의 영향이 컸다. 곽종석은 1905년 을사늑약을 강제하자, 국권회복을 위해서는 신학문을 수용해야 한다고 하였다. 유학을 보존하기 위해서라도 시세의 변화에 따라야 하며, 서양학문을 수용하고 신분에 관계없이 널리 교육해야 한다는 것이다. 이러한 곽종석의 견해는 구례의 김택주나 함양의 이병헌 등 문인들에게도 전해졌다. 김택주 역시 공자의 육예(六藝)의 가르침이 오늘날의 교육제도가 큰 차이가 없기 때문에 국력 배양과 인격 완성을 위해서는 신식교육제도를 따르는 것이 시의에 맞는 처신이라고 보았다.

이처럼 16세기 이후 20세기까지 지리산권에서는 영호남 유학자간에 상호 교류를 통하여 실천적인 유학에서부터 사변적인 유학, 위정척사

론적 유학에서부터 동도서기론적 유학까지 다양한 유학의 학설이 풍
미하였으며, 시대와 현실에 적응하려는 노력을 게을리 하지 않았던 것
이다.

지리산 문화경관

◉

서정호

1. 문화경관의 개념

1) 경관

근래에 들어 문화경관이라는 용어가 사용되는 빈도가 점점 늘어가고 있다. 그러나 문화경관을 알기에 앞서 우선 경관을 이해하는 것이 순서일 것 같다. 경관을 의미하는 용어로 16세기경에 네덜란드에서 'Landschap'가 사용됨으로써 인근 국가에 영향을 미쳐, 영미에서는 'Landscape'로, 독일에서는 'Landschaft'로 사용하고 있다. Land는 토지, 지역, 시골, 국토 등의 의미가 있다. Scape는 특정 경관에 따라붙는 단어로 경치를 나타낸다. 즉 Seascape, Cloudscape 등이 그 예이다. 따라서 경관은 장소성과 풍토를 포함하므로 지형, 기후, 문화, 역사 등 개별 공간 보다 넓은 차원으로 그 범위가 넓다.

동양에서의 경관(景觀)은 풍경관찰(風景觀察)의 줄인 용어로 사전적 의미로는 산이나 들, 강, 바다와 같은 자연이나 지역의 풍경을 일컫지만 지리적으로는 기후, 지형, 토양 등의 자연적 요소에 대하여 인간의 활동이 작용하여 만들어 낸 지역의 통일된 특성으로 자연경관과 문화경관으로 구분한다. 여기서 풍경(風景)은 풍정(風情)과 정경(情景)의 합성어로 바람(風), 뜻(情), 볕(景)을 포함한다. 바람(風)은 파도와 같은 물의 일렁임, 바람에 흔들리는 나뭇가지 또는 갈대, 풍화(風化)작용에 의하여 암석이 토양으로 변화하는 과정 등을 포함한다. 또한 경관은 사람의 정(情)을 포함하는 개념이다. 그것은 경관이 인간의 심적 현상으로 동적인 변화성을 가지고 지극히 주관적이며 상대적으로 파악될 수 있는 특성을 지니고 있기 때문이다.[1] 또한 경관에서 볕(景)의 의미는 어떠한 사물이라도 빛이 없으면 볼 수 없을 뿐만 아니라 색깔과 밝고 흐림의 정도를 구분할 수 없기 때문으로 시각적이다.

법률적으로 우리나라에서는 '경관'이란 "자연, 인공요소 및 주민의 생활상 등으로 이루어진 일단의 지역환경적 특징을 나타내는 것"으로 규정하고 있다.[2]

한편, 경관의 유형이나 종류를 여러 각도에서 분류할 수 있으며, 대표적인 것이 원형경관이다. 원형경관은 경관의 구성과 경관 요소들 사이에는 주체와 객체의 관계가 있기[3] 때문에 분류되는 경관이다. 즉 '보는 주체 = 영향을 주는 주체'와 '보여지는 객체 = 영향을 입는 객체'의 관계가 성립됨을 의미한다. 그러나 주체와 객체는 가변적이다. 사람이 주체일 수도 있으며, 한편으로는 동식물이 주체가 될 수도 있다. 기온, 강수량, 눈 또는 비에 의하여 식물분포가 달라지며 객체의 외형도 달라진다. 경관에 인간과 문화 또는 지역공동체가 개입되면 문제는 더욱 복잡해진다. 여기에서 '원형경관'의 개념이 도입된다. 원형경관은 개별

---

1) 유헌석 외, 『자연경관 관리정책에 관한 연구』, 한국환경정책·평가연구원, 2002.

2) 대한민국정부, 「경관법」 제3조 제1항.

3) 권진오, 「한국 원형경관과 산」, 『한국의 전통생태학2』, 사이언스북스, 2008, 55쪽.

경관, 일상경관, 핵심경관 등과 관련되어 있지만 이들의 개념은 서로
다르다.

개별경관(Personal Landscape)은 개인적으로 선호하는 경관으로 사람
과 상황에 따라 유동적이며 감상적이다. 그러나 일상경관(Ordinary
Landscape)은 일상생활에서 쉽게 접할 수 있는 경관으로 다양하고 풍부
하다. 또한 핵심경관(Kernel Landscape)은 절대다수의 지역사회구성원들
에게 공통적으로 인식되는 경관으로 일정 기간 동안 지속성과 다양성
을 제공한다. 원형경관(Prototype Landscape)은 과거로부터 현재, 미래에
이르기까지 전체 지역사회에 공통적이며 지속적으로 유지되는 요소들
로 구성된 경관을 일컫는다.[4] 따라서 원형경관은 '근간이 되는 경관'을
의미하며, 원형경관의 기초가 되는 것은 대부분 산림경관이다.

2) 문화경관

경관, 자연경관은 오래전부터 사용되어 왔지만 문화경관(文化景觀)은
그렇지 않다, 문화경관의 사전적 의미는 자연경관에 인공을 가하여 이
룩한 경작(耕作)·광공업·교통·도시 등의 경관으로 자연경관과 대치되
는 개념[5]으로, 자연경관 외에 인간의 삶과 관계되는 인공이 가미된 모
든 경관을 지칭할 수 있다. 우리나라에서는 경관법에서 경관의 개념을
규정하고 있으며, 도시계획법에서 경관지구를, 자연환경보전법에서는
생태경관보전지역 등을 규정하고 있으나 문화경관에 대하여는 규정하
고 있지 않다.

---

4) 권진오, 앞의 책, 2008, 60쪽.
5) 민중서림 편집국, 『민중 엣센스 국어사전』, 1985, 716쪽.

그러나 1972년에 채택된 유네스코(UNESCO)의 '세계 문화 및 자연유
산 보호협약(Convention concerning the Protection of the World Cultural and
Natural Heritage; 약칭 '세계유산협약') 운영지침(Operational Guidelines for the
Implementation of the World Heritage Convention)' 제36조 ~ 제42조[6])에서

---

6) 유네스코 세계유산 운영지침

35. 문화적 경관에 대하여 위원회는 세계유산등록에 등재되기 위해서 다음의 기준을
채택했다.

36. 문화경관은 협약 1조에서 말하는 "자연과 인공의 결합의 소산"을 의미한다. 문화
적 경관은 물리적 제약 및 자연환경에 의해 부여된 기회(외부적 영향)와 연속적
인 사회 · 경제 · 문화적 힘(내부적 영향)에 의해 형성된 인간사회와 주거의 오랜
발전의 실례이다. 문화경관은 그들의 현저한 세계적 가치와 한정된 지리적 문화
권역에서 당해지역의 본질적이고 특색 있는 문화적 요소를 잘 보여주는 대표성
의 2가지 기준에서 선정되어야 한다.

37. "문화경관"이란 용어는 인간과 자연환경의 상호작용이 다양하게 나타난 것을 포
함한다.

38. 문화경관은 종종 자연과의 정신적 유대와 자연환경의 특성 및 한계에 관하여
지속적인 토지 사용의 특별한 기술을 반영한다. 문화경관의 보호는 지속적으로
토지를 사용하기 위한 현대기술에 기여하고 경관의 자연적 가치를 유지 · 고양할
수 있다. 전통적 양식의 토지사용의 존재는 세계의 많은 지역의 생물학적 다양성
을 보존한다. 따라서 전통 문화경관의 보호는 생물 다양성 유지에 유용하다.

39. 문화경관은 세 주요 범주로 나뉜다.

(i) 인간에 의해 의도적으로 창조 · 설계된 경관. 이는 종교적 · 다른 기념적 건물
과 어우러져 심미적 이유로 축조된 정원과 공원을 포함한다.

(ii) 두 번째 범주는 구조적으로 진화된 경관. 이는 사회적 · 경제적 · 관리적 · 종
교적 필요로 발달해서 자연환경에 대응해서 현재의 형태로 발전했다. 그런
경관은 형태와 구성요소 특성의 진화과정을 반영한다. 이는 다음 두 하위
범주로 구분된다. – 과거 어떤 시기(갑자기 또는 일정시기)에 – 끝난 진화
과정이 나타나는 유물(또는 화석) 경관. 그런데 그의 중요한 특성은 재료유
형에 나타난다. – 현대사회의 사회적 역할이 전통생활 양식과 밀접히 관련
되고 진화과정에 여전히 진행 중인 경관, 동시에 그것은 오랜 진화의 중요한
물적 증거를 나타낸다.

(iii) 마지막 범주는 합동 문화경관이다. 그런 경관의 세계유산목록에의 등재는
중요하지 않거나 없을 수도 있는 물적 문화적 증거에 의해서보다는 자연요
소의 강력한 종교적 · 예술적 · 문화적 연합의 가치에 의해 정당화된다.

문화경관의 개념, 속성, 의의 등을 정의하고 있다.

유네스코 세계유산센터가 문화경관을 '자연과 인공의 결합의 소산', '인간과 자연환경의 상호작용이 다양하게 나타난 것을 포함'하는 것으로 정의하고 1992년 이후부터 문화경관이 하나의 범주로 세계유산목록에 포함된 것은 자연과 인간이 결합되어 상호작용을 통하여 나타나는 다양성을 보존하기 위해서였다.

따라서 사전적 의미의 문화경관과 세계유산협약 운영지침에서 규정한 문화유산의 개념을 고려하면, 문화경관은 자연, 인간, 인간의 삶을 모두 포함한다. 왜냐하면 일반 동식물의 세계나 존재 양태에 대해서는 문화라고 표현하지 않을 뿐 아니라 문화는 인간 고유의 삶의 양태이기 때문이다. 인간이 문화를 향유한다는 것은 자연에 특정한 무늬(文樣)를 만들고 색을 칠(彩色)하여 그것을 믿고 의지하거나 이용하는 것이다. 자연에 가한 문양과 채색 그것이 초목과 동물과 구별되는 인간의 삶의 양식 곧 문화이다. 이 때문에 문화경관도 자연을 바탕으로 한다.

---

40. 세계유산목록에 등재할 문화경관의 범위는 기능성과 명료성에 관련된다. 어떤 경우든 선정된 표본은 그것이 나타내는 문화경관 전체를 대표하기에 충분히 광범위해야 한다. 문화적으로 중요한 운송수단과 통신체계를 대표하는 긴 지역을 설계하는 가능성이 포함되어야 한다.
41. 21조(b)(ii)에 있는 보존과 관리의 일반기준은 문화경관에도 똑같이 적용될 수 있다. 문화·자연경관에 나타나는 광범위한 가치에 관심을 가지는 것이 중요하다. 등재는 지역사회의 완전 승인에 따라 준비되어야 한다.
42. 위 24조의 기준에 기초하여 세계유산목록에 등재된 '문화경관' 범주의 존재는 문화적·자연적 두 기준과 관련하여 예외적으로 중요한 유적의 가능성을 제외하지 않는다. 그런 경우에 그들의 탁월한 세계적 중요성은 두 기준 하에 정당화되어야 한다(UNESCO, Convention concerning the Protection of the World Cultural and Natural Heritage; Operational Guidelines for the Implementation of the World Heritage Convention, 2001).

3) 문화경관자원

'경관자원'이라는 용어를 우리나라에서 사용된 지는 그다지 오래지 않다. 흔히 자원이라 하면 "인간이 삶을 영위하기 위하여 직·간접적으로 유익하게 이용할 수 있는 유·무형의 일체의 물체 또는 지식"을 일컫는다. 석유, 석탄 등은 에너지자원이며, 벼, 소, 돼지, 생선 등은 식량자원이다. 사람 역시 인적 자원에 속하며, 인터넷쇼핑몰에서는 개인의 정보 또는 소프트웨어가 지식자원이다.

경관자원이라는 용어는 2007년부터 환경부에서 경관심의제도의 운영을 지원하기 위하여 사용하였으며, 경관법(2007년 시행)에서도 경관자원이라는 용어가 등장한다. 따라서 한국에서 경관자원이라는 용어가 사용된 지는 불과 5년 여에 불과하다.

경관자원 중 자연에 바탕을 두고 인공을 가하여 인간의 삶의 영위를 위한 문화자원이라면 이는 곧 문화경관자원이다. 그래서 국립공원관리공단이 자연공원법에 의하여 국립공원별로 10년을 주기로 조사하는 국립공원 자연자원조사항목에서 자연에 근거하지 않은 대부분의 건축물, 시설물, 구조물 등 국보, 보물 등을 문화경관이라 칭하지 않고 문화자원이라 한다. 이렇게 볼 때, 지리산에 소재한 국보, 보물, 시·도 지정 유형문화재 등은 문화자원에 속하지만 문화경관이라 할 수는 없다. 또한 무형의 유산이라 하더라도 그것이 현재에 이르기까지 이어져 오면서 시각적 효과와 사람의 마음을 움직이면서 자연과 연계된다면 문화경관이라 할 수 있다. 그것은 경관이 갖는 의미 중 일정한 넓은 범위와 인간이 자연에 바탕을 두고 변형한 마음(情)과 시각(景) 그리고 변화(風)를 포함하는 개념이기 때문이다.

따라서 문화자원이 자연을 바탕으로 일정한 범위에 소재하고 사람의 마음을 사로잡을 만큼 아름다우면서 계절 또는 기상 등에 의하여 변화하는 개체라면 곧 문화경관자원이다. 문화경관은 자연과 문화경관자원이 한데 어우러진 넓은 범위의 개념이다.

2. 지리산의 문화경관

1) 지리산의 경관과 문화자원

지리산은 예로부터 금강산, 한라산과 함께 삼신산(三神山)의 하나로 민족적 숭앙을 받아 온 민족 신앙의 영지(靈地)였다. 지리산의 영봉인 천왕봉에는 1,000여 년 전에 성모사란 사당이 세워져 성모석상이 봉안되어 있었다고 전해지고 있으며, 노고단에는 신라시대부터 선도성모를 모시는 남악사가 있었다고 한다. 반야봉, 종석대, 영신대, 노고단과 같은 이름들도 신앙을 상징한다.[7]

또한 지리산에서 경관이 수려한 10곳 즉 '지리 10경'은 천왕봉 일출, 피아골 단풍, 노고단 운해, 반야봉의 낙조, 벽소령의 명월, 세석평전의 철쭉, 불일폭포, 연하선경, 칠선계곡, 섬진청류 등이다. 지리 10경은 1950년대 혼란했던 시기에 지리산 등산로를 개척한 구례연하반이 명명하여 오늘에 이르고 있는 것으로 알려지고 있다. 근래에는 국립공원관리공단이 전국 국립공원의 100대 경관을 선정하였으며, 이 중 16대 경관이 지리산에 소재한다. 이들 경관자원은 다음과 같다(( )는 순위).

---

7) 국립공원관리공단, 『국립공원 역사문화자원 자료집』, 2009.

지리산 천왕봉

　(4)뱀사골계곡, (10)노고단 운해, (19)바래봉 철쭉, (26) 지리산 일출, (30)칠선계곡, (41)제석봉에서 바라본 운해, (43)노고단에서 바라본 천왕봉, (45)피아골계곡. (48)다랭이논, (49)쌍계사 벚꽃길, (50)지리산과 산수유마을, (61)화엄사 각황전, (72)곰이 있는 풍경, (76)화엄사계곡과 섬진강, (84)촛대봉에서 바라본 세석평전, (93)노고단 등이다.

　지리산의 문화자원은 대부분 불교유적으로 국보 7점, 보물 35점, 천연기념물 9종, 시·도 유형문화재 25점 등 90종에 달한다. 국립공원관리공단은 이를 문화자원으로 분류하고 있으며, 이 중 천연기념물을 제외하면 대부분 인공자원이다. 명승과 천연기념물은 엄밀히 말하면 문화자원이라기 보다는 자연경관자원에 속한다. 비록 문화재보호법 시행규칙에서 '유명한 건물이나 꽃, 나무, 새, 짐승, 물고기, 벌레 등의 서식지, 유명한 경승지, 산악, 협곡, 해협, 곶, 폭포, 호수, 급류 등 특색 있는 하천, 고원, 평원, 구릉, 온천지 등'을 명승으로 규정하고 있으나 지리산 화엄사일원은 각황전을 비롯한 유명한 건축물과 야생동식물의 서식지이며, 한신계곡은 폭포가 소재하며 야생동식물의 서식지이기 때문이다. 또한 천연기념물 역시 자연과 동식물 또는 그 군집이 대부분이다.

2) 지리산의 문화경관

(1) 개관

문화경관의 개념에 따르면, 자연+인공+마음(情)+시각(景)+변화(風)의 의미를 내포하되 범위가 넓어야 하며, 인간의 삶과 관련되어야 하며 무형의 유산도 포함된다. 지리산의 문화경관을 유형별로 분류한다면, 종교·역사 문화경관으로 마애상, 돌탑, 사찰경관, 기독교 유적, 고분, 장승, 구조물 등이 있으며, 생활경관으로는 취락경관, 농림업 생산경관(다랭이논, 숯가마터 등), 비보·마을숲 등이 있다. 그 외 무형문화경관도 이에 해당된다. 다만 개별문화경관자원이 자연에 기초를 두고 넓은 범위의 조망면을 갖춤으로써 문화경관이라 함이 마땅하다.

따라서 지리산과 지리산자락의 문화경관은 특정 문화자원을 의미하지 않고 자연 또는 자연에 인공을 가한 문화경관자원이 소재한 일정 장소이며 조망장소, 조망대상, 조망면 등 경관형성요인을 충족하여야 한다.

이 글에서는 문화경관의 개념에 부합하는 상징적인 문화경관을 유형별로 선택하여 지리산에 소재하거나 인접한 문화경관만을 실었다. 왜냐하면 지리산이 3개 도, 5개 시·군에 걸쳐 있을 뿐 아니라 문화경관의 분포가 방대하기 때문이다.

(2) 마애상

① 정령치 개령암지 마애불상군

정령치는 주천면 고기리에서 산내면 달궁마을로 넘어가는 지리산 줄기의 고개로 황령치(黃嶺峙)와 함께 마한의 별궁을 지키던 중요한 곳이었다고 전해온다.[8]

정령치에서 북동쪽으로 600m 가량 떨어진 고리봉 밑 개령암지 인근에는 마애불상군(開嶺庵址磨崖佛像群)이 있다. 1992년 1월에 보물 제1123호로 지정된 이 마애불은 높이 8m, 너비 12m 가량의 병풍처럼 둘러쳐진 암벽에 9구의 불상이 새겨져 있다. 불상의 크기는 제각각이며, 큰 것은 높이가 4m에서 작은 것은 40cm 정도 된다. 9구의 불상 중 3구는 형태가 선명하지만 나머지는 희미하게 남아 있다. 고려시대 때 만들어진 것으로 알려져 있으며 불상의 모양으로 보아 여래상들이라고 전해

개령암지 마애불상군

8) 서정호, 『지리산권의 명소 100선』, 2011, 58쪽.

온다. 울퉁불퉁한 자연암벽에 새겨졌기 때문에 양각(陽刻)도 고르지 않다. 그러나 인간의 노력으로 만든 이 마애불 근처에는 생태늪과 잣나무 숲이 어우러져 뛰어난 문화경관이다.

마애불(摩崖佛)은 돌벼랑을 갈아 만든 불상이다. 커다란 암벽에 글씨나 그림을 조각한 부처로 암벽(자연)에 불상을 새김으로써 불교문화의 한 단면을 나타낸 문화경관자원으로 한반도에서는 삼국시대부터 전해 오는 것으로 알려져 있다.

② **여원치 마애여래상**

남원에서 운봉으로 가는 24번 국도변의 여원치 오른쪽 언덕 밑 암벽에는 마애여래상이 새겨져 있다. 여(女)산신령으로 부르는 이 여래상에 전해져 오고 있는 일화가 있다. 고려 말 왜구가 침입하여 약탈을 일삼자 조정에서는 이성계를 삼도순찰사로 임명하여 남원지역의 왜구를 정벌하도록 급파하였다. 태조는 인월역에 주둔하고 있던 왜구들을 무찌르

여원치 마애여래상

기 위하여 남원을 거쳐 운봉을 향하여 진군하던 도중, 아흔아홉 구비의 여원치 험준한 고개를 넘고 있었다. 태조가 지휘하는 부대가 고개 정상에 이르렀을 무렵 갑자기 안개가 자욱하여 시야를 가리더니 비몽사몽간에 한 노파가 나타나 왜구와 싸울 시기와 장소·전략을 일러준 후 홀연히 사라졌다. 이 노파는 당시 여원치의 한 주막의 주모였다고 전해진다. 남원으로 향하던 왜구가 주막에 주둔하는 동안 여인의 가슴을 만지며 희롱하였다. 수모를 당한 여인은 비분강개하여 부엌칼로 자신의 가슴을 도려내어 스스로 목숨을 끊었다. 여인의 원혼이 노파로 변신하여 자신의 원수를 갚고자 이성계 앞에 나타나 왜구를 격파할 전략을 일러준 것이었다. 황산대첩이 승리로 끝난 후 원통하게 죽은 여인의 혼을 달래기 위해 노파를 만났던 여원치 석벽에다 오른쪽 가슴이 잘린 여상(女像)을 새겼다고 전해지고 있으며,[9] 지금도 마애여래상이 그대로 남아있다. 여원치의 석양은 남원10경 중의 하나이다. 천연의 암벽에 새겨진 이 여래상은 주변의 자연경관과 어우러진 문화경관이다.

③ 고담사 마애여래입상

지리산권 함양군에서 마천면으로 넘어가는 오두재를 지나면 마천면 덕전리에 자그마한 사찰 고담사가 있다. 고담사에는 보물 제375호로 지정된 마애여래입상이 우뚝 서 있는데, 이 마애여래입상은 고려시대에 제작된 거불조각(居佛彫刻)의 하나로 광배(光背), 불신(佛身), 대좌(臺座)를 모두 갖추고 있다.[10] 이 마애여래입상은 고담사 앞의 다랭이논, 연꽃연못, 국궁장 등과 어우러진 문화경관이며, 이곳에서는 지리산 천

---

9) 서정호, 앞의 책, 2011, 77쪽.
10) 함양군, 『함양 100배 즐기기』, 2011, 47쪽.

왕봉이 보인다.

고담사 마애여래입상

④ 서암석불

고담사를 지나 칠선계곡으로 향하는 추성리 칠선계곡 맞은편에 벽

서암석불

송사와 서암정사가 소재한다. 벽송사로 가는 길목의 왼쪽에 위치한 서암정사(瑞嵓精舍)는 천연의 바위에 굴을 파고 조각한 수많은 석불들이 불교예술의 극치를 이루고 있을 뿐만 아니라 건축학적으로도 특이한 기법을 보이고 있다. 특히 주변 경치와 불상이 아름다워 함양8경 중의 하나인 '서암석불'로 유명하며, 이곳에서도 천왕봉이 보인다.

(3) 사찰경관

지리산과 지리산자락에는 천은사, 화엄사, 연곡사, 칠불사, 쌍계사, 한산사, 법계사, 내원사, 대원사, 벽송사, 영원사, 실상사 등 12개의 전통사찰[11]과 그 외 크고 작은 200여 개의 사찰이 소재한다. 이들 사찰과 그 주변의 자연과의 조화는 지리산의 대표적인 문화경관이다. 지리산 대자연 속에 자리한 수많은 사찰들은 주변의 자연과 어우러져 있을 뿐 아니라 건축물, 석탑, 부도, 장승, 범종 등 부속 문화경관자원이 보존되어 있기 때문이다.

특히 중산리계곡 상부에는 천왕봉 일출을 감상하려는 등산객이 하룻밤 묵는 로타리대피소와 지리산에서 가장 높은 곳(1,450m)에 위치한 법계사가 있다. 법계사는 서기 544년에 연기조사가 창건한 사찰로 보물 제473호로 지정된 법계사삼층석탑이 있다. 법계사는 해마다 봄철에 유교의식 형식으로 지리산산신제를 주관함으로써 유교와 불교의 화합과 교류를 상징한다. 법계사 앞 맞은편에는 신라시대 때 함양태수 최치원이 시를 짓고 명상에 잠겼던 곳으로 알려진 문창대가 있다. 문창대는 최치원의 호를 따서 고운대로 불렀으나 후일에 바뀌었다고 한

---

11) 김기주·문동규, 『지리산의 전통사찰』, 흐름, 2012.

법계사

다. 최치원이 축지법으로 함양에서 문창대까지 단숨에 오갔다는 설화가 전해온다.

그 외 지리산의 사찰과 관련하여 이 책의 다른 부분(문동규의 '지리산의 전통사찰: 문화재 전시장과 진리의 현현' 및 김진욱의 '智異山圈 寺刹 題詠詩')에서 연구되어 있을 뿐 아니라 김기주·문동규(『지리산의 전통사찰』, 흐름, 2012)에 의하여 이미 단행본으로 출간되어 있으므로 여기서는 이를 생략한다.

(4) 기독교 유적

지리산에는 남아있는 기독교유적이 흔하지 않다. 근대의 구조물로 노고단대피소 바로 옆 언덕에는 일제강점기 때 외국인 선교사들이 수양하던 터에는 기둥만 남아 있다. 외국인 선교사 수양관은 일제강점기인 1921년부터 세워졌으나 해방 직전에 민간에게 불하되었다가 1948년 여순사건 때 반란군의 근거지로 활용되자 국군이 불태워버렸다고

노고단 외국인선교사 터

전한다. 비록 지붕과 벽이 없어지고 일부 기둥만 남아있는 상태의 구조물이지만 기독교 유적으로 자연을 바탕으로 한 문화경관이다. 지리산 왕시루봉에도 1961년에 건립된 선교사 유적이 남아있다.

기독교단체 및 일부 학계에서는 이들 선교사 유적지가 문화재적, 건축학적, 역사적, 선교사적 가치가 충분하므로 문화재로 지정해줄 것을 요청하고 있다.

(5) 돌탑

지리산 노고단에는 신라시대부터 나라의 태평과 농사의 풍년을 기원하는 제사를 올리던 제단이 있었다고 알려져 왔다. 노고단(老姑壇)에는 노고할머니의 전설이 전해온다. '늙은 시어머니 제사지내는 곳'이라는 의미를 가지고 있는데, 한자로 풀이하면 노(老)는 '나이가 많은', 고(姑)는 '시어머니'를 뜻하지만 여기서는 인류 최초의 여신인 마고할

노고단 돌탑

머니를 지칭한다. 원래 지리산산신을 모시는 제사터는 천왕봉에 있었으나 고려시대 때 지금의 노고단으로 옮겨졌다고 알려져 있으며, 이때부터 노고단으로 불리어졌다고 한다. 그러나 신라시조 박혁거세의 어머니 선도성모로 보는 이들도 있으며, 통상 '삼신할미'로 보는 이도 적지 않다. 노고단 정상의 돌탑은 청학동의 도인들이 공들여 쌓았다고 전해지고 있으며, 그 주변은 노고단 운해 조망점으로서 빼어난 문화경관이다.

또한 지리산 종주코스 벽소령에서 덕평봉으로 이르는 길에는 한 화전민의 서글픈 사연을 간직하고 있는 선비샘이 있다. 이 선비샘 바로 위에는 정성스레 쌓아올린 자그마한 돌탑이 있으며, 산청군 중산리 천왕사 입구에도 아름다운 돌탑이 있다. 이들 돌탑들은 민간신앙을 상징하며, 주변의 자연과 함께 어우러진 문화경관이다. 천왕사에는 또한 지리산산신을 상징하는 성모상이 보전되어 있다. 성모상은 당초에 천왕봉에 있었다고 전해진다.

(6) 청학동 삼성궁

경남 하동군 청암면 묵계리의 청학동(靑鶴洞)은 지리산 삼신봉의 동편 자락 해발 800m 고지에 자리잡고 있다. 도인촌, 도인마을로도 알려져 있으며, 상인 등을 제외한 거주민들은 유교, 도교 등을 기반으로 한 고유의 종교를 믿고 있으며, 일부 주민들은 한복을 입고 상투를 틀어 올린 머리를 하고 있다. 청학동은 이인로(李仁老, 1152~1220)[12]가 '파한집(破閑集)'에서 이상향을 동경하여, "두류산(頭留山)에 청학동(靑鶴洞)이 있는데 길이 매우 협착(狹窄)하여 겨우 사람이 다닐 수 있고, 몸을 구부리고 수십 리를 가서야 허광(虛曠)한 경지가 전개된다. 거기에는 모두 양전(良田) 옥토(沃土)가 널려 있어 곡식을 심기에 알맞으나, 거기에는 청학만이 살고 있기 때문에 이런 이름이 붙여졌고, 대개 여기에는 옛날

청학동 삼성궁

---

12) 李仁老는 고려시대의 학자로 鄭仲夫의 난을 피하여 머리를 자르고 절에 들어갔다가

세상을 피해 사는 사람들이 살았기에 무너진 담과 구덩이가 가시덤불에 싸여 남아 있다.”라고 하는 옛 노인의 이야기를 듣고 지리산으로 청학동을 찾으러 다녔으나 결국 찾지 못하였다. 청학이란 털색깔이 푸른 학을 이르는 말이며, 청학동은 나라 안에 아무리 큰 난리가 일어나도 해를 입지 않는다는 명당 10군데, 즉 십승지지 중 한 곳이라는 기록이 전해온다.

이인로가 말하는 청학동이 정확히 어느 곳인지를 알 수 없으며, 고려시대 이전부터 있었는지도 불분명하다. 다만 경남 하동군 화개면의 불일폭포 또는 불일암 부근, 청암면 묵계리 현재의 청학동 부근, 악양면 매계리, 화개면 대성리, 지리산 세석평전 등이 청학동이 있었던 곳으로 추정하고 있다.[13]

청학동에는 한문과 유교식 예절 등을 가르치는 대안학교가 여럿 운영되고 있으며, 청학동 아래 골짜기에는 삼성궁이 있다. 삼성궁은 설화로 전해오는 환인, 환웅, 단군 등 우리 민족의 세 성인을 모신 성전으로 정식이름은 ‘지리산청학선원 삼성궁’이다. 청학동 삼성궁은 1983년부터 33만㎡의 터에 고조선 시대의 소도(蘇塗)를 복원하였으며, 하동8경[14] 중의 하나이다.

다시 환속하였다. 1180년(명종 10)에 문과에 급제하여 直史館으로 있으면서 당대의 碩學 吳世才, 林椿, 趙通, 皇甫抗, 咸淳, 李湛之 등과 어울리면서 詩酒를 즐겼다. 이들을 江左七賢이라고 한다. 禮部員外郞, 秘書監, 右諫議大夫 등의 벼슬을 하였다. 詩文뿐만 아니라 草書·隷書 등 글씨에도 능하여 銀臺集, 後集, 雙明齋集, 破閑集 등의 저서를 남겼다.

13) 최원석, 「지리산 청학동의 공간적 변이와 장소성 쇄신에 관한 연구」, 『동아시아의 이상사회』, 지리산권문화연구단, 2009, 108~109쪽.

14) 하동8경은 화개장터 십리벚꽃, 금오산 일출과 다도해, 쌍계사의 가을, 평사리 최참판댁, 형제봉, 철쭉, 청학동 삼성궁, 지리산 불일폭포, 하동포구 백사청송 등이다(하동

(7) 취락경관

① 뱀사골 와운마을

지리산 뱀사골에 접어들면 왼편으로 반야봉과 명선봉 사이의 울창한 수림지대와 계류와 암석이 어울린 소와 폭포들이 맞이하는데, 국립공원 지리산북부사무소에서 30여분 가량 걸어가면 구름이 누워있다는 의미의 와운(臥雲)마을에 당도한다. 와운마을 언덕 뒤편에는 마을의 수호신인 지리산천년송이 있다. 수령이 1,000년 이상 되는 것으로 전해오는 지리산천년송은 천연기념물 제424호로 지정되어 있으며, 높이가 20m 이상이고 가슴높이둘레는 6m에 이른다. 천년송을 일명 '할매(할머니)송'이라고도 부르는데, 할매송 뒤편에는 할매송보다 작고 수령이 덜 오래된 할배(한아씨, 할아버지)송이 있어 그렇게 부른다고 전해지고 있다.

와운마을에서 지내는 천년송 당산제[15]는 와운마을이 당초에 천년송

군, 2012).

15) 지리산 천년송 당산제는 제례를 지내기 전 음력 12월 15일 경에 동네사람들이 모여 제관 선정부터 시작된다. 이날 뽑힌 제관은 지난 일 년 동안 초상집이나 출산한 집을 다니지 않았으며 어린이가 없고 집안에 사고가 없었던 사람이어야 했다. 제사 3일전부터는 마을 산시소에 가서 조식으로 목욕하고 옷을 3벌 준비하여 메일 갈아입었다. 제물을 살 때에는 과일을 먼저 사고 그 다음에 생선류, 그 다음에 고기류를 샀으며 값을 깍지 않아야 한다. 정월 초이튿날 오후에는 천년송 주변을 청소하고, 초사흗날 새벽에 제관이 부인과 힘이 센 장정 4명 정도와 함께 제물을 옮겨 제상을 차린다. 촛불을 켜면 마을에서 대기하고 있던 동네사람 중 촛불을 제일 먼저 본 사람이 징을 친다. 징 소리를 신호로 동네사람들이 천년송 당산제 앞으로 올라온다. 이어 산신에게 당산제를 알리는 당산굿을 하고 할아버지 소나무에서 먼저 제를 지낸다. 할아버지 소나무 제를 마치면 주변에 고시래를 하고 빈 그릇을 가져다가 약간의 제물을 담아 할머니 소나무로 가서 땅에 묻고 풍물을 치는 것으로 제를 마친다. 천년송 당제에 관한 자세한 내용은 김용근(「지리산 뱀사골 천년송 당산제」, 『남원의 삶과 문화』 제5호, 남원문화원, 2007, 82~87쪽)을 참고하기 바람. 근래에 이르러 천년송 당산제는 매년 음력 정월 10일에 지낸다.

지리산 천년송

뒤에 위치해 있을 때 호랑이가 나타나 사람과 가축을 물어가고 약초를 캐러 산 속에 들어가는 사람들이 무서워 한데서 비롯되었다고 한다. 또한 높은 산골짜기라서 항상 자연재해가 발생할 수 있었으므로 호랑이와 자연재해로 인한 피해를 미리 예방하고 위안을 삼고자 지내게 되었다고 한다. 이 당산제는 6.25 때에 마을이 불타고 난 후 피난 갔던 마을사람들이 돌아와 보니 농사도 잘 안 되고 감, 밤 등 열매도 잘 열리지 않아, 6.25사변 때 당산제를 지내지 않았기 때문인 것으로 판단하여 그때 다시 당산제를 지냈다고 한다. 그 이후 1992년까지 당산제를 지냈으나, 2006년까지는 지내지 않았다. 그러다가 2007년에 문화재청의 지원으로 중단했던 당산제를 지내게 되었다.[16]

문화경관으로서의 와운마을은 무형문화로서의 천년송당산제와 유

---

16) 서정호, 앞의 책, 2011, 64쪽.

형문화로서의 취락이며, 그 배경은 구름으로 자연에 바탕을 둔 변화
(風)와 마음(情)과 시각(景)이 어우러진 곳이다.

② 칠선계곡 두지마을

함양군 추성동 주차장에서 출발하여 칠선계곡 쪽으로 등산로를 따
라 2km 정도 올라가면 두지터를 지나가게 되는데, 두지터는 옛날 화
전민들의 마을이었으며, 마을 생김새가 곡식을 저장하는 '두지'와 닮
았다고 하여 붙여진 이름이라 한다. 이 마을에는 20세기 중반을 전후
하여 지어진 것으로 보이는 연초건조막이 남아 있다. 비록 현재 6가구
9명의 주민이 살고 있지만 지리산국립공원구역 내 몇 안 되는 공원마
을지구[17] 중의 한 마을이다. 따라서 두지마을은 취락지로서의 문화경

두지마을

---

17) 지리산국립공원구역 내에 소재한 공원마을지구는 총 8개 마을로 삼거리마을, 남수골
　　마을, 두지동마을, 하부운마을, 와운마을, 학천마을, 덕동마을, 심원마을 등이다(국

관에 속한다.

(8) 명승

① 화엄사 일원

화엄사계곡은 옛날부터 지리산을 오르는 가장 대표적인 길이었으며, 화엄사는 544년(백제 성왕 22, 신라 진흥왕 5)에 연기 조사가 창건하였다. 절의 이름은 화엄경(華嚴經)의 화엄 두 글자를 따서 붙였다고 하며, 처음에는 해회당(海會堂)과 대웅상적광전(大雄常寂光殿)만 세워졌고 그 후 643년(선덕여왕 12)에 자장율사에 의해 증축되었다. 875년(신라 헌강왕 1)에 도선국사가 다시 증축하였으나 임진왜란 때 불타 없어진 것을 1630년(인조 8)에 벽암선사가 다시 짓기 시작하여 7년만인 인조 14년(1636)에 완성하였다(구례군). 화엄사에는 각황전을 비롯한 국보 4점, 화

화엄사 일원

립공원관리공단, 『제1차 지리산국립공원 보전·관리계획』, 2012, 80~88쪽).

엄사대웅전 등 보물 7점, 올벚나무, 야매 등 천연기념물 2점, 지방문화재 2점 등의 문화재가 있다. 천년고찰 화엄사는 구례10경 중의 하나이다.

화엄사 매표소를 지나면 곧 바로 오른쪽에 장죽전교가 보이는데, 이 다리를 건너면 구례가 차시배지임을 기리는 '신라대렴공차시배지비'가 있다. 이 주변에는 아직 야생차가 많이 서식한다.

또한 화엄사 맞은편 지장암 밑에는 남악사(南嶽祠)가 있는데, 남악사는 삼국시대 때부터 국태민안을 기원하기 위하여 지리산 산신에게 제사를 모시던 곳이었다. 남악제는 삼국시대 때에는 지리산 천왕봉에서, 고려 때에는 천왕봉에서 반야봉으로 다시 노고단으로 옮겨졌다고 전해진다. 조선 초기에 노고단에서 구례 갈뫼봉 아래 광의면 온당리 당동으로 옮겨졌으나 1908년 폐사되었다고 전한다. 남악사의 전통이 사라지는 것을 안타깝게 여기던 구례의 뜻있는 인사들이 1969년에 화엄사 지장암 앞에 남악사를 새로 건립하여 오늘에 이르렀다. 화엄사 일원은 역사문화경관으로 명승 제64호로 지정되어 있으며, 사찰경관, 천연기념물, 차나무 시배지, 남악제 등은 자연과 어우러진 문화경관이다.

② 대원사계곡 일원

대원사는 서기 548년(신라 진흥왕 9)에 연기조사가 창건하였으며, 전통사찰 제81호로 지정되어 있는 비구니 참선도량이다. 대원사계곡의 자연경관은 지리산의 수많은 계곡 중에서도 깊고 울창한 수림과 반석이 어우러져 신비로움을 그대로 보여주는 아름다운 계곡이며 원래는 대원사가 속한 유평리의 이름을 따서 유평계곡으로 불렀으나 대원사 비구니 사찰의 깨끗한 이미지가 더해져 지금은 대원사계곡을 합하여

대원사계곡

대원사계곡으로 부른다.

또한 유평리에는 지리산 습지로서 생태계의 보고(寶庫) 왕등재 습지가 있다. 해발 960m에서 970m에 위치한 이 습지는 길이 120m, 폭 50m 내외로 그 면적이 2,170㎡에 달하는 이탄(泥炭)[18] 습지로 그다지 넓지는 않지만 이곳에는 멸종위기 야생동물 2급인 까막딱다구리 등 348종의 생물이 서식하는 곳이다.

대원사계곡은 문화경관으로 분류되는 경상남도 기념물 제114호로 지정된 명승지이다.

③ 한신계곡

함양군 마천면 지리산 한신계곡 일원은 명승 제72호로 지정된 지형

---

18) 이탄(泥炭; peat): 낮은 온도 때문에 사멸한 식물들이 미생물분해가 제대로 이루어지지 않은 채 쌓여 만들어진 토양층을 일컫는다.

한신계곡

지질경관이다. 한신계곡은 지리산 북부 마천면 백무동에서 세석평전에 이르는 10여 km의 험준하면서도 수려한 긴 계곡이다. 수십여 개의 소(沼)와 폭포가 끝없이 이어지는 한신계곡은 소, 폭포의 수만큼 많은 사연을 간직하고 있다. 단순히 넓고 깊은 계곡이라는 의미 외에도 여름에도 한기를 느낀다는 의미로 한신계곡이라 하며, 또는 계곡의 물이 차고 험난하며 굽이치는 곳이 많아 한심하다고 해서 한심계곡이라 불렀으나 발음이 변해서 한신계곡이 됐다는 이야기가 전해진다. 또 다른 한편으로는 옛날 한신이란 사람이 농악대를 인솔하고 세석으로 가다가 급류에 휩쓸려 떼죽음을 당했다고 해서 한신계곡이 되었다는 사연도 전해진다. 그래서인지 지금도 계곡에 비가 오면 꽹과리 소리가 들린다고 주민들은 전한다. 한신계곡은 명승으로 지정되어 있지만 엄밀히 말하면 자연경관에 속한다.

(9) 인공숲

① 함양상림

함양상림은 한반도 역사 상 가장 오래된 인공림으로 알려져 있으며, 함양읍 운림리, 대덕리 일원에 소재한다. 1962년에 천연기념물 제154호로 지정되었다. 상림의 면적은 21ha에 이르며 길이 1.6km, 폭 80~200m에 이른다. 신라 진성여왕(?~897) 때 최치원이 천령군(현재의 함양군) 태수로 재직하면서 조성한 호안림으로, 함양읍 서쪽을 흐르고 있지만 당시에는 위천이 함양읍 중심부를 흐르면서 홍수의 피해가 심하여 강변에 둑을 쌓아올려 지금의 위치로 강이 흐르도록 하였다. 이 둑을 따라 심은 나무가 숲을 이룬 곳이 오늘의 상림이다.

상림 조성 당시에는 이 숲을 대관림이라 불러 관리함으로써 홍수의 피해를 막을 수 있었다고 한다. 그 후에 중간부분이 유실되어 현재와 같이 상림과 하림으로 나누어졌으며, 하림구간은 취락형성과 함께 일부 나무들을 제외하고 대부분의 나무들이 멸실되어 그 흔적만 남아있

함양상림

다. 상림은 조성 당시 그대로 남아 오늘과 같은 큰 숲이 되었다.

울창한 이 숲에는 120여 종 20,000여 그루의 낙엽활엽수가 어우러져 봄의 신록, 여름의 녹음, 가을 단풍과 겨울의 설경 등 사철을 통하여 그 아름다움을 감상할 수 있는 곳이다. 숲 속 가운데에는 수로가 있어 날씨가 가물 때에도 충분한 물을 공급할 수 있어 항상 녹음이 짙으며, 이은리 석불(유형문화재 제32호)과 함화루(유형문화재 제258호) 및 문창후 최선생 신도비(문화재 자료 제75호), 흥선 대원군이 세운 척화비(문화재자료 제264호) 그리고 사운정, 초선정 등 정자와 만세기념비, 독립투사들의 기념비와 동상이 있어 이 숲을 한층 더 돋보이게 한다.[19]

함양상림은 9세기에 비록 인공숲으로 조성되었지만 그 역사가 1,100년을 지나 자연숲과 다름없으며, 사계절 절경을 이루어 함양8경 중 제1경으로 꼽는다. 옥외 무대, 분수공원, 연꽃단지, 석산(꽃무릇) 화단 등 현대적 시설이 조성됨에 따라 지역주민은 물론 국내·외 관광객이 끊이지 않는 명소이다. 특히 상림은 매년 여름철이면 함양의 특산물인 산삼을 주제로 하는 산삼축제가 열리는 곳이다. 자연상태에서 인공적으로 조성한 우리나라 최초의 숲이라는 점에서 뛰어난 문화경관이다.

② 하동송림

하동송림은 천연기념물 제445호로 지정된 소나무 숲이다. 하동읍 광평리에 소재한 이 숲은 지정구역 및 보호구역의 7만여㎡로 소나무 750여 그루를 포함하여 900여 그루의 나무가 자라고 있다. 이 소나무 숲은 조선 영조 21년(1745), 당시 도호부사였던 전천상이 섬진강 강바람

---

19) 서정호·조계중, 『지리산권의 큰 나무』, 디자인흐름, 2010, 341~343쪽.

하동송림

과 모래사장에서 불어오는 모래바람의 피해를 막기 위하여 소나무를 심은 방풍림이다. 이제 270여년이 흘러 노송이 되었으며, 대부분의 소나무껍질은 거북이 등과 같이 갈라져 있어 옛날 장군들이 입었던 철갑옷을 연상하게 한다. 섬진강과 백사장이 함께 어우러진 주변은 지역주민의 쉼터이자 가던 이의 발걸음을 멈추게 하는 빼어난 경관을 자랑한다. 숲을 이룬 소나무의 수령이나 면적, 소나무 수, 역사성 등 여러 측면에서 우리나라 제일의 노송숲이다.

(10) 농업생산경관

① 지리산 다랭이논

농업생산시설로서의 다랭이논은 농업생산요소로서의 토지이자 문화경관에 속한다. 원래 경사진 언덕의 토지에 벼농사에 필요한 물을

지리산 다랭이논

대고 가두기 위하여 축대를 쌓아 조그만 논으로 만든 것이다. 마천면 다랭이논은 조선시대 이후부터 현재까지 그 원형이 잘 보존되어 있으며, 일부 큰 논배미에는 경운기 등 농기계를 사용하지만 대부분 지금까지 수작업으로 논을 갈고 모심기를 하며 추수하는 전통 벼농사 방식을 고수하고 있다. 다랭이논은 남원시 산내면, 함양군 마천면 등 지리산 자락 여러 곳에 분포되어 있다.

② 세적평전과 청학연못

지리산 세석평전 대피소와 그 위의 촛대봉 그리고 그 사이 거림골에 이르는 삼각지점에는 잘 알려지지 않은 청학연못이 소재한다. 세석평전은 고려시대 때 이인로가 파한집에서 청학동을 지칭하는 곳 중의 하나로 고원지역에 농업이 영위되었던 흔적이 잔존하는 곳이다. 세석평전에는 논 또는 밭의 형태가 남아 있으며, 늪이 있어 관개(灌漑)가 가능

청학연못

했다고 전해지고 있다. 또한 인공연못인 청학연못이 있어 식수 및 농업용으로 사용했음을 유추할 수 있다. 해발 1,600m에 이르는 고산지에 소재한 경작지터 및 청학연못은 자연에 농업생산을 위한 논밭과 저수지로 사람이 인공으로 만든 문화경관이다. 청학연못에는 일반인이 출입이 금지된 곳이지만 거림마을에서 오래 거주했던 주민들은 언제 누구에 의하여 만들어졌는지를 알 수 없다고 전한다. 다만 아주 오래 전부터 세석평전의 농업용과 식수용으로 사용되었던 것만은 틀림없다고 전해준다.

이곳에서는 계절과 날씨에 따라 변화하는 운해(雲海)와 봄철의 철쭉 그리고 자생하는 구상나무군락이 함께 어우러진 경관이다.

③ 악양 무딤이들과 동정호

악양면 평사리 들판을 무딤이(무디미)들이라고 한다. 어원이 명쾌하게 밝혀지지는 않았지만 경북, 경남, 전남의 들(野)을 나타내는 지명으로 '무데미'가 사용되고 있는 것으로 봐서 '물이 디밀어 들어오는 들'의 명사형으로 '무디미' 또는 '무딤이'가 아닌가 싶다. 또한 엄청나게 넓었던 동정호에 주변 높은 산의 흙이 흘러들어 퇴적되어 호수는 작아지고 들은 커지게 되었다는 설과, 반대로 원래는 낮은 호수 또는 늪지대였던 곳에 악양천의 물이 흘러들면서 토사가 퇴적되었다는 설 등이 있으나 고증할 방법이 없다. 무디미들은 근대이후 경지정리를 하여 미맥위주의 농사를 짓고 있는 넓은 들로 박경리의 소설 '토지'의 무대배경이 된 곳이다. 이곳에는 인공연못인 동정호가 경관의 풍치를 한층 더 아름답게 하며, 배후의 상평마을의 최참판댁 역시 문화경관자원이다. 최참판댁, 무딤이들, 동정호, 부부소나무 그리고 무딤이들 옆을 지나는 섬진강 등이 넓게 어우러진 이곳 전체가 한 폭의 문화경관이다.

악양 무딤이들과 섬진강

④ 불일평전

하동군 화개면 쌍계사 또는 국사암에서 불일폭포 방향으로 약 2.5km 되는 지점에 소재한 불일평전은 옛날 농사를 짓던 농경지와 집터가 남아있어 인근의 쌍계사와 국사암, 불일암 등 역사문화경관자원과 자연경관인 불일폭포를 더욱 빛나게 한다. 아담한 집과 정원, 쉼터 그리고 돌탑과 장승 등이 있어 휴식을 취하기에 적합한 곳이다. 여기에서 잠시 오르막내리막길을 번갈아 걸어가면 불일암이 나타나고 바로 그 밑으로 깎아지른 비탈의 계단길이 나타난다. 이곳에서 마주 보이는 것이 불일폭포이다. 60m 높이의 불일폭포는 중간에서 한 번 멈추었다가 다시 그 아래로 물줄기를 쏟아낸다. 불일폭포는 지리산 10경의 하나이자 하동8경 중의 하나이다.

불일평전

⑤ 피아골 표고막터와 단풍제

구례군 토지면 내동리에 위치한 피아골은 단풍이 아름다워 지리10경[20] 중의 하나이자 구례10경[21] 중의 하나이기도 하다. 연곡사를 지나 왼쪽으로 피아골 물길을 끼고 포장도로를 따라 올라가면 직전마을이 나타난다. 마을을 조금 지나면서부터 활엽수림이 울창한 피아골을 접하는데, 피아골은 지리산 주능선 삼도봉과 임걸령이 발원지이다. 피아골은 특히 10월 하순경에 단풍이 절정을 이룬다. 산(山)도 붉고, 물(水)도 붉게 물들고, 그 가운데 선 사람(人)도 붉게 물든다는 삼홍(三紅)의 명소로 피아골의 단풍은 가을 지리산의 백미(白眉)이다. 이에 16세기의 대학자 남명 조식 선생이 피아골 삼홍을 소재로 직전 삼홍소(稙田

피아골 표고막터 단풍제

---

20) 지리산에서 빼어난 경관 즉 天王日出, 稙田丹楓, 老姑雲海, 般若落照, 碧宵明月, 세석평전의 철쭉, 佛日瀑布, 烟霞仙境, 七仙溪谷, 蟾津江清流 등이 지리10경이다.

21) 구례10경은 노고단운해, 반야봉낙조, 피아골단풍, 섬진강청류, 산동 산수유꽃, 섬진강 벗꽃길, 수락폭포, 천년고찰 화엄사, 오산과 사성암, 그리고 노고단 설경 등이다.

三紅沼)를 지어 남겼다. 이곳 피아골에서는 매년 만추에 '피아골 단풍제'가 열린다.

피아골의 직전(稷田)마을은 근대화 이전까지 기장(稷)을 재배하였던 곳으로 직전마을이라 하며, 그 위의 표고막터는 표고버섯을 재배하고 저장한 곳으로 농업생산의 한 단면을 나타내며, 자연현상인 단풍 그리고 무형문화재 지리산단풍제와 함께 문화경관을 형성한다.

(11) 도로경관

① 오도재

함양군 마천면에서 함양읍으로 넘어가는 고개가 오도재인데, 이는 문화경관으로서 도로경관에 속하며, 오도재 지리산조망공원에서는 지리산 천왕봉을 비롯한 동부능선의 대부분을 조망할 수 있다. 또한 변강쇠와 옥녀의 전설이 전해지고 있는 곳이기도 하다. 오도재는 2006년에

오도재

정부(건설교통부)로부터 한국의 아름다운 길에 선정되었다.

② 화개십리 벚꽃길

하동군에서는 '화개장터 10리 벚꽃길'을 하동8경 중 하나로 꼽는다. 말 그대로 화개장터에서 1023번 국도를 따라 4km 가량 펼쳐진 벚꽃길이다. 화동군 화개면의 국도와 지방도변에는 온통 벚꽃나무가 가로수로 식재되어 있다. 대부분 올벚나무인 이들은 짧게는 50년 길게는 100년 이상의 수령을 지닌 나무들이다. 벚꽃이 일본인들이 선호한다는 점을 감안하면 우리나라에서 이름이 알려진 오래된 벚나무들은 아마도 일제강점기 때 심어진 듯싶다. 화개장터 십리벚꽃길 외에도 19번 국도 악양에서 화개장터에 이르는 길, 구례 문척면의 섬진강변의 벚꽃길이 지리산권의 아름다운 벚꽃길로 알려져 있다.

화개장터 십리벚꽃길을 사랑하는 남녀가 손을 꼭 잡고 걸으면 백년

화개장터 십리벚꽃길

해로한다고 알려져 일면 '혼례길'이라고도 하여 특히 청춘남녀는 물론 중년, 노인들의 발길이 잦은 곳이다. 이 길을 옆에 끼고 흐르는 화개천의 물소리는 봄이 무르익기를 기다리는 전령이다. 화개장터를 중심으로 해마다 벚꽃축제가 열린다.

(12) 산성 고소성

하동군 악양면 평사리에서 오르거나 형제봉(성제봉)에서 하산하는 길의 산 중턱에는 고소성(故蘇城, 사적 제155호)이 자리하고 있다. 고소성은 언제, 누가, 어떠한 목적으로 축성했는지에 관하여 정확한 기록이 남아 있지는 않지만, 고구려 또는 신라 때 돌로 쌓은 성으로 전해오고 있으며, 5세기 무렵 고구려 광개토왕이 신라를 거쳐 왜군을 토벌하면서 남하했을 때 쌓은 성이거나 신라가 백제를 견제 또는 방어할 목적으로 쌓은 성이라는 견해가 있다. 하동군에서는 하동 고소성을 알리는 안내간판에서 가야의 성으로 추정하고 있다.[22] 성벽의 길이는 800m 가량이며, 남쪽과 북쪽에 각각 성문이 있다. 고구려 또는 신라시대 축성설은 삼국시대 당시 이 요충지를 중심으로 치열한 접전이 벌어졌음을 추측하는 견해로 신빙성이 덜 하지만 당시 나당연합군과 주력부대가 금강을 침공할 때 소정방이 군을 지휘했던 점과 악양일대의 지명이 중국의 그것과 흡사해 산성이름에 소정방을 끌어들였을 가능성 때문이다.

---

22) 안내간판은 '고소성의 동북쪽은 지리산의 험준한 산줄기로 방어에 유리하고, 서남쪽은 섬진강이 한 눈에 내려다보여 남해에서 오르는 배들의 통제와 상류에서 내려오는 적을 막기에 아주 좋은 위치이다. 이곳의 옛 지명이 小多沙縣이었고, 삼국사기에서 하동군의 옛 이름이 韓多沙郡이었음을 전하고 있다. 하동군은 '큰다사군', 악양면은 '작은다사현'이었다. 日本書紀는 고령의 대가야가 백제의 진출에 대비하면서 倭와의 교통을 위해 이곳에 성을 쌓았다고 한다(후략)(하동군).

고소성

고소성에서는 발아래 섬진강과 평사리 무디미들, 광양 백운산을 바라볼 수 있어 조망점이 되기도 한다.

3. 지리산 문화경관의 보전·관리 방향

1) 제도적 배경

(1) 자연공원법 : 국립공원 보전·관리계획 수립

자연공원법은 국립공원, 도립공원, 군립공원 및 지질공원 등 자연공원의 지정·보전 및 관리에 관한 사항을 규정함으로써 자연생태계와 자연 및 문화경관 등을 보전하고 지속 가능한 이용을 도모함을 목적으로 한다(자연공원법 제1조: 목적). 또한 이 법의 제17조의2(공원별 보전·관리계획의 수립 등)의 1항에서는 "① 공원관리청은 제12조부터 제14조까지의 규정에 따라 결정된 공원계획에 연계하여 10년마다 공원별 보전·관리계획을 수립하여야 한다."라고 규정되어 있어, 지리산국립공원도 매 10년마다 보전·관리계획을 수립하도록 하고 있으며, 2012년에 최초로 제1차 지리산국립공원 보전·관리계획을 수립하였다.

이 법 제36조에는 또한 "공원관리청은 자연공원의 자연자원을 대통령령으로 정하는 바에 따라 정기적으로 조사하여야 한다(자연자원의 조사)."라고 규정하고 있으며 동법 시행령 제27조에는 "① 법 제36조의 규정에 의한 자연자원의 조사는 특별한 경우를 제외하고는 10년마다 실시하여야 한다."라고 규정되어 있다. 국립공원의 보전·관리에 관한 규정은 이 외에도 여러 조항이 있으나, 상기 규정에 의하여 문화역사자원 및 자연자원조사의 실시와 함께 보전·관리계획을 수립하고 있다. 지금까지 국립공원의 자연자원조사는 자연자원 외에 문화자원 및 경관자원을 포함하여 조사하였다. 지리산국립공원의 경우, 2003년 및 2011년에 자연자원조사를 실시하였다.

(2) 문화재보호법 : 경관 보호

문화재보호법 제1조에는 이 법의 목적으로 "문화재를 보존하여 민족문화를 계승하고, 이를 활용할 수 있도록 함으로써 국민의 문화적 향상을 도모함과 아울러 인류문화의 발전에 기여함을 목적으로 한다."라고 규정하고, 제2조에는 "문화재란 인위적이거나 자연적으로 형성된 국가적·민족적 또는 세계적 유산으로서 역사적·예술적·학술적 또는 경관적 가치가 큰 다음 각 호의 것"으로 유형문화재(건조물, 전적(典籍), 서적(書跡), 고문서, 회화, 조각, 공예품 등 유형의 문화적 소산으로서 역사적·예술적 또는 학술적 가치가 큰 것과 이에 준하는 고고자료(考古資料)), 무형문화재(연극, 음악, 무용, 놀이, 의식, 공예기술 등 무형의 문화적 소산으로서 역사적·예술적 또는 학술적 가치가 큰 것), 기념물(절터, 옛무덤, 조개무덤, 성터, 궁터, 가마터, 유물포함층 등의 사적지(史蹟地))과 특별히 기념이 될 만한 시설물로서 역사적·학술적 가치가 큰 것, 경치 좋은 곳으로서 예술적 가치가 크고 경관이 뛰어난 것, 동물(서식지, 번식지, 도래지 포함), 식물(자생지 포함), 지형, 지질, 광물, 동굴, 생물학적 생성물 또는 특별한 자연현상으로서 역사적·경관적 또는 학술적 가치가 큰 것 그리고 민속문화재(의식주, 생업, 신앙, 연중행사 등에 관한 풍속이나 관습과 이에 사용되는 의복, 기구, 가옥 등으로서 국민 생활의 변화를 이해하는 데 반드시 필요한 것) 등이 이에 포함된다.

또한 이 법 제19조(세계유산등의 등재 및 보호) 제1항에는 "문화재청장은 「세계문화유산 및 자연유산의 보호에 관한 협약」, 「무형문화유산의 보호를 위한 협약」 또는 유네스코의 프로그램에 따라 국내의 우수한 문화재를 유네스코에 세계유산, 인류무형문화유산 또는 세계기록유산으로 등재 신청할 수 있다. 이 경우 등재 신청 대상 선정절차 등에 관하여는 유네스코의 규정을 참작하여 문화재청장이 정한다."라고 규정하고 있으며, 제25조는 '사적, 명승, 천연기념물의 지정' 규정으로, "문화재청장은 문화재위원회의 심의를 거쳐 기념물 중 중요한 것을 사적, 명승 또는 천연기념물로 지정할 수 있다." 천연기념물은 특정 동식물 및 지질 외에 천연보호구역도 이에 해당된다.

문화재의 보존과 관련하여 제7조(문화재 보존 시행계획 수립)에는 "① 문화재청장 및 시·도지사는 문화재기본계획에 관한 연도별 시행계획을 수립·시행하여야 한다. ② 시·도지사는 제1항에 따라 연도별 시행계획을 수립하거나 시행을 완료한 때에는 그 결과를 문화재청장에게 제출하여야 한다."라고 규정함으로써 시·도지사의 의무를 명시하고 있다.

(3) 유네스코의 제도 : 세계유산, 생물권 보전지역 및 세계유산 등재

문화경관의 보전·관리와 관련한 유네스코의 제도는 크게 세계유산(세계문화유산, 세계자연유산, 세계복합유산) 및 생물권보전지역 등재 등이다. 세계유산은 1972년에 채택한 세계문화및자연유산보호협약(Convention Concerning the Protection of the World Cultural and Natural Heritage, 약칭 '세계유산협약')에 의하여 등재하도록 하고 있으며, 10개 항목의 등재기준(문화유산의 경우 1~6번 항목, 자연유산의 경우 7~10번 항목, 복합유산의 경우 1~6번 항목 중 하나 이상과 7~10번 항목 중 하나 이상)23)을 충족하여야 한다.

---

23) 세계유산 등재기준은 문화유산의 경우, ⅰ. 인간의 창의성으로 빚어진 걸작을 대표할 것, ⅱ. 오랜 세월에 걸쳐 또는 세계의 일정 문화권 내에서 건축이나 기술 발전, 기념물 제작, 도시 계획이나 조경 디자인에 있어 인간 가치의 중요한 교환을 반영, ⅲ. 현존하거나 이미 사라진 문화적 전통이나 문명의 독보적 또는 적어도 특출한 증거일 것, ⅳ. 인류 역사에 있어 중요 단계를 예증하는 건물, 건축이나 기술의 총체, 경관 유형의 대표적 사례일 것, ⅴ. 특히 번복할 수 없는 변화의 영향으로 취약해졌을 때 환경이나 인간의 상호 작용이나 문화를 대변하는 전통적 정주지나 육지·바다의 사용을 예증하는 대표 사례, ⅵ. 사건이나 실존하는 전통, 사상이나 신조, 보편적 중요성이 탁월한 예술 및 문학작품과 직접 또는 가시적으로 연관될 것 등이며, 다른 기준과 함께 적용할 것을 권장하고 있다. 또한 모든 문화유산은 진정성(authenticity; 재질, 기법 등에서 원래 가치 보유)이 있어야 한다.
　또한 자연유산의 경우, ⅶ. 최상의 자연 현상이나 뛰어난 자연미와 미학적 중요성을 지닌 지역을 포함할 것, ⅷ. 생명의 기록이나, 지형 발전상의 지질학적 주요 진행과정, 지형학이나 자연지리학적 측면의 중요 특징을 포함해 지구 역사상 주요단계를 입증하는 대표적 사례, ⅸ. 육상, 민물, 해안 및 해양 생태계와 동·식물 군락의 진화 및 발전에 있어 생태학적, 생물학적 주요 진행 과정을 입증하는 대표적 사례일 것, ⅹ. 과학이나 보존 관점에서 볼 때 보편적 가치가 탁월하고 현재 멸종 위기에 처한 종을 포함한 생물학적 다양성의 현장 보존을 위해 가장 중요하고 의미가 큰 자연 서식지를 포괄하여야 하며, 문화유산과 자연유산은 공통적으로 완전성(integrity: 유산의 가치를 충분히 보여줄 수 있는 충분한 제반 요소 보유) 충족과 함께 법적, 행정

이 외에도 자연보호를 위한 제도로서 생물권보전지역(Biosphere Reserve)이 있다. 생물권 보전지역은 전세계적으로 보전의 가치가 있고, 지속가능 발전을 지원하기 위한 과학적 지식, 기술, 그리고 인간 가치를 제공할 수 있다고 인정되는 생태계 지역으로 유네스코(UNESCO)는 1971년부터 '인간과 생물권 계획(MAB: Man and Bioshere Programme)'의 일환으로 생태계적 가치가 큰 곳을 생물권 보전지역으로 지정하고 있다. 유네스코 생물권보전지역으로 지정되면 해당지역은 당해 국가의 관련 법률에 따라 체계적으로 관리되며 무분별한 개발이 억제된다.

여기서 문화경관의 보전과 관리를 위하여 생물권보전지역이 대두되는 이유는 문화경관이 자연을 포함하거나 자연을 이용하여 인간이 변화를 가한 경관이라는 개념에서 비롯된다. 즉 단순한 단일 문화재는 하나의 문화자원에 속하지만 문화경관은 자연을 포함하는 넓은 범위(장소)이기 때문이다. 따라서 지리산 문호경관의 보전과 효율적·체계적 관리를 위하여 다음과 같이 천연보호구역 지정, 유네스코 생물권보전지역 및 세계유산 등재 추진이 필요하다.

유네스코의 세계유산 등재절차와 관련한 국내적 절차는 문화재청 예규[24]로 명시하고 있으며, 지리산과 같이 하나의 등재대상 유산이 둘

적 보호 제도, 완충지역(buffer zone) 설정 등 보호 및 관리체계가 수립되어야 한다 (http://www.unesco.or.kr/).

24) 문화재청 예규 제95호(2011. 4. 1) 유네스코 세계유산 등재 신청에 관한 규정
제2장 잠정목록 등재
  제5조(잠정목록 대상 유산 신청) ① 특별시장·광역시장 또는 도지사(이하 "시·도지사"라 한다) 및 유산 관련 중앙행정기관 및 단체는 제3조의 등재기준을 충족하고 UNESCO세계유산목록(이하 '세계유산목록'이라 한다)에 포함될 가치가 있다고 판단되는 유산에 대하여 다음 각호의 요건을 구비하여 잠정목록 대상 유산으로 선정하여 줄 것을 별지 제1호 서식에 따라 문화재청장에게 신청할 수 있다. ③ 문화재청

이상의 시·도에 걸쳐 있을 경우 시·도지사의 협의가 필요하다. 또한 잠정목록 신청 시 역시 둘 이상의 시·도에 걸쳐 있을 경우 시·도지사의 협의가 필요하다.

2) 보전·관리 방향

(1) 천연보호구역 지정

지리산에 소재한 문화재들이 문화재보호법에 의하여 국보, 보물, 시·도 지정 문화재 또는 문화재 자료, 명승, 천연기념물 등으로 지정되어 있으나 지리산은 아직 천연보호구역[25]으로 지정되어 있지 않다.

장은 직권으로 또는 유산 관련 기관 및 단체의 요청에 의하여 잠정목록 대상 유산을 선정하고자 할 경우 그 유산의 잠정목록 등재여부에 대하여 해당 시·도지사와 협의를 거친다.

제3장 세계유산 등재 신청

제11조(세계유산 등재신청을 위한 사전협의) ① 세계유산 잠정목록을 보유하고 있는 시·도지사가 당해 유산을 세계유산으로 등재 신청하고자 하는 경우에는 제12조의 규정에 의한 등재신청서를 문화재청장에게 제출하기 1년 전까지 문화재청장과 사전협의를 거쳐야 한다.

제12조 3항 ② 세계유산 등재 신청 유산이 2개 이상의 시·도에 걸쳐있는 경우에는 유산의 주된 부분이 위치한 시·도지사가 신청서류를 작성·제출하는 것을 원칙으로 하되, 해당 시·도 간 협의를 통하여 조정할 수 있다.

③ 해당 유산이 전국에 걸쳐 분포하고 있거나 다른 국가와 국경을 접하고 있는 유산을 공동으로 등재할 필요성이 있는 경우에는 문화재청장이 관련 시·도지사의 의견을 들어 신청서를 작성할 자를 지정한다. 이 경우 관련 시·도지사는 등재 신청서 작성에 적극 협조하여야 한다.

25) 천연보호구역은 문화재보호법에 의하여 천연기념물의 한 종류로 분류되고 있는 자연유산으로 유산 소재 관할 시·도지사의 신청으로 문화재청이 검토를 거쳐 지정한다. 2011년 말 현재 우리나라에서 천연보호구역으로 지정된 곳은 홍도, 설악산, 한라산, 대암산·대우산, 향로봉·건봉산, 독도, 성산일출봉, 문섬·범섬, 차귀도, 마라도, 창녕 우포늪 등 11건이다(서정호, 『지리산 자연경관』, 2012, 252~253쪽).

제주도 한라산과 성산일출봉은 세계자연유산 신청 이전에 이미 천연보호구역으로 지정되었다. 지리산국립공원은 멸종위기종을 포함한 야생 동식물의 서식지로서 생물학적 다양성의 현장 보존을 위해 가장 중요하고 의미가 큰 자연 서식지라 하더라도 국내법 절차에 따른 천연보호구역으로 우선 지정함으로써 지리산의 생물학적 가치를 향상시키는 것이 우선이다.

지리산이 천연보호구역으로 지정되면 문화경관의 보전과 관리가 훨씬 수월해짐은 물론 더 이상의 훼손방지와 함께 문화재로서의 가치를 향상시키는 결과를 초래한다. 그것은 문화경관의 보전·관리와 연계되며 보전·관리의 의무가 커진다는 의미이다. 천연보호구역으로 지정된 한라산과 성산일출봉 등이 대표적인 사례이다.

지리산이 지금까지 천연보호구역으로 지정되지 않은 가장 큰 이유는 지방자치단체간의 합의가 이루어지지 않았기 때문이다. 이른바 통합관리 체계가 이루어지지 않은 점으로 사회통합을 위한 응집적 패러다임이 요구되는 것이다.

(2) 유네스코 생물권보진지역 신청

지리산의 유네스코 생물권보전지역[26] 등재는 해당 유산이 소재한 지역의 시·도지사가 문화재청에 신청하면 문화재청은 검토를 거쳐 이

---

26) 생물권보전지역(Biosphere Reserve)은 세계적으로 보전의 가치가 클 뿐 아니라 지속 가능한 발전을 지원하기 위하여 과학적 지식과 기술 그리고 인간 가치를 제공할 수 있다고 인정되는 생태계 지역에 대하여 유네스코가 지정하며, 우리나라는 설악산, 제주도, 전남 신안 다도해, 광릉숲 등이 지정되어 있다(서정호, 앞의 2012, 책, 253~254쪽).

를 다시 유네스코 인간과 생물권 계획(MAB, Man and Biosphere Programme) 위원회에 제출한다. MAB 위원회는 MAB 국제조정위원회로 하여금 심사 후 지정하도록 넘겨준다.

이와 관련하여 유네스코가 지정하는 MAB 목록으로 등재하는 방안을 택하도록 제안되기도 하였으며,[27] 그것은 한라산과 설악산이 이미 BR(생물권보전지역, Biosphere Reserve)으로 지정되어 있기 때문에 지리산의 MAB 목록 등재가 수월할 수 있다는 의미이다. 국립공원관리공단의 지리산자연자원조사 결과를 토대로 지방자치단체의 장이 연명하여 문화재청에 신청함으로써 유네스코의 등재제도[28] 중 하나인 생물권보전지역으로 지정될 경우 세계유산등재가 훨씬 수월할 것이다. 이 역시 제주도가 생물권보전지역(2002년)으로 지정된 후 세계자연유산(2007년)으로 등재되었으며, 그 후에 지질공원(2010년)으로 등재됨으로써 흔히 유네스코 3관왕이 되었다는 사례에서 찾을 수 있다.

(3) 세계유산 등재

우리나라는 2012년 12월 현재 문화유산 9점, 자연유산 1점 등 총 10점의 세계유산을 보유하고 있다. 그러나 복합유산은 보유하고 있지 않다. 만약 지리산이 세계복합유산으로 등재된다면, 다양한 의의를 지니게 된다. 즉, 우리나라 최초의 복합유산으로서 우리 민족의 자긍심을

---

27) 허권, 「세계유산의 탁월한 보편적 가치의 구성과 지리산」, 『지리산 세계유산 등재연구 2차 학술세미나』, 순천대학교·경상대학교 지리산권문화연구단, 2011, 17쪽.

28) 유네스코의 유산등재제도는 세계유산(문화유산·자연유산·복합유산) 이외에도 인류무형문화유산, 세계기록유산, 인간과 생물권 네트워크(MAB), 창의도시, 지질공원 등이 있다.

높여주는 계기로 작용하며 국위선양에 기여할 뿐 아니라 유산보호에 필요한 다양한 형태의 국제적 지원을 받을 수가 있다(문화재청, http://www.cha.go.kr/, 2013). 그리고 국제적 관광 명소로 부각됨으로써 산촌지역인 지리산권의 지역경제 활성화에 기여할 수 있으며, 세계유산등재를 모색하고 있는 잠정목록[29] 이외에도 남북한이 공동으로 DMZ를 세계유산으로 등재할 수 있다는 자신감을 가짐으로써 우리나라가 명실상부한 문화대국 대열에 진입하는 계기가 된다.

잠정목록 신청을 준비 중인 지리산은 민족의 영산(靈山), 어머니의 산, 두류산·방장산 또는 삼신산 중 하나로 남악, 국립공원 제1호, 우리나라에서 가장 큰 산(483㎢) 등 수많은 수식어와 별칭을 가지고 있으며, 국보 등을 비롯한 문화유산이 산재하고 생물다양성의 보고이자 경관이 수려한 산으로 알려져 있다. 그러나 탁월한 보편적 가치(OUV; Outstanding Universal Value)가 있으며, 진정성(문화유산의 경우), 완전성 등 요건을 갖추고 적용할 세계유산 등재 기준에 부합해야 할 뿐 아니라 해당 유산의 보호·관리 체계가 확립되어야 함은 물론이다.

(4) 통합관리체계 확립

지리산과 같이 3개 도, 5개 시군에 걸쳐 있을 경우 문화경관의 보전과 관리는 도지사 간 그리고 시장·군수 간 협의가 필수적이다. 이른바

---

29) 2011년 12월 현재 한국이 잠정목록으로 신청한 유산은 14점이다. 그중 문화유산은 강진 도요지, 공주 부여 역사유적지구, 중부내륙산성군, 남한산성, 익산역사유적지구, 염전, 대곡천 암각화군, 낙안읍성, 외암마을, 한국의 서원 등 11점이며, 자연유산은 설악산 천연보호구역, 남해안 일대 공룡 화석지, 서남해안 갯벌, 우포늪 등이다(www.unesco.or.kr/heritage).

통합관리체계의 확립이다. 이는 문화재보호법, 자연공원법 등의 법령에서 규정하고 있으며, 특히 향후 세계유산 등재 추진과정에서도 문화재보호법과 문화재청 예규에 규정된 바와 같이 하나의 지방자치단체만의 노력으로는 불가능하기 때문이다.

지방자치단체의 통합관리는 업무상으로 자원조사 및 보전·관리계획의 수립에서부터 출발하여야 하며, 이론적으로는 사회통합에서 비롯된다. 사회통합은 '이미 정해진 이념형이 아니라 다양한 가치와 이해관계의 타협을 통하여 만들어지는 형태'로 이해하여야 하며30), 현 세대에서의 사회통합(social cohesion)은 '한 공동체의 개별 구성원이나 집단이 자신이 속한 공동체에 대한 소속감을 가지고 공동의 비전을 공유하며, 다양한 배경을 가진 구성원들이 동등한 기회를 누리도록 하고, 개인이나 집단이 공동체와 긍정적 관계를 가져 공동체 전체의 발전을 도모하는 것'으로, 사회포용(social inclusion) 또는 사회결합(social integration)과는 다른 개념이다.31)

이 때문에 사회통합은 사회갈등, 사회해체, 사회배제(social exclusion) 그리고 이질적인 문제와 연결되며, 사회구성원 간 또는 인간사회 내의 여러 집단·단체·기관들 간에 서로 결속력을 갖도록 해 줌으로써 사회구성원 상호간의 신뢰를 바탕으로 함께 살아가는데 요구되는 연대의식과 책임성으로 사회의 존속을 유지하는 것32)이다. 이 때문에 누구든지 사회구성원으로 살아가기 위해서는 사회통합이 필요하다.

사회통합이 필요한 또 다른 이유는 사회해체와 갈등이 우리 사회에

---

30) 노대명, 『한국 사회통합의식에 관한 연구』, 대통령소속 사회통합위원회, 2010, 24쪽.
31) 고승한, 『제주지역 사회통합의 위기진단과 극복방안』, 제주발전연구원, 2010, 1쪽.
32) 박영근 외, 『인본적 사회통합을 위한 정책 개발』, 경제·인문사회연구회, 2007, 3쪽.

서 빈번히 발생함으로써 사회통합에 의한 공공의 목적이 달성되어야 함에도 그렇지 못하기 때문이다. 우리나라가 사회통합을 이루지 못하는 원인으로 급속한 산업화와 시민사회의 미성숙, 가치와 관행의 이중구조, 권위주의 유산, 비동시성의 동시적 공존 등 네 가지를 꼽고 있다.[33] 따라서 진정한 사회통합은 지방자치단체뿐 아니라 지리산을 둘러싼 모든 시민사회단체들의 통합을 일컫는다. 이 때문에 국립공원지리산의 문화경관의 보전과 관리를 위한 사회통합의 필요성은 아무리 강조해도 지나치지 않다.

---

33) 조홍식 외, 『사회통합을 위한 교육의 방향과 과제』, 한국교육개발원, 2000.

저자 소개(가나다순)

김기주　臺灣 東海大學에서 박사학위를 취득하였으며, 현재 순천대학교 지리산권문화연구원 HK교수로 재직하고 있다. 저역서로는『영남의 학맥 1』,『심경부주와 조선유학』(공저),『심체와 성체 1』,『유교와 칸트』(공역) 등이 있으며,「기발리승일도설로 본 기호학파의 3기 발전」,「이상사회에서의 일과 노동」,「공자의 정치적 이상사회, 정명의 세상」등 다수의 논문이 있다.

김봉곤　한국학중앙연구원 한국학대학원에서 박사학위를 취득하였고, 현재 순천대학교 지리산권문화연구원 HK연구교수로 재직하고 있다. 저역서로는『조선사회 이렇게 본다』(공저),『지리산과 인문학』(공저),『섬진강 누정산책』(공저) 등이 있으며,「16세기 지리산권 유학사상」,「19世紀 畿湖學界의 學說分化와 論爭」,「趙性家와 崔琡民을 통해서 본 경상우도 지역에서의 蘆沙學의 전개양상」,「한말 지리산권 근대학교 설립운동」,「지리산권(남원,함양)사족의 혼인관계와 정치, 사회적 결속」,「智異山圈(南原)朔寧崔氏 家系記錄과 通婚圈」등 다수의 논문이 있다.

김아네스　서강대학교에서 박사학위를 받았으며, 현재 순천대학교 지리산권문화연구원 HK교수로 재직하고 있다. 논저로는『지리산과 명산문화』(공저),『지리산과 인문학』(공저),『장희빈, 사극의 배반』(공저)을 비롯하여「고려시대 산신숭배와 지리산」,「고려시대 개경 일대 명산대천과 국가 제장」등 다수의 논문이 있다.

김지영　북경사범대학교에서 박사학위를 취득하였으며, 현재 경상대학교 경남문화연구원 HK연구교수로 재직하고 있다. 저서로는『지리산과 명산문화』(공저),『태산, 그 문화를 만나다』(공저),『지리산 유람록』(공저) 등이 있으며,「지리산 성모에 대한 조선시대 유학자들의 인식과 태도－지리산 유람록을 중심으로」,「중국의 여산신 신앙 연구－태산 벽하원군 신앙을 중심으로」,「중국 산석신앙－태산석감당(泰山石敢當)」등 다수의 논문이 있다.

문동규　건국대학교에서 박사학위를 취득하였으며, 현재 순천대학교 지리산권문화연구원 HK연구교수로 재직하고 있다. 저역서로는『지리산의 전통사찰』(공저),『사유의 사태로』(공역) 등이 있으며,「지리산신사에 대한 철학적 고찰」,「지리산 화엄사의 '사사자삼층석탑': '진리의 현현'」,「신과 인간의 이상적인 만남: 지리산신제」 등 다수의 논문이 있다.

서정호　고려대학교에서 박사학위를 취득하였으며, 현재 순천대학교 지리산권 문화연구원에서 HK연구교수로 재직하고 있다. 『지리산권의 큰 나무』(공저), 『지리산권의 명소 100선』(공저), 『지리산 자연경관』 등의 저서와 「지리산의 유네스코 세계유산 등재전략과 과제」, 「지리산권의 생태마을 실천과정에 관한 연구」 등 다수의 논문이 있다.

우정미　경상대학교에서 박사학위를 취득하였으며, 현재 경상대학교 경남문화연구원 HK연구교수로 재직하고 있다. 「오미네산 여인금제의 현대적 의미」, 「슈겐도에 있어서 여성성의 수용과 배제」 등이 있다.

최원석　고려대학교에서 박사학위를 취득하였고, 현재 경상대학교 경남문화연구원 HK교수로 재직하고 있다. 저서로는 『한국의 풍수와 비보』, 『지리산과 인문학』(공저) 등이 있으며, 「조선시대의 명산과 명산문화」, 「한국의 산 연구전통에 대한 유형별 고찰」, 「산지(山誌)의 개념과 지리산의 산지(山誌)」 등 다수의 논문이 있다.